第29辑

（2017年·夏）

中文社会科学引文索引（CSSCI）来源集刊

文化研究

南京大学人文社会科学高级研究院
首 都 师 范 大 学 文 学 院　主 办

周　宪（执行）　陶东风　主　编
周计武　　　　　胡疆锋　副主编

社会科学文献出版社
SOCIAL SCIENCES ACADEMIC PRESS (CHINA)

主编的话

周　宪　　周计武

　　《文化研究》在当下的中国大约是独树一帜，也许是唯一的专业刊物。经历了十多年的成长，它团结了国内一大批有志于文化研究的中青年学者，发出不同的声音，提出迥异的问题。文化研究在中国始终没有得到体制的认同，无论是学科设置，还是专业教育，或是学术活动等，好在这一研究不断地激发学者们的兴趣，散播在各种体制化的专业知识生产的缝隙和边缘处，构成了中国当代知识生产的一个独特景观，也充分体现了文化研究的跨学科性和批判性特征。

　　本辑的前两个专题鲜明地体现了文化研究的这些特性。"文化地理与文化研究"专题和"数字人文：媒介、书写与主体经验"专题是新的研究课题。前者把地理学与文化研究结合起来，在界定文化地理学的基本概念与方法论的基础上，通过文本书写的再语境化，对文本环境的共时性差异和书写政治问题进行了有效的阐释。后者把传媒文化、数字技术文化、编码研究、软件研究同传统人文学科中的语言学、考古学、历史学、艺术史等结合起来，极大地丰富和更新了人们的研究手段和观念。专题中的三篇文章试图在数字技术文化的语境中，通过对具体个案和典型事件的辨析，深入阐释媒介技术、文化书写与现代主体之间的复杂关联，重构现代人的主体经验和自我认同。

　　文化研究在中国亦有不少年头了，出现了一些有影响的文化研究学者，他们的研究和思考推动了中国的文化研究。本辑新辟"学者访谈"栏目，旨在通过对著名文化研究学者的深入访谈，阐释中国经验，回应中国问题，建构文化研究的中国学派。在西方文化研究人物与学派研究方面，本辑再次聚焦于霍尔的媒介文化及其编码与解码理论，旨在整体审视霍尔的文化观。本辑的其他来稿，既有对 20 世纪 90 年代以来文化研究的现代性范式的反思性梳理，也有对西方批判理论、现代性理论和视觉研究经典的深入阐释。值得一提的是，邹赞的《当代新疆屯垦口述史的边缘话语、性别政治与身份认同》一文，以几部代表性的新疆屯垦口述史为文本对象，颇有说服力地呈现了差异性的边缘话语与身份认同之间的内在文化逻辑。

众人拾柴火焰高，中国的文化研究需要更多人的关注和参与，我们期待着更多的中青年学者投身于文化研究事业，期待着《文化研究》更上一层楼。

目 录

专题一　文化地理与文化研究

专题二　数字人文：媒介、书写与主体经验

专题三　霍尔的文化理论

学者访谈

其他来稿

Contents

Forum One   Cultural Geography and Cultural Studies

Forum Two   Digital Humanities: Media, Writing and Subject Experience

Forum Three　Hall's Culture Theories

Interview with Scholars

Other Articles

专题一

文化地理与文化研究

主持人语

王晓路

　　本栏目从文化地理角度审视文化史、文学批评与意指实践等相关问题，以呈现文化地理与文化研究以及文学研究之间的有机联系。目前人文社科研究依然存在一些问题。一是以欧美为参照所形成的"学术飞地"现象，即区域文化的特点本来源自地理环境的外部条件、社会组织方式以及历史发展的阶段性现状，但在后续发展中区域囿于对文明"标准"所特有的赶超心理，故多以欧美国家的研究议题为参照框架，以议题本身的理论化置换了阐释的有效性和问题的针对性。二是由于历史进程突出了时间序列的特质，这使得同一时段中不同区域所特有的文化地理要素被遮蔽，即线性叙述难以呈现特定空间的文化成因和问题类型。由此，文本环境的共时性差异使得文化身份与文化认同问题更为凸显。因此，这一知识陈述方式本身值得学界重新审视，其中既包括人们对既往认知的再思考，也包含文化史叙述所建构的文化等级等政治问题。由于文化地理学主要关注因地理及地缘要素导致的文化特性以及与此相关的人文活动，因此，从该角度重新对文学文化的相关问题进行透视，可以有效观察某一地域的特殊地理环境同人类生活和文学文化生产之间的互动关系，使文学文化批评更具地域的针对性，从而打破时间序列的单一性并确立多元解释的有效性。

　　本栏目由四篇文章构成，主要针对上述第二种情况。其中澳大利亚著名学者克里斯·吉布森与戈登·韦特所著的《文化地理学》为本栏目的基础性术语做了界定。作者在文中指出，文化地理学是人文地理学的重要组成部分，其定义因语境和哲学传统的差异而有其特定的开放性。作者在追溯这一认知的历史线索中，论述了该理论的缘起、发展进程和发展态势，并尤为关注历史的复杂性以及在相关研究中如何定位"人"的重要性。王晓路的文章关注文化史中所谓"常识"问题。文章以地理大发现为例，从相关文献出发对欧洲与美洲相遇的早期历史进行了审视。作者指出，欧洲探险家对美洲的"发现"其实与"书写"活动密切相关，正是出于对他者的书写式再现，而非单一的探险行为本身，才有效地带出了帝国历史书写的文化政治功能，这一书写奠定了"发现"所形成的占有式期待心理和支配的合法性，与此同时强化了欧洲文明优越观。作者强调，文化史中的地理文本性值得关注。第三篇文章为澳大利亚著名学者瑞文·康奈尔的专论，她在此文中以社会性别议题为例，特别指出目前人文社科领域大多采纳了以欧美知识界为代表的"北方视角"，但相关研究必须关注以澳大利亚、非洲以及南美洲为代表的"南方视角"，这不仅是因为区域经验产生了许多重要的衍生课题，而且超越北方视角可以多角度重新思考议题的历史性及其差异性，从而透视出同一议题在不同区域的动态变化。蔡晓燕的文章以哈尼夫·库雷西、莫妮卡·阿里和安德里娅·利维的小说为例，具体分析二战后英国第二代移民作家的伦敦书写。作者认为，英国多种文化背景的作家，尤其是来自前殖民地的移民作家，都以自身的方式参与到伦敦的书写之中。在不同地域文化背景的作用下，伦敦古老的帝国意象不仅在想象与重构式书写中呈现出新的多元文化内涵，而且这一文本世界本身赋予了地理空间以某种流动性特征，同时亦凸显了流散身份的动态建构。概言之，四篇文章从基本的概念界定开始，以此视点对文化史和批评议题加以重新审视，再以具体文本为个案，由此形成此论域的入口，以供学界参考和讨论。

文化地理学

〔澳〕克里斯·吉布森　戈登·韦特 著

苗玲玲 译 *

摘要　文化地理学是人文地理学的重要分支，其定义因语境和哲学传统的不同而呈现很大差异。作者无意在本文对此提供单一的宏大叙事，而是以平行叙事的三组"镜头"展开开放式的讨论。镜头一沿用传统的线性叙事，以"起源""古典""新""更新""最新"的顺序，追溯该学科从 1920 年代至今的发展历程，记录了此间重要的理论家及其观点。镜头二试图将线性叙事还原其复杂性，讨论文化地理学发展进程中持续存在的议题，如文化"作为一种生活方式"的理念、"景观"的概念以及"文化转向"的内涵。镜头三则着重论述文化地理学研究如何重新思考"人"在世界中的位置，提倡关注非人类行动者的能动性，以及增加对于各种感官通道分析的必要性。笔者认为，文化地理学研究者应该注意协商自己的政治、机构和地理立场，从而避免教学和研究的局限性。

---

* 克里斯·吉布森（Chris Gibson），澳大利亚新南威尔士州伍伦贡大学教授，全球挑战研究项目（Global Challenges Program）主任，《澳大利亚地理学家》（*Australian Geographer*）杂志编辑，曾协助创建澳大利亚文化环境研究中心（AUSCCER）；戈登·韦特（Gordon Waitt），澳大利亚新南威尔士州伍伦贡大学教授，地理与可持续社区学院院长，《旅游年鉴研究》（*Annals of Tourism Research*）杂志编辑。苗玲玲，暨南大学深圳旅游学院讲师，文学博士，研究方向为文化批评和翻译研究。
本文译自 Chris Gibson and Gordon Waitt, "Cultural Geography," in *International Encyclopedia of Human Geography*, chief eds. Rob Kitchin and Nigel Thrift, Oxford: Elsevier, 2009, pp. 411 - 424。

关键词　文化地理学　文化景观　文化转向

Abstract　As a major subfield of human geography, cultural geography embraces different definitions depending on different contexts and philosophical traditions. Rather than offering a grand narrative, the writers of this essay provide an open-ended discussion of cultural geography with three parallel "takes". Take One unfolds in a linear narrative the ongoing progress of cultural geography, beginning with "origins", and then "classical", then "new", "newer" and finally, "newest" cultural geography, recording the representative theorists and their thoughts from 1920s until today. Take Two complicates the overly linear narrative of Take One, and illustrates the ways in which some themes in cultural geography existing persistently, such as the idea of culture "as a way of life", the concept of "landscape" and "the cultural turn". Take Three discusses how to re-place "the human" in research and thinking, emphasizing the agency of non-human actors, as well as the necessity to conduct analysis of the sensory pathways. We are also concerned with how researchers should negotiate their own political, institutional and geographical positions so as to avoid partialities in teaching and research.

Key words　cultural geography; culture landscape; cultural turn

一　导语：什么是"文化"

"文化地理学"如今已成为人文地理学的一个主要学术分支，然而在教学和研究方面，它的地位才刚刚有所提升。文化地理学的定义因语境和哲学传统的差异而有所不同，更重要的是，它与个人如何理解"文化"和"类属于文化的"（the cultural）事物相关。"文化"曾被用于以不同方式描述某种类型的地理知识："文化"这一词的字面意思，与"种植，延伸，喂养，养育"等具有"培养"意义的人类实践相关，如英文的"农业"（agriculture）一词；或者指向在某些特定地点和时间从事的物质事物和手工制品的生产。在 20 世纪早期，一度流行过一种现代的、"人文主义的"、"文化"观，即把文化视为进步社会或"文明"社会所拥有的一套共享的准则、行为方式以及理性，所以会出现"有教养的"（cultured）这一相关词。因此，文化经常被用于描述社会上某些天才人士创造性的表达，以及智识和美学方面的成就。而能够理解和赞赏这些智性和创造性表达的人通常被社会赋予批评家、经纪人和经理人的角色，他们常常武断地区分何为"高雅文化"、何为"普通的"流行文化（如流行歌曲）的品位。然而，对于"文化"最常见的定义是：一种可以识别的"生活方式"。在这一定义中，文化被理解为一种建立于语言、宗教、习俗和族性基础之上的共有的价值观和信仰，这些文化方面的特点会在创造性的表达、衣着、食品、建筑物和职业等各种物质文化方面得到体现。

在地理学研究领域，"文化"这一定义自 1920 年代起一直延续了 60 多年而从未遭遇挑战，经常被用来对居住在某一特定地理范围（通常被称作一个文化领域或区域）内的所有人做出一些概括性的表述。因此，在鲁宾斯坦（James M. Rubenstein）看来，文化是"习俗信仰、物质特点和社会形态的整体，共同构成一类人群所具有的鲜明传统。地理学家根据一些重要的文化特征，将人们区分成不同的群体，描述特定文化群体的分布，并试图分析如此分布的原因"。[①] 文化作为一种生活方式，通常被用作一个单位变量来解释一种空间模式。在这一方法指导下，文化似乎与政治、经济或者人口学截然不同。然而，很多当代文化地理学者经常会反对将文化解释为一种动机，或者将文化定义为"事物""类型"，甚或是"学科领域"。他们以女性主义或者后殖民主义等一些地理学传统为例，挑战了之前从未受到质疑的将文化看作一种生活方式的"真实性"，认为通过分析文化来解释内在属性绝无可能。假如确如唐·米歇尔（Don Mitchell）所言，"根本就没有文化这种东西"[②]，那么，"文化地理学"也应被视为一个构建出来的学术知识范畴，而非真正的物质性存在。

此类论断并没有把文化理解为日常行为，而是将文化理解为一种知识生产。把"文化视作一种思考和认知的方式"，这需要研究者解答两个基本的哲学问题：首先，世界上存在何物；其次，我们如何获取关于世界的知

---

① J. M. Rubenstein, *An Introduction to Human Geography*：*The Cultural Landscape*, 8th ed., Upper Saddle River, NJ：Pearson Prentice Hall, 2005, p. 24.

② See D. Mitchell, "There's No Such Thing as Culture：Towards a Reconceptualization of the Idea of Culture in Geography," *Transactions of the Institute of British Geographers*, no. 6, 1995, pp. 102 – 116.

识。这种将文化理解为一种思考和认知方式的视角与后结构主义对于地理学研究的影响有关。后者鼓励研究者在知识生产、权力、实践、行为以及改变和转化的可能性之间建立联系。将文化理解为知识生产，这来自人们关心如何理解自己的生活以及生活的空间和地域，如何通过动物、植物、各种实物和人类之间已经存在或者正在展露的、或短暂或恒久的关系来理解我们自己以及周围的世界，也来自人们关心某些理念如何建立、如何流通、如何维持，以及如何受到挑战。

显然，以上互相矛盾的定义告诉我们，要理解什么是"文化"并非那么直接和简单。同样，要理解什么是"文化地理学"也非易事，因为这些截然不同的关于文化的定义已然在不同时期和不同地点渗入了地理学的学术研究，也产生了文化地理学的不同研究方法。因此，要判定什么才是文化地理学的唯一"精华"和真义并无可能。本文的目的就是要承认关于"文化地理学"所存在的多元叙事，并在本文的结构中予以充分考虑。我们对于文化地理学所进行的描述也非单一叙事，而是作为导演拍摄的一部电影的开场镜头，即《电影：文化地理学》。这部电影由平行的三组镜头构成，根据个人喜好不同，每一组镜头叙事都可以取代其他两组。有些人也许只想找到一个快速参考指南，或者在乱麻中找到清晰的线索，那他们可能会觉得这种实验性的结构太狡猾，或者令人厌烦。然而，此种类似电影拍摄的手法却能够满足以下目的。首先，不同于提供一个单一的宏大叙事，我们的三组"镜头"提供了对文化地理学的一种开放式解读。每一个"镜头"都提供一个关于文化地理学的独特而具体的思考视角，它们经营各自的叙事，即使将其放在一起阅读，也只是提供关于文化地理学的一种具体解读。其次，我们的"镜头"除了会关注文化地理学的缘起、转变和接续，还会指出其关注的主题以及与其他学科的关系，并解答一些与政治相关的议题。再次，这三组镜头强调了本文如何从某一视角"导入"文化地理学，也就是说，无论我们给出什么样的解读，那都是与作者的地理政治学和其在研究机构中所处的位置相关的。对于地理学知识的批评分析已经强调过它的片面性和受作者说话立场影响的特点。因此，我们的写作视角既受到自身差异的影响，包括性别、年龄、语言、民族，以及在英美地理学研究传统中所受到的学术训练，也背叛了我们在澳大利亚的研究机构的立场（其地理学研究一贯受到英美权利与利益的左右）。我们对于文化地理学的知识并非毫无偏颇，而是立场鲜明地立足自身的研究环境。

最后，也与上文谈到的第三点有关，那就是，"文化地理学"只是探索真理的一种方式，如今在英美国家的地理学研究传统中发展出了一些意义，然而对于文化地理学的当代理解所生成的意义则在其他非英语国家占据了统治地位。在澳大利亚，我们有可能对此进行反思。我们所处的位置容许我们浸入以英语为母语国家的文化地理学研究，并对其在知识上有所贡献。但同时，我们也明白，这些研究并未反映其他社会群体生产的非学术性质的、日常的文化地理学知识。这些社会群体就在我们中间，比如澳大利亚的土著民族阿南古（Anangu）、邦加隆（Bunjalung）或是瓦迪瓦迪（Wadi-Wadi）。这些群体有其独特的方式解读"文化"和地理空间的关系，他们创造关于这些关系的知识（如通过视觉艺术或是口述历史）。对该领域的学科分支做出过于明确的陈述无疑会遮蔽非英语国家的研究者和非学术研究领域对于这一领域的知识生产。不过，我们并非想要（也无法）在一般意义上为之慈善地代言，这是我们面临的主要困境。虽然我们有可能呈现该领域在认识论上的多元性，但是这世界上存在如此众多的文化差异，我们绝无可能自居为其"真正的"代言人。

基于上述原因，我们采用了"三个镜头"的方式来描述文化地理学。我们无法使读者舒服地看到文化地理学有着可知和固定的边界，相反，我们要挑战读者，使之认识到我们在这里所呈现的只是文化地理学研究的一小片领域，并对此持续提出质疑。我们认为，对于此领域的研究保留一些模糊和不适的感觉不仅重要，而且更加"真实"地接近文化地理学本身的意图与责任。

二　文化地理学之镜头一：开端

我们的第一个镜头延续了传统的叙事情节：从"起源"开始，接着是"古典时期"，然后以线性叙事揭示正在发生的"新的"、"更新的"和"最新的"文化地理学的发展。这种方式会给熟悉线性叙事和"发展"叙事的读者以一种舒适感，暗示文化地理学的边界是可知的、固定的、按照阶段性发展的。而在后续镜头中，这一叙事将会受到有目的的挑战。

古典文化地理学一般可以追溯到 1920 年代美国加州大学伯克利分校的卡尔·索尔（Carl Sauer）及其同事的研究，他们后来被称作"伯克利学派"，主张文化既包括"培育"——种植或养育——之意，也是"一种生活方式"。索尔创造了"文化景观"（cultural landscape）的概念，用以描述某一地方如何"被某一文化群体从自然景观中塑造而成"。索尔认为：

> 文化［作为一种生活方式］是能动者，自然环境是媒介，而文化景观……是［培育的］结果。在一种特定文化［作为一种生活方式］的影响之下，文化景观也会随着时间的推移而发生变化，经历发展，经过不同的阶段，也许最终会达到其发展循环的终点。而每当有不同的、陌生文化［或者生活方式］被引进，文化景观就会焕发新的生命力，一种崭新的文化景观也许会在旧有景观的基础上发展起来。①

因此，培育和生活方式在文化景观和自然景观的概念中紧密相关。有着特定人口规模、密度、流动性、居住风格、农耕方式和社会习俗的（即有着特定生活方式的）人群将会通过培育新的文化景观的方式而切实改变人类出现以前的自然景观。一直到 1970 年代，与索尔的文化地理学观点一脉相承，出现了"超机体"（superorganic）或"文化决定论"（cultural-determinist）的研究方法。这些方法视文化为一个"整体"，而不是个体行动的混合物："我们所要描述的是文化，而不是参与其中的个体。很明显，没有一个个鲜活的肉体或者头脑存在，就不会有文化，但文化既包括又超越了这些参与其中的成员，其整体性很明显是大于组成部分之和的。"② 用朗特里（Lester B. Rowntree）的话来说，索尔一派的文化地理学者"从历史的角度描述了地理空间的人格"。③ 尤其是在索尔以后几十年的北美地区，这一方法倾向于检视通常是在区域范围内的乡村环境下所组织、规划的物质意义上的文化景观地理学，主要研究议题通常包括乡村农耕实践的传播、乡村生活方式、实物文化产品的样式和分布（从当地建筑风格到乐器），以及有文化特性的土地使用情况。

还有一些历史背景值得简要介绍一下：在 1920 年代，索尔曾反对非常

---

① C. Sauer, "The Morphology of Landscape," *University of California Publications in Geography*, vol. 2, 1925, pp. 19 – 54.

② W. Zelinsky, *The Cultural Geography of the United States*, Princeton, NJ: Prentice Hall, 1973, p. 40.

③ See L. B. Rowntree, "Cultural/humanistic Geography," *Progress in Human Geography*, vol. 11, no. 4, 1987, pp. 558 – 564.

机械化地理解人与自然的关系，即环境决定论。直到此时，这一理论一直主导着地理学研究。环境决定论者试图建立生态环境、地球变化以及地球上人口分布所体现的文化现象、文化特点和行为方式之间的因果关系。环境决定论者（如麦金德［Halford J. Mackinder］和拉采尔［Friedrich Ratzel］）在欧洲盛行一时，而他们的弟子又将此理论带回美国（如戴维斯［William Morris Davis］、森普尔［Ellen C. Semple］）和澳大利亚（如泰勒［Griffith Taylor］），他们打着"人类地理学"的旗号，或者有时候更简单些，直接打着"人文地理学"的招牌。

环境决定论者不仅试图将文化描述为一种生活方式，还着重强调一种文明或进步的感觉。在环境决定论者看来，文化差异被评判为一种基于可见的发达程度的道德和智力上的优越性，人类之间并不平等。他们认为，人类或许"生发"于"自然"，然而根据不同地域的人们"高于自然"的不同位置，有些人类会低等一些。环境决定论者认为，高于非人类世界是一个文明化和教养化的过程。人类被区别对待，分为不同的"族群"。这些分类历来受到质疑，因其依凭的是非常原始的技术，如人体测量学，或者是现在已经过时的1930年代的科学理念，包括优生学和社会达尔文主义。有些"族群"被认为有着"更高"的文明程度，他们在进化的过程中，习得了诸如理性、推理、技术等文化特点。麦克林托克（Anne McClintock）的研究表明，在19世纪的欧洲，这些关于种族优越性的理念归化为人类的"族谱"（family tree），白人毫无悬念地被置于谱系的顶端。① 也有许多花样百出的假说，如环境决定了文化差异，包括道德和智力，也就是说，气候、地貌、偏远程度和生态资源都导致了生活方式上的差异，也促进（或限制）了人类的教化进程。

此类理论令人怀疑，不仅是因为其带有那个时代典型的种族歧视特征，缺少跨文化思考，而且在逻辑上也存在问题，因其误将文化在物质方面的表征——培育活动的广度（如农耕实践的复杂程度）和物质产品与知识结构的聚集程度（如工业技术、建筑物、城市等）——作为衡量文明和文化发展程度高低的证据。有数量众多的假说力图证明文化作为一种生活方式的理论，然而这一理论本身就漏洞百出。例如，环境决定论者过于草率地

① See Anne McClintock, *Imperial Leather: Race, Gender and Sexuality in the Colonial Context*, New York: Routledge, 1995.

将某些原住民文化中缺少宏伟建筑这一点当作其缺乏进步的证据，而与此同时，他们很少承认原住民文化实践和文化传统的深度和复杂性，即使有时稍有提及，那也是在西方式的具有等级差异的世界观模式下，将原住民看作"低级"或"没有开化"的民族。把文化视为一种生活方式的理念，如果被偏颇和有条件地应用，就会被用来证明某一范围的人类世界不同于别处，是有文化的，而其他地区则是不文明的、原始的，或者仍然属于自然世界。这样一种文化概念——人类在某种程度上拥有"某物"，与自然对立（即"没有文化"）——也许是影响范围最大和最广的地理学中的二元对立思维了，它一直维持着文明的欧洲和野蛮的"新世界"之间想象的边界。再进一步说，在这一（欧洲）人类中心的道德宇宙中，权利只给了那些特定的位置处于动物、植物和矿藏之上的人，而原住民对于定居地土地和资源的权利并没有得到承认，或是在条约中被作为交易划走，这是几个世纪以来原住民政治斗争的主题，并引发了连锁冲突。因此，地理学知识将欧洲的殖民行径描述为"适者生存"文化，而福音传教士和"原住民保护者"的任命被美化为引领原住民和"低等"种族提升其文明程度，他们通过基督化进程来传播文明和"文化"。

当代文化地理学者对于奠定自己学科基础的竟是这样一些理念也许会感到愤慨，这可以理解，但更重要的是，要认识到环境决定论者早在"文化地理学"这一命名经由伯克利学派而广为传播之前，就在从事文化地理学的研究了。环境决定论者对于文化质量、文化差异和地理分布都有思考，其思考逻辑有其历史背景，而并非来源于真空。它受到西方哲学的影响，最早可追溯到亚里士多德和柏拉图，后来是洛克、达尔文、孟德斯鸠和拉马克。因此，可以说文化地理学知识的产生正是几百年来西方智识发展的支柱。然而，在日常使用中，"文化地理学"一词只是在卡尔·索尔和伯克利学派拒绝环境决定论而引入文化景观的概念，给地理学理论注入人类有能力以特定生活方式改变其环境的理念以后才开始流行起来的。

半个世纪以来，对于文化景观的这种超机体的、索尔式的理解主导了文化地理学，尤其是在北美，直到 1970 年代人文地理学的出现和 1980 年代后期所谓"文化转向"的出现。后者不仅使这一学科发生了转变，而且也使文化的含义得到延伸。在整个 1960 年代，地理学研究充斥着数学模型和空间发展的实证探索，即所谓量化革命。到 1970 年代，地理学研究开始反对这一方法，引入了马克思主义关于不均衡发展、阶级斗争以及资本主义系统中的结构性矛盾等理论，从而开启了一个地理学研究的激进视角。几十年以来，文化地理学（仍然被看作是对于文化景观、地区、生态和传播进行研究，保持着以索尔为代表的传统）虽然被边缘化，但仍然顽强存在着。文化地理学研究确实曾促进了文化和政治的生态研究，然而到1970年代，这一学科已不再受宠和令人瞩目，很多人认为它已变得艰深晦涩、无足轻重。

然而，到了1980年代后期，莱斯特·朗特里在《人文地理学进展》（*Progress in Human Geography*）一书中总结了"新的"文化研究学者（如格雷戈里［Derek Gregory］、杰克逊［Peter Jackson］、邓肯［James Duncan］和科斯格罗夫［Dennis Cosgrove］）的研究，并得出结论说：

> 对于数十年以来一直习惯于文化/人文地理学的低调和坚持（有时这一形象会激起某些研究者的自辩）的地理学者而言，去年发生了一个广受关注的事件：一位认真敬业且著作颇丰的知名文化研究学者成为美国地理学家学会（American Association of Geographers，简称 AAG）主席，这是对于文化地理学在该协会中作为一个专项研究小组的承认，还就"新方向"和"新主题"召开了众多小组会议和特别研讨会，众多版本的教材也证实了大学本科学生被招收进入该领域学习。难道是凤凰涅槃了？①

朗特里认为，在1980年代后期和1990年代早期，后现代的"文化转向"建构了自身在英美地理学研究中的位置，从某种程度上来说，影响的范围也不小。"文化转向"出现的时间可能与学术领域普遍存在的对于社会科学和人文学科研究（包括地理学）的不满意有关，现有的概念工具和理论无法阐释当代社会变革的复杂性和反复无常的特点。这一文化转向受到地理学领域之外的理论家学说的影响，如皮埃尔·布迪厄（Pierre Bourdieu）、雷蒙·威廉斯（Raymond Williams）和克利福德·格尔茨（Clifford Geertz），这一影响可见于一系列关于意义、权力和象征性景观的重要著作。库克（Ian Cook）等人认为，地理学转向的基本叙事和初始动力主要来自英

---

① L. B. Rowntree, "Orthodoxy and New Directions: Cultural Humanistic Geography," *Progress in Human Geography*, vol. 12, no. 4, 1988, p. 575.

国的地理学者，① 克里斯·斐洛（Chris Philo）的著作《新词汇，新世界》（*New Words*, *New Worlds*）② 将"新"引入了"文化地理学"，尽管此前已经有急需"新"文化地理学这样具有宣言性质的说法，如在 1987 年英国地理学家研究所（Institute of British Geographers，简称 IBG）召开的以"文化地理学研究的新方向"为主题的研讨会上，就有论文提交给由科斯格罗夫和杰克逊主持的小组讨论。在 1990 年代，在一系列由皇家地理学会（the Royal Geographical Society）下设的社会和文化地理研究小组（the Social and Cultural Geography Research Group）以及英国地理学家研究所举办的会议上，与会者对于"新文化地理学"的呼声越来越高。

　　在 1980 年代和 1990 年代，"新"文化地理学者的好奇可以理解为一系列广泛的目的：首先，虽然使用"后现代主义"一词有引人注意的意图，但"文化转向"之后的大部分文化地理学研究在政治上走的都是后马克思主义路线，或者试图发展，或者反对自 1970 年代就主导了人类地理学研究的马克思主义政治经济学。人文地理学者在 1970 年代后期和 1980 年代早期的研究一方面着力在理论上反映社会经济结构与人类能动性之间紧张关系的实质，承认马克思主义对于大规模生产会制造社会分化和个体机遇差别的理论，同时承认人类能动性只能在特定时间和地点所限定的范围内被激发出来。现象学和结构主义的理论在当时也很有影响。虽然马克思主义强调的是资本主义结构，它确实使得文化地理学者认识到审美价值观和道德价值观相竞争的方式，从而从对于超机体的关注转移到"强调（社会的）政治和经济结构"。③

　　后马克思主义文化地理学者也深受女性主义的思想和哲学影响，尤其是意识到，社会经济方面的阶级压迫并不是唯一的压迫。虽然马克思主义的历史唯物主义观为 1970 年代激进的地理学者提供了一个有效解释资本主义经济和政治压迫的理论视角，但是，那些试图对种族歧视、性别歧视和恐同症（homophobia）做出的研究需要不同的理论工具和实证方法。到这一

---

① See I. Cook, D. Crouch, S. Naylor and J. Ryan, eds. , *Cultural Turns*, *Geographical Turns*, Harlow: Prentice Hall, 2000.

② See Chris Philo, ed. , *New Words*, *New Worlds*: *Reconceptualising Social and Cultural Geography*, Lampeter: Social and Cultural Geography Study Group, 1991.

③ Pamela Shurmer-Smith, "Marx and After," in *Doing Cultural Geography*, ed. Pamela Shurmer-Smith, London: Sage, 2002, p. 29.

时期，种族冲突大面积发生，美国的民权运动已经战胜了种族隔离制度，性别革命挑战了关于性别角色的墨守成规，女性被赋权，几十年的国际移民和旅游业的发展催生了更多的异质城市。人们信奉了很久的"文化作为一种稳定的超机体生活方式"的概念需要改进了。文化相对而言更被理解为身份认同和行为方式，被某些（而非另一些）文化地理学者所信奉，在不同时间被人们根据不同的环境而差异性地使用。如果研究者有志于推翻压迫，理解人类的文化差异，挑战"种族"这一概念，揭示社会体制的性别化本质，动摇关于"正常"性别意识和家庭观念的保守认识，那么，这一理论上的转折就十分必要。

例如，"酷儿"（queer）（既作为动词又作为形容词）的概念对于质疑一些关于性别、性属、空间的规定性说法起到了关键作用，鼓励研究者以更加流动和更加开放的角度取代以前被认为是"固定的"和"自然的"论断。拜尔（David Bell）等人指出，那些不按照异性恋特点和规范行事的人，比如在大街上亲吻的同性，通常会感受到周围的敌意，从而论证了空间如何经常被自然而然地认为是属于异性恋人群。① 最近，一些国家、城市和节日对同性恋持友好态度的营销方式受到关注和讨论，尤其是这些努力如何将理解和接受同性恋的观念同化到主流生活中去。其他相关讨论还包括对关于开展酷儿地理学研究和写作，以及针对具有滑动性（slippage）、中间状态（in-between-ness）和阈限性（liminality）特征的思想所做的哲学探索进行政治干预。

文化转向的第二个目的是揭示思想、知识和社会实践是如何产生、如何延续、如何流通的，尤其是在日常领域。马克思主义地理学者要通过理解世界资本主义体制的结构和政治，来解释政治经济压迫，而对于性别歧视、种族歧视、恐同症以及其他有此类压迫感兴趣的文化地理学者需要超越这一关于"体制"和"结构"的超机体思维，更细腻地理解关于人和地域的思想和态度如何渗入社会生活，从而解释压迫和残酷成为现实的途径。来自后结构主义文学理论的影响遍布地理学研究：文化的意义不再被认为是固定不变的，相反，关于地域和人群的描述和表征成为分析的对象。福柯关于知识就是权力的思想以及关于"话语"（使人、植物、地域和其他事

---

① See D. Bell, J. Binnie, J. Cream and G. Valentine, "All hyped up and No Place to Go," *Gender, Place and Culture*, vol. 1, no. 1, 1994, pp. 5–27.

物可以被理解的一套陈述）的相关概念尤其具有影响力。表征和话语在正式的文献中（如政府政策和规划报告）以及"日常"文本（如报纸、电影、电视节目和歌曲）中都可能会被当作"数据"，对此进行分析可以揭示话语形成的来源和轮廓——遍及社会的理念、知识、信仰、态度、描述和"常识"性的观念等，正是这些形塑了当代文化地理学。例如，在英国针对"亚洲人"以及在美国针对穆斯林的种族歧视，都可以通过了解这两类群体如何在电视节目和报纸上（通常用一种妖魔化的方式）被描画而得到揭示。方法论上的进展包括解构主义的文学技巧以及或潜在或明显的内容分析方法，后者是一种更加数字化、以符码为基础的分析方法，使用日常媒体中的语言和画面作为证据进行表征分析。

因此，通过借鉴后结构主义符号学方法，地理学研究者能够从日常话语中"解读"体现意义的符号和象征。这些意义被认为是随研究者的政治和意识形态不同而呈开放式的，因为不同群体倾向于或维护或反对主流意义，或者用另类或多元化的解读取而代之。日常的文化表征是各种霸权利益群体（规定主流意义的人）和附属群体（在不同程度上抵抗主流意义和意识形态，并且表达自己的解读）之间权力斗争的结果。

与此同时，人们重新开始了对于"流行"文化的分析。文化研究作为一门新兴的跨学科，意在挑战沉闷和正统的文学批评、经典研究以及音乐学，受此启发，地理学研究者"拥抱"了曾经被认为太花哨、太逃避主义、太普通的流行文化，把流行文化作为一个需要认真对待的研究领域。文化作为"艺术"已然成为一种精英主义的说法，与欧洲文明比其他社会更加"有教化"这种帝国主义思想密切相关。与之相反，流行文化的各种样式，从街舞到肥皂剧，再到杂志和漫画书，都已经成为文化地理学分析的表征资料。

在传统模式外进行研究工作令人兴奋，然而"新"文化地理学取得的进展也并非没有遭到批评，这些批评可以概括为以下五类。第一，文化地理学者被指控忽视了当下的政治因素，因为他们不再关注压迫问题。"新"文化地理学被指责为只有天花乱坠的宣传，而没有实际行动。第二，文化地理学被指责忽视了关于严谨、道德和真理的问题。文化地理学缺少方法论上的严谨性，已经成为一个"搞啥都行"的学科。第三，文化地理学被指责为满口后现代主义"行话"的排外自大的家伙。第四，在理论的驱动下，文化转向将"词语"（the word）转化为了"世界"（the world）。只有极少量的实证数据作为粉饰，而只讲理论成了时髦。相反，最后一点批评指出，文化转向已经抛弃了一个统合的、统一的理论，而将世界变成了一个个相对主义的个案研究，只有一些虚弱的理论作为点缀。文化转向最多不过产生了一些高度自反性的个案研究罢了。薛伟德（Nigel Thrift）提醒我们说，这些批评很有益处。他尤其指出，将日常地理学分析通过教学和训练运用到政府政策分析中去非常重要。另一些观点则认为，文化地理学者一直都在进行政治性的工作（关于资本主义剥削以外的其他剥削形式），方法论的实验正可用来破除那些有问题的假设和墨守成规对于知识的束缚。此外，文化地理学的当代术语都是恰当的，无异于物理科学的技术语言，这些术语有自己的理论来源、具体使用目的和意义。

　　然而，在整个1990年代，直到20世纪，文化地理学研究者自身也会表达对于当前文化地理学主流表征的不满。他们认为，文化地理学已经变得过分依赖于文本分析和文化话语，而缺乏必要的民族志方法来解释这些表征是如何影响到人、社会政策以及实际景观的。因而，他们建议地理学研究者应努力通过一种"最新的"文化地理学来使地理学研究重新变得"实实在在"，以期取代1980年代和1990年代的"新"文化地理学。

　　其中一个回应是引入地理学以外的另一套理论，这次是历史学和科学哲学，以及拉图（Bruno Latour）等作者的著作，即所谓"行动者 - 网络理论"（actor-network theory）。[1] 这一理论的关注重点不在于表征或者话语，而在于人、物、植物和动物之间的关系如何持续生成。其视角的核心是承认人类既不统治文化，也不在主观能动性方面处于垄断地位，反而是非人类物体、动物和植物被认为是和人类有着平等生存能力的行动者，在与人类相关的网络中被激发出主观能动性。这些关系网络通常被描述为"集合"（assemblages）、"行动者 - 网络"，或者"杂合地理学"（hybrid geographies），使文化地理学从纯粹对于话语的关注转化为对于世界的深入理解：人文和自然之间不再是在二元对立思想影响下的两个毫不相关的领域。

　　虽然行动者 - 网络理论提供了一个挑战自然 - 人类二元论的完美工具，然而还是有人担心关于地域（place）的理解将如何落实到这一理论框架中。克洛克（Paul Cloke）和琼斯（Owain Jones）通过转向"居住"（dwelling）这一概念将这一行动者 - 网络理论进行了扩展。[2] 这一概念能够让人更深入

① See Bruno Latour, *We Have Never Been Modern*, London: Harvester Wheatsheaf, 1993.

② See P. Cloke and O. Jones, "Dwelling, Place, and Landscape: An Orchard in Somerset," in *Environment and Planning A*, vol. 33, 2001, pp. 649 – 666.

地理解（非）人类行动者如何相对而言地成为景观、地域和行动者 – 网络
的组成部分。"城市"、"果园"或者"后院"，都可以作为例子来进行理论
分析，不是作为界限分明的地理上的实体，而是作为人与实物（如城市中
的汽车、道路、港口）、生态系统（包括植物、鸟类、昆虫等）之间不断改
变的关系。薛伟德还指出，行动者 – 网络理论的失败之处在于其地域的概
念，他则使用"生态"（ecology）一词，用来表明研究地域关系必须理解一
个很大范围实体之间的互动：一些人类、一些实物、一些生物性的存在和
一些人造物体。薛伟德进而主张，行动者 – 网络理论对于技术的考量优于
人的身体——人的理解机能、记忆力以及其他身体机能。① 因此，他将巴特
勒（Judith Butler）的操演性（performativity）概念引入对于地域关系的思
考。由此看来，身份是不确定的、非本质的，由携带着历史印记的话语、
规范和信念的主体在相互间（或有意识或无意识）的互动过程中重复操演
而成。性别不是与生俱来的生理事实，而是主体在社会规范和社会理想构
成的众多关系之中操演而成的。这使得人们重新思考规模、主体性、身体
和流动性之间的关系。例如，诺普（Larry Knopp）开始重新思考非异性恋
人群生活中的流动性因素。他不再将同性恋人群的流动性解释为纯粹是城
市或乡村的（作为目的地和/或发源地），而是认为，个体所体现的动机也
非常关键。② 一方面，非异性恋人群对于城市和乡村的不同想象可能会激发
其特别的性欲望；而另一方面，身体在不同空间移动的行为和经历也会创
造和影响身份认同。聚焦赋形的放置/置换［embodied（dis）placement］会
提醒我们：个人身份的形成是一个和空间互为构建的过程，是发展的、流
动的，而并非固定的或已经完成的。

三　文化地理学之镜头二：更多保持不变的议题

　　镜头一（主要是起源叙事）暗示了现代文化地理学的一种有逻辑的线
性发展过程。"古典""新的""最新的"文化地理学好像能够被解读为几

---

① See N. Thrift, "Afterwords," in *Environment and Planning D: Society and Space*, vol. 18, 2000, pp. 213 – 255.

② See Larry Knopp, "Ontologies of Place, Placelessness, and Movement: Queer Quests for Identity and Their Impacts on Contemporary Geographic Thought," *Gender, Place, and Culture*, vol. 11, 2004, pp. 121 – 134.

个连续的情节：一种正统理论遭到挑战而被另一种理论所取代，后来其自身也成为"正统"。然而在镜头二，我们意欲还原这一过分单纯的线性叙事的复杂性，论述某些议题如何持续存在，尽管受到另类概念工具的影响而发生一些改变，而另一些范式"革命"则可被视为更加渐进和具有不确定性的转变。我们认为，文化地理学挑战起源叙事是因为有些分析的对象（如景观）一直延续，尽管文化的定义发生了改变。也就是说，通过讨论关于文化地理学的不同定义，我们希望既能显示出这一学科领域的修改和变化，也能显示出其稳定性。

文化地理学所表现出的稳定性首先表现在"文化"一词的意义取舍，尤其是"文化作为一种生活方式"的理念上。尽管人文学者和"新"文化地理学者想要超越文化的这一"超机体"概念，提倡对于个体和主体性的考虑，但文化作为特定地理范围内的实体所共享的特点一直延续着。也许是因为这一文化观点已经被当作常识，因此其在日常生活中非常普遍。

受1980年代"文化转向"影响的文化地理学者很快就开始批评这一"文化作为生活方式"的思想。他们批评说，在该概念影响下，以习得行为方式为基础，形成了一些关于如何区分所谓不同文化的重要假设。那种认为每个在特定地理区域的人都拥有相近的行为模式、价值观和特征的假设是有问题的。人与人之间由于年龄、民族、性行为、阶级和社会性别形成的重要差别被这种在指定文化区域中人们分享同一种生活方式的理念所掩盖。文化作为一种生活方式的最大优点就是指出了人类在转变自身生活地域的能动性方面具有重要作用，而其最大缺陷就是支持高度本质化的、充满性别歧视和种族歧视的论断。

然而，即使存在以上这些批评之声，索尔所代表的传统理念仍然继续体现在一些文化地理学的入门教科书中，尤其是那些为美国市场而写的教科书。在乔丹（Terry G. Jordan）、多莫士（Mona Domosh）和朗特里看来，文化是"人类习得的集体行为模式，与直觉的或天生的行为模式相反。这些习得的行为特点形成了某一特定人群共有的生活方式"。① 尽管存在一些质疑的声音，但是，索尔关于文化景观和文化作为一种生活方式的理念仍然很有吸引力，尤其在美国，人们仍然将文化地理学理解为关注地区之间

---

① T. G. Jordan, M. Domosh and L. Rowntree, *The Human Geography Mosaic: A Thematic Introduction to Cultural Geography*, 7th ed., New York: Harper and Row, 1997, p. 5.

（在文化实践和规范、景观、运动、流行文化等方面）的差异。

在某些方面，文化"作为生活方式"的理念因其更加多元化的地理想象而代替了以前西方对于世界的主流认识，虽然已经遭到批评，但仍然得到重用。文化"作为生活方式"的理论已经超越了殖民时期，但仍然存在于语言地理学研究中，即力图揭示小语种语言在何种程度上受到英语作为主流语言的压迫，或受到政府政策中有关鼓励原住民放弃传统而接受国家官方语言的压力（如在印度尼西亚和澳大利亚）。尽管此类研究很重要，而且出于抵抗主流权力对于从属群体的压迫，但是，其使用的文化概念与 20世纪早期地理学中标志性的文化概念并没有什么不同。很多关注原住民地理学的当代研究（包括分析亲属系统、仪式性的表演、政治斗争以及与土地的关系）仍然在某种程度上承认文化的共有性和领地的划分。同样，很多关于国际移民、流散和多文化社会中文化实践的民族志研究也保留了一些文化"作为一种生活方式"的研究视角，如关于考察跨国主义、文化保护、社区节日、音乐、运动和婚姻行为等的研究。

"文化作为生活方式"也存在于其他一直持续的"古典"争议中，如关于文化同质化还是文化混杂化的争议。关于文化同质化以及美国流行文化、快餐、电视和英语对于全球文化多样化影响的讨论首次出现在 1980 年代，但现在仍然不少。美国文化被定位为霸权文化，对世界其他地方生活方式的多样性产生不利影响，因其将全世界同化或标准化为一个追求娱乐、消费者行为和品牌的大市场。还有关于"文化帝国主义"的相关讨论，这些讨论关注占统治地位的文化群体如何使其规范和道德观在国家内部或跨国区域之间得以"自然化"，从而使从属文化群体受到损害——其生活方式遭到贬损，其成员经常受到种族主义的攻击。文化同质化和文化帝国主义的过程都依赖于将文化解读为一种生活方式，尽管是以一种较之于文化地理学在超机体时代更加具有批评性和政治性的方式来进行的。

也有研究者认为，文化多样性在英美文化帝国主义的背景下正在发展壮大（比如通过大规模的国际移民和旅游），因为人们在日常生活中会采纳和改变流行文化中的产品、故事和意义，并使之为自己所有，这就是文化混杂的过程。例如，美国的跨国连锁快餐公司，如麦当劳，并不会被其在澳大利亚、中国或俄罗斯的顾客称为"外国的"，而是视为其日常生活的一部分。对于阿帕杜莱（Arjun Appadurai）来说，先前所想象的稳定的文化景观已被新的"媒体景观"（mediascapes）、"民族景观"（ethnoscapes）和

"技术景观"（technoscapes）所取代，这体现了全球流动性和日常生活实况的层层复杂关系。① 美国以外的电视观看行为以及混合了美式音乐、当地乐器和音乐样式的音乐次文化就是例证。

　　文化地理学中的另一不变因素就是"景观"。尽管它不断被新的理论所解读，但这一主题一直延续。"新"文化地理学研究者当然将自己对于景观的解读区别于卡尔·索尔的经典著作。首先，景观作为一个传载意义的指涉系统已成为一个相对概念，更加强调人文方法的使用。景观被理解为由社会建构的、饱受意识形态影响的"观看方式"所产生的结果。虽然"新"文化地理学者抛弃了索尔的超机体理论，但景观可以被解读为文本，同电影和报纸一样，景观也承载了意识形态和意义。其次，马克思主义文化地理学认为，对于景观的分析明显是具有政治性的，尤其当不同社会群体的人们将不同意义赋予某一景观的时候。对于倡导在新文化地理学框架下研究景观概念的学者丹尼尔斯（Stephen Daniels）来说，最后一点非常重要。丹尼尔斯强调要将景观理解为一个意义斗争的场所，因为相互对立的社会往往会经过具有历史特定性的视觉符码和习俗而被赋予意义。随后，自1980年代早期起，新文化地理学研究者开始把景观视为"一个话语领域，在这一平台上，不同的（常常是敌对的）意义被建构起来"。② 景观同画作和写作一起，被理解为众多文本之一，需要被解读、解码或者解构。一些评论家建议，所有文化地理学研究都已经被解构主义的批评方法所取代，但这只是夸张的说法。例如，唐·米歇尔就支持将景观的物质维度纳入考量。他承认注意"象征和比喻"的重要性，但并不执着于景观的表征作用。他说："景观也许需要一个景观理论，但它也同时需要关于资本流通和危机、种族和性别、地理政治学和权力的理论。"③ 也就是说，文化地理学研究者不应该仅仅用意识形态来分析景观，而应该将景观置于全球经济的生产关系之中，从而产生一种有助于社会正义的景观。

　　此外，引起研究范式革命的地理学"文化转向"其实是被那些急于求

① See Arjun Appadurai, *Modernity at Large: Cultural Dimensions of Globalization*, Minneapolis, MN: University of Minnesota Press, 1996.

② D. Cosgrove and S. J. Daniels, eds., *The Iconography of Landscape: Essays on the Symbolic Representation*, Design and Use of Past Environments, Cambridge: Cambridge University Press, 1988, p. 59.

③ D. Mitchell, "Cultural Landscapes: Just Landscapes or Landscapes of Justice?" *Progress in Human Geography*, vol. 27, 2003, p. 790.

"新"（从而奠定地位）的人，或是被那些在批评之前先做出归纳的人夸大了。库克等人曾警告说，与其说在地理学存在一个革命性的"文化转向"，还不如说在思考空间和从事地理学研究时，对后结构主义的理论能否派上用场而进行某种缓和的批评实践感到好奇而已。① 的确，从理论意义来讲，地理学的"文化转向"不能称为革命，而是一个自地理学人文传统内部焕发的、早就开始发生的稳步转变，不过恰好此时达到了高潮。到 1970 年代末期，同样是这股力量催生了北美的索尔等文化地理学者和法国的"可能主义者"（possibilists），从而削弱了此前的决定论。社会理论以及地理学中的主流理论曾一度变得非常教条，执意要寻求一个能解释一切的理论，而人类影响其生存条件的能力、可变性和微妙性看来好像完全被抹杀。到 1980 年代中期，已经有人尝试探讨"人文主义"和"行为主义"所导致的折中主义，而且更加深入地质疑此前的地理学研究从临近学科（如经济学和社会学）引入的一些理论假设。在"文化转向"之前，"能动性"、"地域感"、"体察"（perception）以及"心像图示"（mental maps）等术语已经完全成为地理学用语，因为地理学研究者试图更加全面地理解个人与其周围环境的主观联系，提供一个"看待人是什么以及人能够做什么的全面视角"。② 更多的人文概念在 1970 年代和 1980 年代早期经过一系列转换进入地理学领域，但没有引起狂热或者大的波动，由此为"新"文化地理学的到来做好了准备。

　　转变的不只是文化地理学。对于现有概念工具的不满还表现在人们普遍怀疑其是否有能力对当代经济和政治进程的复杂性做出一般性的解释。在莱斯特・朗特里声称新文化地理学已经诞生的那期《人文地理学进展》中，特里沃・巴尼斯（Trevor Barnes）发表了一篇文章全面评价经济学和经济地理学中使用的普适理论（universalizing theories），尤其是"经济人"（homo economicus）的概念（这一理论认为，人类会在给定的条件下理性地行动，以求最大限度地实现自己的目的）。③ 也是在同一期，菲利克斯・德

①　See I. Cook, D. Crouch, S. Naylor and J. Ryan, eds., *Cultural Turns, Geographical Turns*, Harlow: Prentice Hall, 2000.

②　See Y. F. Tuan, "Humanistic Geography," *Annals of the Association of American Geographers*, vol. 74, 1976, pp. 353 – 374.

③　See T. Barnes, "Rationality and Relativism in Economic Geography: An Interpretative Review of the Homo Economicus Assumption," *Progress in Human Geography*, vol. 12, no. 4, 1988, pp. 473 – 496.

莱文（Felix Driver）也发表了一篇关于地理学中普遍历史观的评论，他强调了理论使用的情境，呼吁打破"历史地理学"（对于过去的研究）和其他类型地理学（只是关于现在情况的研究）之间的界限。① 换句话说，尽管"文化转向"现在通常被理解为文化地理学在地理学方向上的一次激进变化，从而影响了这一学科的其他研究分支，但是，其实理论方向的变化范围远大于此，也许甚至都和"文化"毫不相干。文化地理学中对身份认同、权力和话语的研究并没有"独立"为研究分支，而是忽冷忽热，与政治地理学、经济地理学、发展地理学和人口地理学平行发展。因此，所谓"文化转向"，更准确地说应该是一次学科范围的转变，从试图发展能够解释人类社会的全面而完美的理论，到试图发展灵活而不空洞的理论，更敏感地应对偶发事件、变异和矛盾冲突。

四　文化地理学之镜头三：重新定位"人"

第三个镜头，也是文化地理学最让人感到混乱的镜头，是如何把人的因素放置在研究和思考中。虽然在 1980 年代和 1990 年代文化地理学研究者对于景观和身份的研究使得这一学科开始关注权力、话语和意识形态，但是他们几乎从未涉足人类其实是文化的拥有者且已从自然中分离这一理念。例如，米歇尔认为，文化景观完全是人类所创造的成就，人类是产生"文化景观"的唯一行动者。② 如果景观被定义为人类文化的产出，那么就无须承认其他非人类的能动性。有些研究认为，文化是人类行动的"踪迹"，人类"影响"或"创造"了景观，那么，这样的立场就拒绝承认石头、水、太阳、土壤和非人类的动物具有能动性。"自然"于是成了一个迟钝的介质，一个被动的领域，而不是一个具有创造性的能动者。也有研究质疑这种理解如何得出、由谁做出、产生了何种影响。在非西方社会进行的关于文化地理学中人与自然关系的研究成果表明，在对待自然的能动性方面，欧洲和北美的研究与原住民社会相比是如何的狭隘，后者对于土地、河流、冰川，以及其他自然特征的能动性和文化意义有着全然的领会。在更深层

---

① See Felix Driver, "The Historicity of Human Geography," *Progress in Human Geography*, vol. 12, no. 4, 1988, pp. 497 – 506.

② See D. Mitchell, "Cultural Landscapes: Just Landscapes or Landscapes of Justice?" *Progress in Human Geography*, vol. 27, 2003, pp. 787 – 796.

次上说，有些地理学研究者在质疑"人"和"自然"作为意义范畴的本体论意义，并进一步质疑我们的存在与世界非人类的各个部分之间的关系。他们尤其建立了与科技研究者以及女性主义哲学家（如薇尔·普鲁姆德［Val Plumwood］）之间的对话关系。在承认人类和非人类"行动者"之间具有协作关系的基础上重新思考能动性问题，这需要一些不将文化（人的在场）与自然（人的缺席）割裂开来的理论工具。戴维·克劳奇（David Crouch）、薛伟德以及莎拉·华特莫（Sarah Whatmore）等研究者的理论框架都包含景观总是大于人类这一思想。[①] 他们的叙事通过交互性、网络、聚合、多重互动、能动性协作等概念，更强调非人类世界的主动角色，而不是将人类当作一种更为优越的从自然中分离出来的存在。其中一个具有挑战性的研究计划，就是以这种能动性协作为主要模式，意图在今后制定环境治理的政策时要去人类中心化。

文化研究者除了注意到非人类世界行动者的能动性，还认为应增加对于各种感官通道的分析。英美地理学研究植根于后启蒙时期的西方哲学传统，非常依赖于视觉感官来捕捉证据进行分析。其他感官，如味觉、触觉和听觉等很少成为研究的重点，它们在建立地理学阐释基础时一直被认为不如视觉更"可靠"，只有视觉被认为是可以提供理性分析的证据。最近，文化地理学研究者已经开始将重心从视觉移开，而主张我们与其他人类和非人类行动者的关系网是以所有感官为媒介建立的。此外，这些关系是发生在人类作为物质性的存在与其他行动者和环境发生互动之时，以及人类通过语言和思维进行认知的过程之前。从 1980 年代到 1990 年代，"新"文化地理学对于表征的关注被强调感知地域的赋形方式的观点所取代。对于那些关注身体感知方法的研究者来说，研究空间的表征和文本仍然重要，对于赋形方法感兴趣的学者也不会抛弃此类研究，然而如果过分强调认知和思维，研究者就会错过大部分日常经验，包括气味、声音、情绪、记忆和触摸。这些感官通道并不依赖于对外部世界进行内部表征的进程而存在。也就是说，非表征体验对于我们理解空间来说仍然具有核心意义，正如诺埃尔·卡斯特里（Noel Castree）所说，此类方法：

---

① See David Crouch, "Spatialities of the Feeling of Doing," *Social and Cultural Geography*, vol. 2, no. 1, 2001, pp. 61 – 75; Nigel Thrift and Sarah Whatmore, "Introduction," in *Cultural Geography*, eds. Nigel Thrift and Sarah Whatmore, London: Routledge, 2004, pp. 1 – 18.

　　把我们视为这一世界的栖居者，而非观察者；我们是多种感官的参与者，而非疏离的观察者。我们通过做而了解，我们做是因为我们通过和物质世界的反复互动和影响已然有所领悟……我们用所有感官……来感知物质世界：我们是实践的存在，而非仅仅是头脑的存在。因此，我们关于这个世界的大部分理解和实践，用薛伟德的观点来讲，就是从未在形式上被表征过，或者，根本无法表征，因为它们是缄默的、感性的、习惯的和无法认知的。①

　　文化地理学研究者因此展开了对"声音景观"（soundscapes）、"气味景观"（smellscapes），或者"嗅觉地理学"（olfactory geographies）的研究。由于空间拥有声音、节奏和音色的特点，因此声音、噪声和音乐都被看作理解、经历和研究日常地理学不可或缺的部分，比如关于随身听的使用、舞蹈俱乐部和街头游行的研究。此类研究对于如何看待人们通过感知和经验而行动、人们如何参与构成他们的世界都很有启发。音乐和声音可以引导出特定的情绪，通过个体的回应方式而构建空间。

　　通过关注由气味、触感、音乐和声音所激起的经验性回应，文化地理学研究者开始思考空间的情绪和情感维度。希恩（Deborah Thien）将地理学建立的关于情绪的研究称为"社会和批评思想的情感转向"，② 即能够理解能动者如何不只在认知的层面互相影响，而且在情绪和身体上互相影响。"情感"这一概念源于斯宾诺莎、德勒兹和瓜塔里的哲学思想，在心理学上被广泛使用，用以描述与认知和理性行为相反的人类情绪。在最近的地理学研究中，这一概念主要用于理论化人类与周围环境和非人类行动者之间如何建立关系，而不是以情感和理性之间清楚的区分（这一区分因为在研究意义上将情绪贬低为"不可靠"或"有效"而受到非议）为基础进行讨论。情绪是个体感受的社会投射。虽然个体感受依赖于来自前期经验的解释和归类，因此被认为是个人的和传记性的，但是，在特定情境中体验到的情感会折射出情绪化的表达。情感是先于个体而存在的；它是一种无法完全通过语言表达的、有强度的无意识经历，因为它先于意识且在意识之外存在。因此，解读世界如何通过情感这一媒介而存在，这通常被理解为

①　N. Castree, *Nature*, New York: Routledge, 2005, pp. 229 – 230.
②　See D. Thien, "After or Beyond Feeling? A Consideration of Affect and Emotion in Geography," *Area*, vol. 37, 2005, pp. 450 – 456.

一种对理性主义和男权主义的社会科学遗产做出的挑战，因其将情感排除在学术研究和实践之外。由于有关情感研究以及情感如何形塑主体性和空间的关系在理论方面取得了进步，现在需要重新讨论什么是身体以及身体能够做什么这类问题了。

对于试图在地理学研究中重新定位"人"的研究者来说，其第三个目的是超越正统的方法论和目前"解读"文化话语的标准实践。更进一步讲，研究感官通道、情感关系和非人类行动者的能动性问题，需要更广范围的技术工具和方法论，而不仅局限于 1930 年代到 1980 年代所培养的地理学研究者所使用的"工具袋"。他们通常用深度访谈方法（同时使用一些民族志技术），后来使用解构和内容分析的方法。这些工具依然重要，但强调日常生活的情感构成使薛伟德所倡议的"方法论突破"成为必要。这一突破激发了众多的实验性方法论策略，包括行为写作、互动式网站、照片和电影式新闻、使用地理信息系统的三维地图，以及通过街区剧场和与身体有关的种种方式（如音乐疗法）共同参与创造世界。

近年来渗入文化地理学研究的另一类方法与研究者自身相关：他们如何从特定的角度开展研究，其身份如何在研究中发生变化并遭遇挑战，其工作如何在不同国家和不同文化背景下的大学机构、研究设施和学科传统中展开，并如何被解读。的确，虽然"文化地理学"目前已被接受为人文地理学的一个主要构成部分（即使很难定义，或者为其划出清晰的边界），但是，其意义和应用都是相对较近的事，具有地理学上的不确定性，来自不同地位、从事不同研究项目和写作的学者对其也有着不同的解读，在不同的语言传统和民族传统中从事文化地理学研究也有很大区别，因此，研究者也愈加意识到其研究不可能出自缺乏地域特征、性别特征和"无族群特征"的区域，不可能毫无偏见。

我们已经讨论过关于研究者自身立场的问题，如我们曾讨论过索尔的文化地理学在北美比起在其他地方更加具有延续性，而在英国等地，"新"文化地理学的影响则更加明显。更加复杂的问题是，在世界其他地区，文化地理学的研究视角和方法如何蔓延和混杂使用，研究者如何在从事文化地理学的研究中协商自身的立场、身份和局限性。在《社会与文化地理学》（Social and Cultural Geography）杂志刊登的来自全国的报告中，"地理知识的空间"是一个被热烈探讨的主题，其中提到了不同国家的不同实践。例如，布奈尔（Tim Bunnell）、孔（Lily Kong）和罗（Lisa Law）汇报了关于民族文化、宗教和多元文化的研究是如何在东南亚成为主流的，① 这同该地区的国内政治政策以及民族国家的历史相对较短有一定关系。然而在诸如希腊、新西兰、加勒比地区和澳大利亚这样的地方，社会和文化地理学的地位就更加模糊，地理学系的规模通常都很小，老师们的研究也不仅仅局限于某一个领域。也有报告担忧英美地理学如何生产出普适的地理学，以及所谓"国际性"研究话语，即使这些研究也只是出自一个特定的时间、地点和视角。在其他渠道，文化地理学研究者还讨论了承认自己的研究立场在写作和跨文化语境中采用新的研究方法方面有何实际意义，以及在哲学层面上，在研究中进行自我评价和案例分析相对于理论发展的价值。

因此，文化地理学已经成为一个多样化的、神秘的学科分支，详见安德森（Kay Anderson）等人在《文化地理学手册》（*Handbook of Cultural Geography*，2003）中的不同词条。② 文化地理学在 1980 年代和 1990 年代逐渐流行之时，关于"文化"的单一定义早已被认识论上的不确定性以及追求多样性、自反性和超越二元对立观念的趋势所取代。与此同时，一些老旧的、简单的传统依然具有生命力，仍然保有意义和相关性，尤其是针对全球化背景下文化如何改变和持续的争论。尽管如此，在文化地理学领域出现的转变也在经济地理学和政治地理学等关联紧密的领域中出现了。文化地理学研究者以其实验主义的精神，甚至是虚无主义的精神，正继续探索着该学科的一些基本问题，诸如关于人的存在以及我们在这个世界当中的位置等，以此引出对于"人""自然""文化"等范畴效用的质疑。也许文化地理学研究者重新解释了世界之后却发现，这一学科分支的身份其实可有可无。果真如此，也许不会再出现更加大胆和激进的最终行动了。

---

① See T. Bunnell, L. Kong and L. Law, "Country Reports: Social and Cultural Geographies of South-East Asia," *Social and Cultural Geography*, vol. 6, no. 1, 2005, pp. 134 – 149.

② See K. Anderson, M. Domosh, S. Pile and N. Thrift, *Handbook of Cultural Geography*, London: Sage, 2003.

文化地理与书写政治

——以欧洲人对美洲的早期书写为例

王晓路*

摘要 本文通过解读地理大发现时期的相关文献，指出文化史中的常识性史实认知与书写之间存在着密切的互存关系。哥伦布等探险家的航海日记和书信等文本不仅仅是个人的记录，而且在地域和族群的表征中凸显了价值观念，形成了当时欧洲人对美洲大陆的认知方式，满足了他们对新大陆的想象和期待，奠定了欧洲对美洲原住民群体的他者化、对新大陆的占有心理以及文明序列的想象。因此，书写行为本身是地理大发现这一文化事件不可剥离的一部分。在当代地缘政治日益复杂的背景下，通过文化地理学视角可以透视认同、意识形态、空间的民族性和国际秩序的再生产等相关问题，在史实重建和问题导向的研究中可以有效地揭示知识与观念的并行关系。

关键词 文化地理 地理大发现 书写政治 文化研究

Abstract Based on the documents and writings concerning the event of discovery of New World, the author points out the fact that cognition of some commonsense-based historical facts is closely associated with the writing involved. Christopher Columbus and other explorers' writings, including their diaries and letters, are not simply their personal records of the voyages and adventures, but the demonstration of values through representing the geo-

* 王晓路，四川大学文学与新闻学院、外国语学院教授，博士生导师，美国研究中心学术委员会主任，美国亚利桑那州立大学客座教授；研究方向为文化批评、文学理论。

graphic features and the ethnic groups of the New World. Such writings not only shaped the way how Europeans observe the New World, but also fulfilled their imagination and expectation of the New World. What's more, these writings laid the foundation for the definition of the aboriginal groups as the barbarian others, based on which the occupation and the hierarchy of civilizations are confirmed and legalized. Therefore the writing itself is an inevitable part of the historical event. Within the complicated geopolitical situation, cultural geography can serve as a meaningful approach to issues such as identity, ideology, ethnicity in space and reproduction of international order. In this way, the co-relation between knowledge and conception can be better revealed and analyzed during the reconstruction of historical events and issue-oriented research.

Key words　cultural geography; discovery of the New World; politics of writing; cultural studies

　　人类历史就是与自然世界相处和并存的关系史，这一历史进程包含了人类对自然的顺应、认知、利用、改造以及群体之间交往的全过程。"我们的祖先直立人在约 190 万年前开始使用原始用具，从那以后，人类社会的历史就是环境改造的历史，从渔猎直到 20 世纪发生的大规模城市化。人类社会已经倾向于为自身利益而改造环境，并随着技术进步，将环境改造成千变万化的事物。"① 各区域的地理位置、气候、地貌和物产等外部确定性条件，决定了各群体采纳不同的适应性和创造性的生存方式，与此同时也形成了各自的文化传统和精神探索的样式，其中不乏对自然世界的描述和表征。因此，现实世界和文本世界所呈现出的面貌总是与人的行为有关。

　　虽然人们习惯于将自然与文化加以分述，但"自然"也和"文化"一样，一直是人类文明进程中的关键词之一。从词源学来看，"自然"（nature）源自拉丁语"natura"和相关的词语"natus"和"nasci"等，意指"出生"和"生产"。② 因此，英文的"nature 一词和其他同源词之间存在着

---

① 〔英〕彼得·丹尼尔斯等编著《人文地理学导论：21 世纪的议题》，邹劲风等译，南京大学出版社，2014，第 396 页。

② David B. Guralnik, ed., *Webster's New World Dictionary of the American Language*, William Collins Publishers, INC. 1979, p. 948.

固有的联系，如'初生的'（nascent）、'与生俱来的'（innate）、'本土的'（native）以及'国家'（nation）"。① 概言之，该词既包含了自然界万物的本初且变化的生命及物理形态，也由于人类的行为逐渐形成了地理意义上的景观和人为结果的物化世界。虽然自然世界内含着历史和人文要素，但是采纳相关的观念重新看待自然世界，却是较晚时期才进入学界视野的。其中，人文地理学和文化地理学的理论主张逐渐产生了影响并受到了重视。虽然前者主要"研究各种人类活动特征的分布与空间结构"，② 其中也包含了文化地理学要素，但后者的主旨是研究"经历了不同形成过程的文化是如何汇集到一个特定的地方，这些地方又是怎样对其居民产生意义的……文化地理学研究人类活动的多样性和差异性，研究人们如何阐释和利用地理空间，即研究与地理环境有关的人文活动，研究这些空间和地点是怎样保留了产生于斯的文化"。③ 显然，人类行为不仅在空间范围内展开，也使空间具有了意义的生产性。人们对空间关系的认知和探索扩大了固有的地理学范畴，与此同时也使其蔓延到包括文化研究在内的领域。随着人文社科领域中的空间转向和文化转向，文化地理学涉及的议题"已经超出了作为人文地理学的单一领域，其发展要广泛得多。它目前通常与一些社会进程中复杂且重要的议题相关，如认同构成、文化差异、国民归属建构等"。④ 学界对于文化地理学的当代发展有着比较一致的观点。"在过去的二十年间，文化地理学在理论实质和方法论意义上已经经历了显著的变化。尽管作为学科的文化地理学有着悠久和重要的知识及体制性地位的历史，然而人文社科近期的'空间与文化转向'将该领域突显出来，使之成为英美人文地理学中最为重要的当代议题。"⑤ 显然，文化地理学以其特有的跨学科方式和理论指向十分有利于我们看待文化史及文化成因的不同层面。

实际上，现存的文化史和文学艺术史中普遍存在着与地理或自然世界

① 〔英〕彼得·丹尼尔斯等编著《人文地理学导论：21世纪的议题》，邹劲风等译，第406页。

② 中美联合编审委员会：《简明不列颠百科全书》第2卷，中国大百科全书出版社，1985，第580页。

③ 〔英〕迈克·克朗：《文化地理学》，杨淑华、宋慧敏译，南京大学出版社，2003，第4页。

④ David Atkinson, et al. eds., *Cultural Geography: A Critical Dictionary of Key Concepts*, London: I. B. Tauris, 2005, p. vii.

⑤ James S. Duncan, et al. eds., *A Companion to Cultural Geography*, Blackwell Publishing, 2004, p. 1.

相关的术语和现象，如"风景"（landscape）以及各类文学艺术作品中对地貌，尤其是对其他文化区域的书写式再现，但这些主要是作者在特定时期、环境或空间中的感悟和描述。而且这种活动一开始就与对自然的模仿与意识的联想相关。这是因为，"风景的重要性在于其相关性：物质环境与人类社会。风景是人对周围世界改造所创造出来的。因而，无论是有意还是无意，均是一种社会建构，只有通过历史和文化语境的审视，才能恰当地理解"。① 于是，自然景观与人的意识和行为密不可分，作者对外部世界的表述以及读者对书写中的景物的间接体验，均取决于个体的感悟、所受观念及特定环境的影响。因此，个人在特定环境中的书写或其他艺术行为在事实上参与了"自然"的创造，在所有的文化表征中并不存在纯粹外在的"风景"或"自然"。而某一区域的群体开始对其他区域的地貌特征、地理现象以及非我族群的描述，则是在技术条件和历史事件的前提下将自身的观念形态加以扩延的结果。需要指出的是，不同历史时段的群体在不同观念的介入下对同一对象的解读，会关注对象的不同层面，产生不同的诠释，其中始终存在着这一关键命题："对空间的感知与对空间的表征并不是一回事。"② 而历史事件在很大程度上也与书写存在着紧密的关系，事件同时代的人其实与后来者一样，大多并不在现场或不能重返现场，所以只能根据书写式呈现或记录来了解事件，而后来者更是只能依靠考古和文献来追溯和把握当时的"史实"。尽管人们大体上可以通过直接和间接两类感知方式获得某种对自然乃至历史事件的认知，但重要的是，无论哪一种方式，都内含了群体自身的价值观念和认知方式。所以，特定的价值体系和观念系统在文化史中起到了重要的作用，包括对历史事件的呈现和叙述。从方法论角度来看，既往的文化史主要是在线性梳理中呈现文化事件，且大多为某种宏观的展示，在现有材料的基础上"提供"某种史实，并据此形成常识甚至历史性定论。当人们依据所谓定论认识该历史事件时，往往并不追究这些常识和定论本身是如何建构的，于是在现存的世界文化史的叙述中还存在着诸多盲点。在文化史中有关对非我族群及其所在地的书写式呈现中，欧洲人对美洲新大陆的"发现"与书写之间的关系可谓一个典型。例如，各类有关地理大发现时期的历史性描述往往集中在"发现"的意义上，

---

① Ian D. Whyte, *Landscape and History since 1500*, Reaktion Books, 2002, p. 1.

② Bertramd Westphal, *Geocriticism*: *Real and Fictional Spaces*, New York: Palgrave Macmillan, 2007, p. 1.

而对其中可能的细节大多语焉不详，有待考察的方面还很多。

"地理大发现"是世界史中风向标式的事件，也是全球化最为显要的标志性开端。欧洲经历中世纪的战乱、宗教纷争、社会重组等动荡之后，以其技术引领的生产性和军事优势开始窥视海外市场和快速获取财富的可能路径。"正是自古以来物质财富的诱惑力，驱使海上的开路先锋登上了他们的危险航程——1492 年哥伦布横渡了大西洋；6 年以后，达·伽马绕过好望角到了印度。"① 在众多的航海冒险中，哥伦布（Critoforo Colombo，英译 Christopher Columbus）是其中最常为后人所提及的人物，他几乎成为"发现"新大陆的同义词。"当遥远的未来的历史学家回顾我们目前正在经历的这些世纪，并像我们现在研究埃及历代王朝那样把它们缩短来看时，他们很可能被最近的这四百年描述为哥伦布时代。"② 以其命名的时代不仅仅是地理大发现，而且更重要的是开启了全球航行的贯通与洲际往返的初步定位。哥伦布在得到西班牙皇室的旨意，尤其是获得了女王伊莎贝拉一世（Queen Isabella）的同意并资助后，③ 于 1492 年、1493～1496 年、1498 年以及 1502～1504 年四次航行前往"另外的世界"（the Other World），④ 由此开创了人类历史的新纪元。哥伦布航行所能获得的利益和授权可以从著名的《特权书》（The Book of Privileges）中看到，这是哥伦布在第四次前往美洲之前与西班牙王室在 1502 年签署的，其中包括 1497 年确认权力及利益、1492 年合同以及 1493 年、1494 年的协议等。⑤

重要的是，哥伦布这一空前的海上探险计划从一开始就与书写有关，因为他决定从海上抵达印度等东方国度的想法是出自《圣经》的一个伪版本。"关于从欧洲向西航行可以到达东方的想法最初是由意大利佛罗伦萨人 P. 托斯勘内利提出来的，但是哥伦布西航到东方的思想主要是来自伪圣经伊德拉书。该书认为地球是圆的，陆地面积是海的六倍，由陆地西端的西

① 〔美〕查尔斯·比尔德、玛丽·比尔德：《美国文明的兴起》（第一卷），许亚芬译、马清槐校，商务印书馆，1991，第 17 页。

② 〔英〕哈·麦金德：《历史的地理枢纽》，林尔蔚、陈江译，商务印书馆，2015，第 49 页。

③ "1491 年期间，哥伦布前来请求她支持远洋探险。虽然关于她用自己的珠宝充作探险经费的传说不足为凭，但是必须承认她支援这次重大航行的功劳。"——中美联合编审委员会：《简明不列颠百科全书》第 9 卷，第 46 页。

④ Stephen P. Elliott, et al. eds., *Webster's New World Encyclopedia*, New York：Prentice Hall, 1992, p. 265.

⑤ 有关《特权书》，参见美国国会图书馆手稿部，http://www.loc.gov/rr/mss/，访问时间：2016 年 7 月 13 日。

班牙到东端的印度距离极远，而由海路到印度距离很近，加那利群岛与印度相距只有 6300 公里左右。"① 由于认知的局限，哥伦布虽然有四次航海壮举，但直至他去世也还认为自己到达的是亚洲各国附近的岛屿。"直到生命晚期哥伦布依旧坚持他到达了最初预定的'印度群岛'。他曾在靠近齐潘戈（日本）的岛屿以及中国登陆过，也曾沿着马可·波罗笔下的中国海岸线航行过，甚至距离大汗帝国的版图仅有几里格之遥。"② 而对于欧洲人发现美洲的这一历史事实，人们多围绕航海探险本身展开，如考察出海的动机、欧洲皇室和商界的争议以及航海技术等。但史实重建的努力必须要利用多重资源与多重参照框架，包括航海者的书写、当时的文献、欧洲人对航海探险的想象和演绎、欧洲印刷术与当时媒介的传播以及最重要的，被"发现"的区域群体的历史等方面，都应纳入考察的范围之中。地理大发现时代的书写文献所展示的历史，不仅仅包括当时的异国情调，而且主要记录了当时人的活动与动机，尤其是殖民活动的过程。可以说，书写本身不仅决定了人们对历史和现象的认识基础和观念指向，也是历史事件本身的构成方式。

美洲大陆所谓原生态风貌早在欧洲探险家和拓荒者到达之前就与原住民的生活息息相关，原住民与自然世界的关系在"文明人"看来只不过是一种"前现代"式。需要特别指出的是，当时这些探险的航程之所以为欧洲大陆所熟知，是由于这些航海家不断给欧洲大陆的书信，以及后来发表的航海日志一类的书写所勾画出的认知图景。而这些书写得到很快的传播又与 15 世纪的欧洲活字印刷技术和相关产业的发展密切相关，欧洲的"活字印刷术的应用始于公元 1445 年，那是美因茨地区生产的古腾堡《圣经》；在短短的一代人的时间里，这一新兴技术就造就了大约 36 个以印刷业为重心的城市——它们遍及牛津到巴伦西亚再到克拉科夫的几乎整个欧洲"。③ 因此，航海家们的书信在此技术带动下获得了前所未有的传播。这些书写的内容包括相关的几个方面，如航海过程中的所见所想，对新大陆的地貌、物产的描述和臆断，对沿途原住民的表征以及用所谓欧洲王室的名义对岛

---

① 中美联合编审委员会：《简明不列颠百科全书》第 3 卷，第 333 页。
② 转引自〔英〕彼得·沃森《人类思想史——冲击权威：从阿奎那到杰斐逊》，姜倩等译，中央编译出版社，2011，第 166 页。
③ 〔美〕朱迪斯·M. 本内特等：《欧洲中世纪史》，杨宁、李韵译，上海社会科学院出版社，2007，第 367 页。

屿的命名和占领等。由于这些书写文本内容很丰富，除了景物、人种、物品、工具、东方财宝外，还包括当时对航海技术的使用以及对于一些疾病的认识和处理方式。欧洲人"尤其是对海上可能会产生的疾病感兴趣。治疗肾结石的方法是使用酒泡制过的海蝎子，或者水蛇的肝脏，再或者酒泡制的海荨麻"，① 所以，这些有关的文本很快成为欧洲人的流行读物和谈论的话题以及修道士们批注的文献，它们极大地激发了欧洲大陆对新世界的想象、期待和对异邦"野蛮"他者的猎奇以及对领土占有的合法性心理。

其中，哥伦布的《航海日记》和给皇室的书信影响最大。这个日记除了大体上记录了四次航海旅程中的过程、所见所闻以及对异国情调的描述外，还涉及了从欧洲文明、信仰以及效忠于皇室等角度看待异族的方式并以书写的方式证明对这些岛屿的占有等。这一类的表述在其《航海日记》中可谓比比皆是。如"刚一上岛，众人就碰见一群赤身裸体的人，无奈之下，司令只好乘全副武装的小船上岸……他要求船队人员诚实地充当见证人，他以主人国王和王后的名义，正式将该岛占领。他还按要求做出了相关声明，内容均被详细地记录在案"。② 可以说，"占领"意图并使其岛民归顺的心态在哥伦布的《航海日记》中是一个贯穿始终的主旨。"实际上，我想将沿途的每一座岛屿都占领，虽然有时可能占领其中一座也会说占领了全部。"（第 44 页）"与我迄今已知或能叫出名的所有岛屿相比，附近诸岛要富饶得多。于是，我以二位陛下之名将它们全部占领，并替陛下将它们牢牢地掌控。"（第 116 页）"二位陛下的船队每抵达一处，我都会在每个岬角竖立起一个高大的十字架，向当地居民颂扬二位陛下的英明神武，告诉他们二位陛下乃是西班牙的君王。我还尽量宣讲我们神圣的信仰以及圣母教堂的教义，称其教众遍布全世界。同时，我也会让他们了解到所有基督徒及其圣三一信仰的文明和高尚。"（第 235 页）其中一些叙述除了显示欧洲技术或军事技术外，还对当地的掠夺行为直言不讳，"眼看全部武装的小船即将靠岸，这些土人迅速退隐到一处伏击点。等我们的船员接近岸边时，他们才突然发动袭击，试图阻止众人登岛。可他们被船上发射的炮弹吓坏了，只好又纷纷撤退到树林里，连房屋和财产都弃之不顾了。基督徒们进

---

① 〔英〕彼得·沃森：《人类思想史——冲击权威：从阿奎那到杰斐逊》，姜倩等译，第 177 页。

② 〔意〕哥伦布：《孤独与荣誉：哥伦布航海日记》，杨巍译，江苏凤凰文艺出版社，2014，第 36～37 页。以下出自同一材料时只在正文注明中译本页码。

入这些屋内，掠夺并毁掉了一切"（第 203 页），等等，不一而足。

除了《航海日记》，哥伦布每到一个比较重要的停泊处都要给西班牙的国王和王后写信，汇报近期的情况。他在经过大约 33 天的航行后，认为航海已经取得了"巨大的胜利，日本、中国等许多岛屿就在附近。而这些消息使皇室大悦，哥伦布的信件也因而获得大量印刷，以此宣称对这些岛屿的主权"。① 其中尤以第一封正式信件影响巨大。

第一次跨越大西洋后，哥伦布写了一份关于"恒河之外的岛屿"的报告。其目的是宣称他所发现的岛屿并为下一次航行申请经费和政治支持。此信的第一版是 1493 年 4 月在西班牙巴塞罗那印刷的。一个月左右，普兰克（Stephan Plannck）在罗马出版了拉丁文译文。由于这一版本没有提及伊莎贝拉女王，因此他又出版了一个改正版，强调了女王的作用。正是这一拉丁版本得到了广泛的流传，使全欧洲都获知了哥伦布发现新大陆的新闻。②

哥伦布的书写一开始就与新大陆主权归属的合法性联系在一起。如前所述，哥伦布的一些书写文本不仅在王室和民间获得追捧，同时还成为修道士和学者们竞相批注的重要文献。"哥伦布的第一版书中包含 898 个批注。由埃涅阿斯·西尔维斯·皮克劳米尼（皮乌斯二世，1458~1464 年在位）所作的第二版《万物史记》书中包括 862 个批注。由多米尼加博洛尼亚的修道士皮皮诺（Pipino）于 14 世纪所著的《东方的习俗与情况》书中仅包含 366 条批注。哥伦布的许多精神视界都可从这些批注中得以恢复。"③ 至此，书写已经不是个体行为，而是使欧洲人参与"发现"新大陆的有效手段，书写与航海事件本身同时构成历史的呈现与叙述。

哥伦布航海探险的成功极大地鼓舞了后来者，"从他那时以后，许多不同国籍的探险家都曾从事于几乎是持续不断的寻找一条穿过或绕过美洲而

① Toby Lester, "The Name 'America' Appears for the First Time on a Map" (1507), in *A New Literary History of America*, eds. Greil Marcus and Werner Sollors, Cambridge: The Belknap Press of Harvard UP, 2009, p. 1.
② 参见美国国会图书馆手稿部，https://www.wdl.org/en/item/90/，访问时间：2016 年 7 月 13 日。
③ 〔英〕彼得·沃森：《人类思想史——冲击权威：从阿奎那到杰斐逊》，姜倩等译，第 177 页。

又无须通过美洲的西班牙属地的路线。在17世纪时在弗吉尼亚曾组织过几次远征'以发现东印度海'，这一点总督威廉·伯克利在1669年有关他自己的计划中曾经写过"。① 可以看出，书写不仅是哥伦布对自己所率领的航海探险所采纳的铭刻方式，也是那一时期的航海家、牧师以及探险家等普遍采用的方式。这些书写在内容上主要有两类：有关自然风景的描述和对原住民群体的表征。例如，"西班牙的科罗拉多（1510～1554?）、法国牧师埃内班（1640～1701?）以及英国探险家约翰·史密斯船长等作的那些记录大同小异，都描绘的是这块大陆上丰富的自然资源和那些陌生的部落"。② 其中比较突出的是船长约翰·史密斯（John Smith, 1580～1631）。美国东部如詹姆士敦、新英格兰等地的早期历史均与史密斯船长的探险与军事行动有关。他还完成了好几本著述，如《弗吉尼亚地图》（*A Map of Virginia*, 1612）、《新英格兰记述》（*A Description of New England*, 1616）以及《史密斯船长的真实旅程、探险与观察》（*The True Travels, Adventures, and Observations of Captain John Smith*, 1630）等。③ 他的书写不仅仅是地图式的展示和与原住民实用性交往的手册，而且成为后来抵达美洲大陆拓荒者的行动指南以及美国早期文学的样本。而他也成为当时就被认可的作家式的人物。

> 只有约翰·史密斯（John Smith）懂得这个新大陆犹如流放者归来之地……更为重要的是，在某种意义上，他本人是一个与生俱来的美国人（natural-born American），是一位天生的作家（natural-born writer）。史密斯早在新教者启程之前就忙于创作美国文学了……他一脚站在中世纪，另一只脚迈进了现代性……五月花号满载着史密斯所描写的智慧和知识前往普利茅斯。当年的英国定居者在很大程度上依据了史密斯的书写和经验。④

---

① 〔美〕亨利·史密斯：《处女地：作为象征和神话的美国西部》，薛蕃康、费翰章译，薛蕃康校，上海外语教育出版社，1991，第20页。

② 〔美〕罗伯特·斯比勒：《美国文学的循环》，汤潮译，北京师范大学出版社，1993，第2页。

③ 有关史密斯船长的传记材料，参见 *Webster's New Biographical Dictionary*, Springfield, Mass. : Merriam-Webster INC., Publishers, 1983, p. 927。

④ Adam Goodheart, "Fear and Love in the Virginia Colony" (1607), in *A New Literary History of America*, eds., Greil Marcus and Werner Sollors, Cambridge: The Belknap Press of Harvard UP, 2009, pp. 21 – 25.

其他有影响的有关书写还包括哈克鲁特的《发现美洲的航行》。理查德·哈克鲁特（Richard Hakluyt, 1552～1616）陆续编写了一些丛书，他在第一部《发现美洲过程中的各类航行》中对弗吉尼亚的描写以及特有的心理与哥伦布的日记几乎毫无二致。"弗吉尼亚不仅幅员辽阔，而且那里的气候是如此怡人，银矿蕴藏如此丰富，各种货品如此齐全……弗吉尼亚比墨西哥和新西班牙要更加美好、富饶……所有英国人或更广泛地说，所有欧洲人发现的土地，都应当正大光明地为我们所有。"① 沃尔特·罗利（Walter Raleigh, 1552～1618）在其《圭亚那的发现》（*The Discovery of Guiana*）中这样描述了新大陆，"圭亚那这个国家就像一个保留着童贞的少女，从未被碰触、劫掠或蹂躏过。这里的土体从未被翻犁，大地里也从未施过肥料；盗墓者也不曾为了黄金而掘开过这里的坟墓；也没有人用铁锤开凿过这里的矿藏；庙宇外面的画像也从未被人撕下过。没有任何军队曾武力入侵过这里，也没有任何基督教国家的王子占领或征服过这里"。② 布丰（Georges-Louis Leclere, Comte de Buffon, 1707～1788）在其著名的《地球的自然史》（*Histoire Naturelle*）中始终以居高临下的眼光看待新大陆，坚持认为这些未被开垦的土地和原野是如此丑恶不堪、毫无生机，完全应该让钢铁机器来收拾这一片土地。

> 残酷的自然是丑恶、病态的……让我们抽干这些沼泽，让死水流动起来，给它带来自由的生机，让水流汇入河流与运河；让我们开发出隐藏于我们身体之中（而且仅限于我们所有）的那种活泼的、充满欲望的元素；让我们烧掉这片多余的树丛，烧掉已经消耗过半的古老森林；然后，让我们用钢铁铸成的机器来收拾那些火焰燃烧不尽的地方。③

以自身社会文明和机器文明形态看待新大陆实际上是当时探险者普遍拥有的视角，对新大陆的描写越蛮荒，就越能证实欧洲文明的优越以及征服的必要性。对此，丹尼尔斯特别指出，"所谓美国的平原是荒无人烟的，这仅

---

① 〔美〕萨克文·伯科维奇主编《剑桥美国文学史》第 1 卷，蔡坚主译，中央编译出版社，2008，第 11～14 页。
② 〔美〕萨克文·伯科维奇主编《剑桥美国文学史》第 1 卷，蔡坚主译，第 22 页。
③ 〔美〕萨克文·伯科维奇主编《剑桥美国文学史》第 1 卷，蔡坚主译，第 106 页。

是相对于欧洲白人殖民者而言。原生态思想显然是由于殖民者无法看到这片陌生的土地上的人类的影响，但是这种思想的政治效应是显而易见的，它有助于将土著居民边缘化"。①

哥伦布的书写不仅仅奠定了欧洲人对异邦的认定，满足了文明的驾驭感，而且还激发了欧洲人的文学创作和想象。1493 年 6 月 15 日，诗人达缇（Giuliano Dati）根据哥伦布的信件写了一首诗歌《印第安加那利群岛发现的历史》（*The History of the Discovery of the New Islands of the Indian Canaries*）在意大利朗诵。虽然此诗并没有对哥伦布所宣称的可以找到中国的西线进行歌咏，因为他和当时大多数欧洲人一样，对此深表怀疑。② 学界认为，美国早期文学的奠基也与哥伦布的书写有关，"哥伦布的那本著名的《书信》（1493）还是确立了最早的美国文学的形式和观点"。③ 因为，"哥伦布《航海日志》一书将写作表现为一种行为，又将行为作为了个人表现的一种形式。新世界的文学就是关于发现、探索和殖民的文学。欧洲发现美洲这段时期的文学史也就是文学试图塑造历史的过程。从描绘第一批欧洲人登陆和殖民美洲的文本中，我们总是能够找到叙述者主动参与所述事件的痕迹"。④ 这些不同形式的书写激发了不少文学想象，包括探险主题与欧洲骑士文学传统的变化等，⑤ 同时，也奠定了美国早期文学的一些特征。和许多后殖民区域一样，在先期抵达的欧洲人看来，原住民的语言，尤其是书写语言在没有形成系统之前就等于没有历史，所以，新大陆的历史是从外来者抵达的时间开始的。既然没有历史，当然也就没有对自然世界的拥有权。于是，历史的空白与文字式书写和文学系统形成了对应关系，这是因为在欧洲文明传统在中世纪的确立中，书写承载了一种有效和有序管理的重要功能，

　　中世纪中期教育的迅速发展与文字的使用对国王、皇帝和教皇们施展自己的权力有着非常重要的意义……长久以来基于地方上的历史

---

① 〔英〕彼得·丹尼尔斯等编著《人文地理学导论：21 世纪的议题》，邹劲风等译，第 403 页。
② Toby Lester, "The Name 'America' Appears for the First Time on a Map" (1507), in *A New Literary History of America*, eds. Greil Marcus and Werner Sollors, Cambridge: The Belknap Press of Harvard UP, 2009, p. 1.
③ 〔美〕罗伯特·斯比勒：《美国文学的循环》，汤潮译，第 1 页。
④ 〔美〕萨克文·伯科维奇主编《剑桥美国文学史》第 1 卷，蔡坚主译，第 10 页。
⑤ 有关探险主题和欧洲骑士文学之间的关系，参见〔英〕彼得·伯克《文化史的风景》，丰华琴等译，北京大学出版社，2013。

传统和法律，开始变得依赖于记载着世俗及宗教法律的有序而系统的文字系统。从整体看，用历史学家麦克尔·克兰契（Michael Clanchy）的话来说，这种"从记忆到文字记录"的变化导致行政和其他社会组织产生根本上的变化，同时也使得人类对待自己的经验方式开始走向更有逻辑性和系统性的方向。[①]

因而，书写、记录以及据此所产生的阐释亦成为对现实认知的一种标准，"对现实的书写和表征是不容置疑的标准，唯有此，所描述的情景才能进入人类阐释的形式中"。[②] 这一观念也同时反映在美国文学史的叙事方式中，虽然美国文学史的编撰也几经观念的变革，但其中按照历史阶段进行分类是最为主要的方式，如代表性的《剑桥美国文学史》（The Cambridge History of American Literature）的分类方式就是"殖民时期的文学""新英格兰清教文学"等；而由 Cleanth Brooks 等主编的《美国文学：作家与作品》（American Literature: The Makers and the Making）开篇就列出"'我们到达之前的土地'：前民族文学（1620~1743）"[③]；著名的《哥伦比亚美国文学史》（Columbia Literary History of the United States）[④] 也是以历史时期序列展开的，如第一章是"起始至1810年"。最新的成果是《新编美国文学史》（A New Literary History of America），它以文献序列展示美国文学的形成，重要的是，这些文献并不仅仅是经典文学定义上的作品，而且是从欧洲人对新大陆的描述开始的。应当指出的是，美国早期文学的主旨与其早期书写的特性直接相关。"美国殖民地时期的文学的特殊之处在于，当时的作者们相信可以利用写作的切实功效来影响和决定历史的进程……这些多产的作家们就似乎认定：既然印第安人没有自己的文学系统，那么他们就一定无权拥有土地。到殖民地时期结束时，殖民地文学不仅记录了而且还帮助欧洲人实现了对新世界的控制，使其获得了合理拥有新世界的身份证明。"因此，"新世界的文学就是关于发现、探索和殖民的文学。欧洲发现美洲这段时期的

---

① 〔美〕朱迪斯·M. 本内特等：《欧洲中世纪史》，杨宁、李韵译，第266页。

② Peter Barry, *Beginning Theory: An Introduction to Literary and Cultural Theory*, 3rd, ed., Manchester: Manchester UP, 2009, p. 186.

③ Cleanth Brooks, et al. eds., *American Literature: The Makers and the Making*, New York: St. Martin's Press, 1973.

④ Emory Elliot, et al. eds., *Columbia Literary History of the United States*, New York: Columbia UP, 1988.

文学史也就是文学试图塑造历史的过程。从描绘第一批欧洲人登陆和殖民美洲的文本中，我们总是能够找到叙述者主动参与所述事件的痕迹"。①

在以探险方式发现并征服新大陆的同时，以书写方式通过对原住民的他者化奠定占领者的合法性心理，是那个时期所特有和普遍的观念生产方式。书写是这一历史进程中文化表征的重要手段，同时也是历史事件本身的组成部分，它意味着美洲不仅是被"发现"的，也是被"创作"出来的。"尽管文字本身不能直接创造国家或帝国，但文字在它们的诞生过程中所起的却不仅仅是简单的催化剂作用，而是其中的一个组成部分。"② 因此，"以事实经验为基础的写作建立了殖民帝国……新世界是一个距离人们的想象很遥远的未来，它有可能永远都不会到来。它需要被发明、被征服、被殖民，也需要通过责令、敦促、宣传和写作使之变成现实"。③ 概言之，重新解读欧洲人对美洲大陆的早期书写，有助于人们重新看待这一重大的历史事件，也有助于人们从文化地理学角度了解特定时间与空间范围的历史范畴。文化史的研究是一种通过多重资源梳理的过程，文化研究的意义亦可以通过具体的研究呈现。其中，文化地理学的视角有利于我们在史实的重建以及问题导向研究中有效地揭示知识与观念的并行关系。

---

① 〔美〕萨克文·伯科维奇主编《剑桥美国文学史》第 1 卷，蔡坚主译，第 3 ~ 4、10 页。
② 〔美〕萨克文·伯科维奇主编《剑桥美国文学史》第 1 卷，蔡坚主译，第 10 页。
③ 〔美〕萨克文·伯科维奇主编《剑桥美国文学史》第 1 卷，蔡坚主译，第 27 页。

社会性别与社会正义：南方视角

〔澳〕瑞文·康奈尔 著　刘　岩 译*

摘要　从社会学角度研究性别问题历史悠久，也充满困扰，这一研究领域的发展倾向目前主要依靠南方视角。与这片被殖民的土地息息相关的社会经验产生了以下重要研究课题：集体声音、社会暴力、结构转型以及性别与土地的关系等。重新审视社会性别，尤其是在当今极具影响力的北方视角之外重新审视社会性别，需要重新思考性别的历史性，重新思考其社会呈现，并认识性别在世界层面的动态变化。社会学是一种资源，可以用来记录并理解性别正义，以及与此相关的物质不均、思想认识和社会呈现。因此从一般意义上讲，社会科学本身就是促进全球正义的重要资源。

关键词　社会呈现　社会性别　社会正义　社会学　南方视角

Abstract　Sociology has a long but troubled history of engagement with gender issues. Development of the field is now vitally dependent on perspectives from the global South. Issues of collective voice, societal violence,

---

*　瑞文·康奈尔（Raewyn Connell），悉尼大学教育与社会工作学院讲席教授，澳大利亚社会科学院院士，澳大利亚最为杰出的社会学家之一，曾荣获美国社会学学会颁发的杰出贡献奖和澳大利亚社会学学会颁发的杰出服务奖。其代表著作有《性别与权力》（*Gender and Power*, 1987）、《男性气质》（*Masculinities*, 1995）、《社会性别》（*Gender*, 2002）和《南方理论》（*Southern Theory*, 2007）等。刘岩，广东外语外贸大学英语语言文化学院教授，博士生导师，外国文学文化研究中心兼职研究员。

本文是康奈尔教授在南非社会学学会（SASA）第 17 届年会（比勒陀利亚大学，2011 年 7 月 10～13 日）所做的开幕式主旨发言，曾刊登在《南非社会学评论》（*South African Review of Sociology*）2011 年第 3 期。文中着重号系原有。

structural transformation, and the relation between gender and land, are a-
mong the issues that emerge strongly from the social experience of the colo-
nized world. A re-thinking of gender—beyond the currently influential north-
ern perspectives—is required, which will involve a rethinking of the historic-
ity of gender, a reconsideration of embodiment, and a recognition of world-
level gender dynamics. Sociology is a resource for documenting and under-
standing issues of gender justice, in relation to material inequality, recogni-
tion and embodiment. Social science generally is a resource for the democrati-
zation of society on a world scale.

Key words　embodiment; gender; social justice; sociology; south/
global south

引　言

谢谢你们邀请我参加这次大会！本次会议的主题，是从社会学视角研
究性别问题，这是一个重要的学术课题。我希望我能够在此对其重要性加
以说明。南非在倡导性别平等的理念方面处于世界领先地位，性别在南非
的实践也因此特别值得学界关注，这一点无论是对于南非还是对于世界其
他地区都很重要。我们在这里讨论的是关乎未来的严峻考验。

一　社会性别与社会学

社会科学并非近年性别研究的核心方法，在过去 20～25 年，最有影响
力的性别理论以及最有建树的性别问题是在文学、哲学和文化研究领域提
出的。我们可以确定，人文科学在性别研究领域的领导地位可以追溯到
《第二性》（*The Second Sex*，1949），① 西蒙·德·波伏娃（Simone de Beau-
voir）在这部著作中神奇地孕育了融哲学、历史和文学为一体的法国式的研
究方法。

在我们这个时代，最有影响力的女性主义理论出自美国的哲学家，现

———————

① Simone de Beauvoir, *The Second Sex* [1949]. Harmondsworth: Penguin, 1972.

在很多年轻人疯狂迷恋酷儿理论、话语分析和性别身份的解构。关于身份的一系列问题，包括性别身份的实施、其复杂性以及脆弱性等，这些问题在过去 20 年一直都是国际性别研究的核心问题。

但这一核心问题以及这样的学术研究，连同研究成果，很明显都是北方学术的产物。北方学界提出的关键问题和研究方法，亦即他们的"问题意识"，反映出大都会（metropole）的文化、政治和经济背景，即北大西洋地区那些以资本为集约形式的、军事力量强大的富裕国家。我们现在把这些理论统称为北方理论（Northern theory），而我们今天所处的却是远南地区。

从南方视角来看，地球是不一样的，最严峻的学术问题也有所不同，这些差异甚至在国家层面就已经显现出来。例如，看一下联合国颁发的新千年发展目标（Millennium Development Goals），这些目标包括性别问题，却不是关于性别身份的问题，而是关于教育、卫生保健、经济不平等以及经济权力的问题。事实上，这些都是社会问题。我们从南方视角出发可以把性别暴力作为重大问题补充进来，而社会科学可以为此提供相关的基础知识。

因此，社会学家需要做的就是思考性别问题在社会学中的地位。然而不幸的是，这一点令人担忧。美国同行曾提出过这样一个著名论断："社会学中缺乏女性主义革命。"① 这样的革命与其说缺乏，倒不如说被拒绝。作为一个学科，社会学的基础理念是：社会学由一群专注于欧洲现代性研究的白人男性"奠基者"创建，具体来说，这些人关注的是工业化、阶级冲突、异化与官僚机制。但是，在这样一个基础理念中却没有性别的位置。

白人男性在创建社会学的过程中起到了核心作用，这是事实。但是，创建者的群体比我们想象的要大得多，其历史也更为有趣，同帝国主义以及全球的社会动态变化之间的联系也更为密切。②

以全球大都会视角来看，19 世纪的社会学从被殖民的世界中获取了很多数据，因而产生了许多关于性别和种族的研究问题。事实上，这些都是第一、二代社会学家关注的核心问题。但是，针对这些问题的研究一直是从殖民势力的角度开展的。社会学被建构成大都会知识分子之间的论争，其论争焦点是全球帝国主义创建或揭示的世界。大都会同殖民地之间的差

① J. Stacey & B. Thorne，"The Missing Feminist Revolution in Sociology," *Social Problems*, vol. 32, 1985, pp. 301 - 316.

② See R. Connell, *Southern Theory: The Global Dynamics of Knowledge in Social Science*, Cambridge: Polity, 2007.

异被诠释为"进步"（progress），这是处于这一学科核心的结构性概念。女性的地位则被视为"进步"的指数，性行为的社会演变、家庭机制以及婚姻都成为以下理论家感兴趣的研究课题：斯宾塞、沃德（Ward）、恩格斯、勒图尔诺（Letourneau）和萨姆纳（Sumner）。（在这一意义上，马克思、韦伯和涂尔干［Durkheim］并非最具代表性的人物。）

北方社会学后来的发展逐步从这些概念中脱离出来，开始聚焦大都会内部的社会差异和社会冲突，而正是这后一种带局限性的社会学，连同其调查研究和城市民族志的研究方法一起在冷战之后输出到世界各地，成为今天众所周知的社会学的学科基础。

20 世纪中叶的社会学把性别问题理解为都市社会内部关于正常秩序和家庭秩序的问题，这就是"性别角色"（sex role）概念的时代，在美国以帕森斯（Talcott Parsons）和科马洛夫斯基（Mirra Komarovsky）为代表。这些理论家认识到性别规范发生了变化，但是，有关"性别角色"的研究总是关注北方社会，将其视为一个封闭的体系，关注其内部的正常秩序以及规范融合。在 70 年代，女性解放运动对北方社会学产生了影响并带来学术研究的拓展，生理性别与社会性别的研究成为社会学最大的一个研究分支领域，其直接的结果便是更加批评性地评价社会规范和性别角色。现在看来，这些研究限制了女性的自由，而且没有对整个知识框架构成挑战。

在 70 年代之后，关于性别的其他问题也成为研究焦点：由于抵抗 HIV/艾滋病的紧迫性，有关性行为的社会—科学研究因此发展起来；全球范围的性别暴力令人震惊，尤其是在社会转型的背景之下，这一点也逐渐清晰，但是我们还远未开发出足够的相关研究理论；此外，教育中的性别模式也已经成为公共论争的话题，这首先体现在女性主义对父权教育所做的批判，继而学术研究呈现"男孩转向"（boy turn）[①] 的倾向。

[①] 在 20 世纪 60 年代，由于女性解放运动的繁荣，女性研究方法渗透到几乎所有学科，如教育学的研究就着重关注女孩是否获得平等的教育、女孩的初期教育如何影响后来的成长，尤其是侧重让弱势群体中的女孩拥有平等的教育机会。随后，在女性主义的反拨下，男性研究兴起，性别研究的重点发生转移。仍以教育学为例，人们开始关注教育是否能够培养足够的男性气质，现有的教育模式、课程设置和评估体系是否适应男孩的发展特点，父母和教师对男孩的期待和要求如何影响男孩的成长等。这一研究重点的转移大致发生在 20 世纪 90 年代中期，被学界称为"男孩转向"。——See Marcus Weaver-Hightower, "The 'Boy Turn' in Research on Gender and Education," *Review of Educational Research*, vol. 73, no. 4, 2003, pp. 471 - 498. ——译者注

就业、失业、占有土地和拥有财富，这些活动中的性别模式也成为学术论争的话题，尤其是这些问题在新自由主义的全球化背景下呈现出怎样的变化。随着"变性"和生物技术不断惹起纷争，性别的社会呈现也因此成为研究对象。美国同伊拉克和阿富汗作战，北方和南方之间的关系于是再次成为一个关于性别的学术问题，不是以"进步"为关系方式，而是以文化控制和性别民主为方式。

因此，在我们这个时代，社会学的任务不是在这一学科中首次增加对于性别的关注，因为这样的关注在历史上存在已久了。我们的任务是要建立这个世界所需要的性别社会学，这将彻底改变先前的社会学框架，有效研究前几代社会学家很难想象的危机和可能性。

二　南方视角在性别研究中的必要性

要改变现状，我们就需要改进性别研究的方法。大多数性别研究依靠一个基础性的、静态的、范畴式的研究方法，"性别"在这里包括两个范畴，即男性和女性，谈论性别就是谈论这两种范畴之间的差别。事实上，所有关于性别的量化研究，包括政策研究，都采取了这种方法。生物医学研究通常把性别视为生育上的生理差异，尽管这一点在健康社会学领域已经饱受争议。[①]范畴论在社会科学中也存在，"性别角色"理论就是采纳这种方法研究社会规范中的这两种性别范畴。

同样，我们在思考性别研究的政治意义时，也需要超越女性主义主体的一元概念，这样的概念在历史上是必要的，因为它有助于在被父权假设和实践主宰的政治领域里确立女性的声音。据我所知，智利女性主义行动主义者柯克伍德（Julieta Kirkwood）在其著作《在智利做政治女性》（*Ser Política en Chile*，1986）中对此做过清晰描述。[②]但是，女性声音一旦确立，就有必要认识到女性在政治生活之中拥有不同的声音和经验，而这正是过去30年间许多政治斗争的焦点所在，此间大多数女性主义运动在世界范围的实践都朝向多元化和包容性发展。这样的趋势在北方得到反本质主义或解构女性主义理论的支持。对于多元化的认识已经成为女性主义在全球的

---

① See E. Kuhlmann & E. Annandale, eds., *The Palgrave Handbook of Gender and Healthcare*, Basingstoke: Palgrave Macmillan, 2010.

② J. Kirkwood, *Ser política en Chile: Las Feministas y los Partidos*, Santiago: FLACSO, 1986.

首要实践，当然，这需要反抗由美国构想的女性主义霸权，这一反抗尚未结束。

性别研究的另一多样化也与此相关，这就是关于男性和男性气质的研究，目前世界各地均已形成了蓬勃发展的研究和政策态势，在这一领域，远南地区——包括智利、澳大利亚和南非，一直非常活跃。[①] 的确，我们在男性性行为和男性暴力的研究中一直处于世界领先地位，分析男性气质的不同、男人之间的性别关系模式以及思考男性气质如何在更广泛的性别关系结构中发挥作用。

德国女性主义学者黑格曼 - 怀特 （Carol Hagemann-White） 曾言简意赅地指出，"性别是一种关系"。[②] 我们一旦认识到所有重要问题都围绕复杂的性别关系展开，就无法重新回到范畴论，无法认同把 "性别" 简单地等同于 "女人" 的政策话语。

在本文，我假定大都会理论并非唯一的理论来源，也并非唯一的方法创新或具有突破性的经验研究，来自地球南方的学术研究对于未来的知识 （包括社会科学） 同样具有奠基性。[③]

我在地球北方的大学谈论南方理论时，曾经被问到 （有时礼貌、有时不够礼貌） 这样的问题："这有什么新鲜的?" "我们 （在北方） 能够从中学到我们不知道的事吗?" 这些问题极端错误，因为它们假设北方已经拥有了知识生产的专利权，从而显示出文化领域的全球力量关系。

但是，南方视角 （或者说复数的南方视角，因为我们在此涉及的是复杂而迥异的社会形态） 可能与大都会视角有哪些不同，大都会视角将如何在全球对话 （对话正是社会科学的未来） 中接受挑战，这些问题还是具有相关性的。我本人主张，性别研究的南方视角很可能在以下三个主题上同

---

① See J. Olavarría, ed. , *Masculinidades y Globalización：Trabajo y Vida Privada, Familias y Sexualidades*, Santiago：Red de Masculinidiad/es Chile, Universidad Academia de Humanismo Cristiano and CEDEM, 2009.

② C. Hagemann-White, "Was Bedeutet 'Geschlecht' in der Frauenforschung? EinBlickzurück und einEntwurffürHeute," *Zwischen Emanzipationsvision und Gesellschaftskritik：（Re） Konstruktion der Geschlechterordnung in Frauenforschung-Frauenbewegung-Frauenpolitik*, eds. U. Hornung, S. Gümen und S. Weilandt, Münster：Verlag Westfälisches Dampfboot, 2001, pp. 63 – 72.

③ See S. F. Alatas, *Alternative Discourses in Asian Social Science：Responses to Eurocentrism*, New Delhi：Sage, 2006; R. Connell, *Southern Theory：The Global Dynamics of Knowledge in Social Science*, Cambridge：Polity, 2007; S. Patel, ed. , *ISA Handbook of Diverse Sociological Traditions*, London：Sage, 2010.

众人稔熟的北方视角有本质区别。

第一个主题就是性别政治中的声音，即柯克伍德讨论的问题。她在分析 20 世纪智利女性政治声音的时候明确指出，政治的在场及其起伏同后殖民政治文化的特点紧密相连，也同智利的社会—经济形态在世界经济秩序和政治秩序中的地位变化紧密相关。建立女性声音，这也是阿拉伯世界女性主义政治的中心问题。① 在印度尼西亚，这同样是一场漫长而激烈的斗争，范围广泛，变迁激荡。② 这一主题对于南非人来讲并不陌生。在南非，建立性别平等的政治首先同针对种族隔离统治的斗争联系在一起——种族隔离制度本身就是一种同种族秩序相交织的特殊形式的父权体制——继而体现为在后殖民社会创建广泛的平等机制，以及反抗新形式的父权制。

把性别问题仅仅作为次要问题来看待，要等待"主要"问题解决之后才能处理，我希望我们已经超越了上述阶段。从社会学角度看，性别关系构成我们所生活的社会之主要结构。③ 在社会分工、收入分配、文化样态、权力组织、家庭构成以及日常生活的常规活动中，性别都发挥着至关重要的作用。不平等的性别关系引发社会不公、暴力和沮丧，这些都是关乎社会正义的根本问题。

我们拥有充足的历史证据来说明阶级斗争和去殖民化本身并不能终结性别不公，性别理论尚未充分解释性别的动态变化在殖民和后殖民背景中呈现的具体形态。我们从不曾忘记世界上的大多数人民生活在拥有殖民、新殖民和后殖民历史的社会之中，其生活深受这些历史经历的影响。大都会是一个例外，而不是规范。

第二个主题直接从第一点引发而来，即性别暴力。性别暴力促成了殖民和后殖民社会的形成，殖民化本身就是一个有性别特征的行为，由男性化的职业（如士兵和长途贸易）组织而成的帝国力量（绝大多数是男人）负责实施。在殖民地，强奸女性是征服过程中的常规做法，重新建立性别秩序也是建设殖民地经济的常规做法，比如把男人纳入帝国经济中作为奴隶，在庄园以及煤矿中充当契约劳工或移民劳工，而女人则从事家务劳动，

---

① See Newal El Saadawi, *The Nawal el Saadawi Reader*, London: Zed Books, 1997.

② See K. Robinson, *Gender, Islam and Democracy in Indonesia*, London: Routledge, 2009.

③ See R. Connell, *Gender: In World Perspective*, Cambridge: Polity, 2009.

充当土地和工厂的劳动力，也同时是消费者和家庭妇女。① 我们可以由此管窥殖民力量在世界性别关系史中产生的广泛影响。

这些并不是漫不经心地发生的，也不是呆板冷漠地发生的，殖民者是有组织、有文化地开展上述行动的，这些行动也同时在被殖民者中间得到了积极的回应。阿希斯·南迪（Ashis Nandy）曾指出，对于印度来说，殖民者的男性气质被改变了。② 创建男性气质以维持帝国运作的社会过程，这一内容在南非社会历史中得到了最好的揭示，以莫瑞尔（Robert Morrell）的著作《从男孩到绅士：殖民者的男性气质研究，1880—1920年》（*From Boys to Gentlemen: Settler Masculinity in Colonial Natal 1880 – 1920*，2001）③为典型代表。

这一点又引发了第三个主题：上述过程都是固有的集体行为，这些行为无法在方法论的个人主义层面上加以认识，也无法通过聚焦个人意识和个人身份得到阐释。不仅如此，这些行为还处在历史动态变化的过程中。性别并不是生理和符号之间的永恒对话，而是渗透到历史中的、规模宏大的形成过程，既具有创造性也充满暴力（我有时用"形成中"［ontoformative］这个词来形容）。在此过程中，身体和文化都处于危险之中，不断被转型，有时甚至被摧毁。

我认为，基本的性别进程所呈现出的集体维度在拉丁美洲得到了最好的体现。智利理论家蒙特奇诺（Sonia Montecino）曾主张，拉丁美洲在社会斗争中形成的那些关于阶级身份的众所周知的概念也同样适用于性别身份。④ 她深入分析了变化中的身份问题，认为近年来有两种不同的女性政治斗争形式：母亲主义的和女性主义的。这一区分中出现了不同的性别身份，这些差异同变化之中的女性经济状况有关（女性的家务劳动没有报酬，而工厂工人的劳动有报酬），也同文化转型相联系，因为无论女性是否有偿工

① See Maria Mies, *Patriarchy and Accumulation on a World Scale: Women in the International Division of Labour*, London: Zed Books, 1986.

② See A. Nandy, *The Intimate Enemy: Loss and Recovery of Self under Colonialism*, New Delhi: Oxford University Press, 1983.

③ R. Morrell, *From Boys to Gentlemen: Settler Masculinity in Colonial Natal 1880 – 1920*, Pretoria: University of South Africa, 2001.

④ S. Montecino, "Identidades y Diversidades en Chile," *Cultura y Desarolloen Chile*, ed. M. A. Garretón, Santiago: Andres Bello, 2001, pp. 65 – 98.

作，宗教和父权习俗都在很大程度上定义了女性的母亲职能。

如果上述观察在更广泛的意义上讲正确无误，那么就不存在一种单一模式的"南方"性别秩序，很显然，并没有这样一种秩序存在，无论殖民化之前还是殖民化之后都没有这样的秩序存在。认识到性别秩序的多样性，这是南方女性主义理论家在联合国世界妇女大会组织的论坛上不断呼吁的结果，从1975年的墨西哥城到1995年的北京，① 人们逐渐认识到女性主义视角之间拥有根本的差异，而跨越这些差异的对话是可能的。② 不仅仅是对话，而且还有跨越国家边界的政治合作行动，以及全球范围的女性主义理念，这些都是性别政治领域日益显现的内容。③ 莫汉蒂（Chandra Talpade Mohanty）把这些努力恰到好处地总结概括为"无边界的女性主义"。④

因此，南方的女性主义理论和性别研究提出了"多元性"的问题，性别形态的多样性并非体现在个体层面，而是体现在社会层面的性别秩序以及性别关系的动态发展。建立南南关系（South-South relations）是在殖民历史和当今的从属经验中寻找共性，同样，它也要从历史经验角度审视差异，性别理论和性别实践都将从中获益。我们越是在这方面努力，就越有可能教育北方。

三　重新思考处于社会动态发展中的性别

在通俗文学和宗教教条中，性别完全被性别身体所定义。人们假定男性和女性之间的天然差异造成了他们境遇的不同，所以，像今天这样的学术会议，有助于我们思考一个具有革命性的主张：性别是社会的，性别研究也因此是社会学家的责任。

性别模式呈现了文化多样性，其证据显而易见：亲属关系呈现差异，男性气质和女性气质之文化意义有所不同，同一生物范畴的成员之间（甚

---

① 联合国世界妇女大会迄今为止已经举办过四次：墨西哥城（1975年）、哥本哈根（1980年）、内罗毕（1985年）、北京（1995年）。——译者注

② See C. Bulbeck, *Re-orienting Western Feminisms*: *Women's Diversity in a Postcolonial World*, Cambridge: Cambridge University Press, 1998.

③ See N. Naples & M. Desai, eds., *Women's Activism and Globalization*: *Linking Local Struggles and Transnational Politics*, New York: Routledge, 2002.

④ See C. T. Mohanty, *Feminism without Borders*: *Decolonizing Theory, Practicing Solidarity*, Durham: Duke University Press, 2003.

至在同一社会）采纳的性别道路和实践也迥然相异。下面我要谈一下我们
如何才能从社会学角度思考这些问题。

我一直倾听南方性别研究学者谈论这些问题，阅读他们的著作，我越
来越确信我们需要从社会学角度大规模地研究性别关系问题，更需要概念
工具来理解社会层面的性别关系所呈现的整体模式。

在我本人的理论著作中，我把这称为某一社会的"性别秩序"。这一术
语也许有帮助，也许没有，但是，我们需要某种命名和分析方法来研究性
别关系的大范围组织，养育孩子、话语、暴力、体制、情感和经济学都与
此息息相关。只有凭借这一术语，我们才能够开始理解殖民化过程中的性
别变化（这些变化在后殖民过渡中也有所体现），也才能够理解性别关系在
战争、流行病或经济重组中面临的危机。

这并不意味着性别的结构模式在世界各地都是相同的，我现在也想对
我先前的理论做出修正。我曾经过于激进地主张存在一个普遍的结构性模
式，其亚结构由权力、生产和能量释放（cathexis）①组成。性别结构是历
史性地产生的，我们因此有理由认为，这些结构在世界不同地区也会呈现
出不同的发展态势。

乌玛·查克拉瓦提（Uma Chakravarti）在其著作《性别化种姓制度》
（*Gendering Caste：Through a Feminist Lens*，2003）中曾运用大量例证分析印
度的种姓制度。②她认为，种姓制度是同族婚姻的等级制度，种姓身份和特
权在种姓制度中女人的贞节实践中得到维护。在同族婚姻背景下，对于女
性性行为的严格控制是整个社会秩序和性别秩序的核心特点。这形成了印
度社会特有的性别关系结构，有其独特的历史渊源，也同时促成了积极有
时甚至激烈的当代政治。

另一研究实例是纳斯克蒙多（Elisa Nascimento）所著《肤色的魔术》

---

① "cathexis"一词来自弗洛伊德的精神分析学说，指情感和力比多的宣泄。康奈尔早在 1987
年就提出，性别的社会结构由劳动、权力和能量投注三方面组成，参见 R. W. Connell, *Gen-
der and Power：Society, the Person and Sexual Politics*, Stanford, CA：Stanford UP, 1987,
pp. 91 – 116。她在 1995 年出版的《男性气质》一书中继续发展了这一理论，参见
R. W. Connell, *Masculinities*, Los Angeles, CA：U of California Press, pp. 73 – 75。在 2002
年，康奈尔修正了先前的结构划分，把性别的社会结构进一步细化为权力关系、生产关系、
情感关系和象征关系。——See R. W. Connell, *Gender*, Cambridge：Polity Press, 2002,
pp. 55 – 68. ——译者注

② See U. Chakravarti, *Gendering Caste：Through a Feminist Lens*, Calcutta：Stree, 2003.

（*The Sorcery of Color*，2007）。① 这部著作把巴西的性别关系同种族压迫的漫长历史相结合，追溯到大西洋的贩奴历史（其主要目的地就是巴西）以及20世纪黑人内部及其政治意识的变迁。很明显，在现代巴西多元文化的社会秩序中，性别关系深受这段历史影响，形成了与种族相关的女性间的等级制度，并塑造了相应的政治形态和组织形式。带种族特性的等级制度是后殖民性别秩序广泛而深入的特征，盲目从大都会引进性别组织模式来做分析常常出现问题。

但是，我们也不能陷入性别模式体系之中，这一体系受到结构、规范抑或等级制度的制约，性别实践化约为无休止的重复、援引或习俗传播。从历史角度来看，性别结构处于变化之中，有时速度惊人，伴随社会阵痛，有时节奏缓慢。

因此，我们需要在性别理论的核心位置建构一个社会学意义的主观能动性（agency）的概念。但是，在北方理论中，主观能动性通常被理解成个人行为，结构/实践的关系是不可调和的宏观/微观的矛盾体，这是北方社会学理论著作中典型的死结。"主观能动性"常常指代个人有能力在无法根本改变的结构中改变自己的地位。

而南方的研究，如此前提到的蒙特奇诺，在两个方面超越了这种矛盾。首先，他们强调在性别身份的形成过程中，社会团体或运动拥有集体能动性。性别社会学能够有效解释集体或体制行动的动态变化，解释群体之间的相遇与协商，以及群体和目标有所交集之后展开的动荡和历史可能性。

其次，南方的研究基于殖民社会转型和反殖民斗争的历史经验，面临创建后殖民社会的复杂任务，因此常常会把社会实践视为"形成中"的过程。也就是说，他们把实践视为创建社会现实的能力，或者视为通过历史时间改变社会结构的能力。

坚持认为性别具有历史性，这并不是说性别同身体毫无关系。北方性别理论的弱点之一就是认同通俗文化在固定的生理和变化的文化之间所做的区分。在"性别角色"理论中，身体的二元对立被角色规范赋予了社会意义上的阐释；在酷儿理论中，规范优先于身体；在生理医学话语中，身体的二元对立优先于文化，直接呈现在各种社会实践中。

---

① E. L. Nascimento, *The Sorcery of Color*：*Identity*, *Race*, *and Gender in Brazil*, Philadelphia：Temple University Press，2007.

在这一问题上，身体的社会学，连同南方女性主义理论，能够决定性地改进性别研究。非洲女性主义的内部是多元的，在讨论女性的社会地位（包括女性的社会力量）时高度重视母亲身份。[1] 在这一视角之下，生理并不处于社会习惯之外或之前，社会习惯的重要性也不会超过身体。这些要素之间相互交织，社会实践能够解答生理过程及其可能性，生理事件在某一特定的社会背景下呈现出特殊形态。这同社会呈现的概念异曲同工，我们用同样的视角看待针对残疾人进行的社会—科学研究、生物技术研究、HIV 流行病研究、青年再现及其他问题。[2]

的确，性别从根本上可以被视为身体再生产的历史化进程，这是性别在社会层面的社会呈现，[3] 也是性别作为某一社会结构或者一组社会结构的具体特性。儿童在性别研究中也很重要，尽管他们在许多性别研究和性别政治研究的著作中是缺席的。儿童是集体的组成部分，因为抚养孩童是集体实践，围绕生育孩子进行的所有实践也具有集体特点，这是性别秩序的决定性特征。养育孩童方面的劳动分工有时被认为是父权制的基础，我认为这是有道理的。

作为性别社会学家，我们没有理由害怕生理学。当生理学家错误地用数据替代社会学研究的时候（这种情况有时确实会发生！），我们可以采取批判的姿态。但是，生理学关于生育和人类发展的所有发现都是可以利用的资源，有助于人们理解性别秩序的形成和转变这样一个宏大的社会进程。

四　性别关系中的正义和不公

"正义"的首要意义是呼吁纠正，而社会正义就是呼吁纠正不公，呼吁结束社会生活中具有体制化特征的优势和劣势。性别关系中的优势和劣势

①　See A. A. Ampofo, J. Beoku-Betts, W. N. Njambi& M. Osirim, "Women's and Gender Studies in-English-speaking sub-Saharan Africa: A Review of Research in the Social Sciences," *Gender & Society*, vol. 18, 2004, pp. 685 – 714; A. Cornwall, ed., *Readings in Gender in Africa*, London: International African Institute, James Currey and Indiana University Press, 2005; A. Mama, "Gender Studies for Africa's Transformation," *African Intellectuals: Rethinking Politics, Language, Gender and Development*, ed. Mkandawire, Dakar: CODESRIA Books, 2005, pp. 94 – 116.

②　See R. Connell, *Gender: In World Perspective*.

③　H. Meekosha, "Decolonizing Disability: Thinking and Acting Globally," *Disability and Society*, vol. 26, 2011, pp. 667 – 682.

有很多形式，这是社会科学研究中非常重要的一课。在这个方面，目前的性别研究已经决定性地超越了30年前运作的单一维度的父权制模式。下面我想探讨社会学研究是如何帮助我们理解性别关系中的正义与不公的。

北方性别理论中的文化转向导致人们低估了物质不平等的问题，如控制财富、获得收入、占有住房。"父权红利"（patriarchal dividend），即从一个不平等的性别秩序中让男人集体获利，这是物质上的事实，其影响远远超过了工资差别，而扩展到经济参与比率，财富积累，拥有私车、住宅及其他资产等方面。

由于新自由主义的全球经济鼓励大规模的生产和贸易（尽管大多数工人实际上是在小规模的企业里工作），因此，获得组织权力是生产社会不公的重要组成部分。那些把我们这一时代想象成后女性主义时代的人，不妨看一下跨国公司中的高级管理层实际存在的性别垄断，再看一下新自由主义国家在商业决策和经济政策制定过程中存在的严重的男性文化，这些就足以说明问题了。因此，组织研究是理解当代性别正义的重要资源，如美国社会学家琼·艾克（Joan Acker）所做的研究。[1] 我们赞赏像她这样的北方理论家，因为她对全球不公平现象有所洞察。

但是，文化模式是性别正义的重要意义所在。有性别歧视的地方，诋毁女性或女性气质的行为会传染，于是就会出现社会不公，没有人会公平对待他人，不管这是否会导致物质上的不公。最近，我参加了哥斯达黎加女性主义研究者召开的拉丁美洲会议，显然，贬低女性、高估男性价值以及性别暴力，仍然是会议的主题之一。

正义不仅是对于跨性别女性的认可，而且也是很艰涩的学术问题，因为国家、国家安全和健康服务常常拒绝这样的认同，甚至出现变态的认可，其形式包括充满敌视的社会建构，把相互排斥、个人暴力抑或体制暴力合法化。[2] 近年来南非对跨性别女性和男性研究的学术成果表明，从家庭到社区，甚至国家机构，性别认可都极其重要。[3]

暴力也是性别正义的重要研究课题，这一课题不会轻易被纳入"物质"

---

① J. Acker, "Gender, Capitalism and Globalization," *Critical Sociology*, vol. 30, 2004, pp. 17 – 41.

② See V. Namaste, *Sex Change*, *Social Change*: *Reflections on Identity*, *Institutions*, *and Imperialism*, Toronto: Women's Press, 2005.

③ See R. Morgan, C. Marais & J. R. Wellbeloved, eds., *Trans*: *Transgender Life Stories from South Africa*, Auckland Park: Fanele, 2009.

或 "认可" 的范畴，尽管暴力同二者都有关联。暴力也是一种社会呈现的实践，是一种摧毁或伤害身体的行为。暴力是我们社会学家应该研究的问题，而不仅仅是警察的责任或好莱坞影片处理的题材，因为这些实践是由社会建构的，在很大程度上也是由社会动态变化的机制所生成的。家庭暴力的常规机制（这一机制先前是隐形的）是这样，以性别为基础的其他暴力也是如此，如墨西哥和中美洲的 "戕害女性"（"femicide"）行为，① 抑或维娜·达斯（Veena Das）在其著作《重要事件：当代印度的人类学视角》（*Critical Events: An Anthropological Perspective on Contemporary India*，1995）中讨论的发生在印度的分离暴力。②

因此，暴力是社会呈现中有关正义和不公的重要部分，而且随处可见。暴力包括性实践，尤其考虑到诸如受 HIV 感染的社会模式所带来的负面后果。暴力也包括营养，这也是一个性别问题，因为家庭劳动中有性别分工，男孩享受营养上的文化优先权。暴力还包括健康服务，这已经记录在联合国的新千年发展目标之中。

同社会呈现相关的社会正义并不单纯是物质资源的平等问题，或者是平等权利的问题。社会呈现的人不可能随时随地拥有相同的需要，例如，成长中的孩子、怀孕妇女、矿工、失业的年老男人，他们的需要都不尽相同。在这一点上，社会正义一方面需要体制和交流上的标准化，另一方面也要呈现需要和欲望。标准化必须是一个社会过程，不是简单的平等，而需要建立正义的标准。我在这一领域所做的最接近正义标准的工作就是把相关体制民主化。

我最后要讲的是，性别正义和不公也同土地相关。这意味着在殖民的土地征用、重新获得土地使用权以及当今的无土地等事实中，都存在性别的维度；此外，这一问题也指向土地本身。当代玻利维亚的本土运动引发了对生命源泉 "大地母亲"（Pacha Mama）③ 的庆典活动，而这已经成为环境正义运动话语的一部分。我们不需要借助性别本质主义来认识环境破坏

---

① See H. Dominguez-Ruvalcaba, & I. Corona, eds., *Gender Violence at the U. S. -Mexico Border*, Tucson: University of Arizona Press, 2010.

② See V. Das, *Critical Events: An Anthropological Perspective on Contemporary India*, New Delhi: Oxford University Press, 1995.

③ 南美安第斯地区的当地人敬奉 Pacha Mama，她是印加神话中的生殖女神，主管种植和收获。——译者注

中的性别维度，而仅仅需要观察男性化的企业管理、男性化的劳动人口以及环境发展政策就足够了。环境正义是性别社会学的组成部分。

有关正义的讨论很容易陷入否定性，因此人们自然要花很多精力来记录不公、申诉纠正不公。我在这里想说的却有所不同：纠正不公仅仅是实现正义过程的一部分，在很大程度上讲，实现正义关乎改变体制以及改变物化在体制中的社会结构。改变需要集体行动，无论是家庭和性实践上的悄声重组，还是女性主义运动彰显的壮观的社会变革。在这两种情况下，我们面临的都是社会动态变化，而这正是我一直强调的性别社会学的课题。

从逻辑上讲这是必要的，因为当我们审视上文提到的有关性别不公的个案情形时，纠正不公显然是体制和文化重建的社会进程所固有的，这种进程在南非过去 20 年的历史中被称作"转型"，同种族不平等相关联。我们需要开展性别意义上的社会转型，才能实现更平等的资源分配，达成更充分的思想认识，促进更突出生命的社会呈现，建设同土地之间更为尊重的关系。

在这个意义上，近年来开展的国际"人权"机制，尽管被女性主义者、男女同性恋组织广泛地作为政治议题，但仅仅呈现出为实现性别正义所做的微薄努力。它把法律职业化和法律政策制定置于考虑的中心，而需要被置于中心的却是大众参与和体制建设。但是，如果本文提出的世界范围内社会的动态变化和南方视角具有重要性，那么，全球视野就同样重要。越来越多的资源已经把世界不同地区的性别研究和为性别正义所做的斗争联系起来。我多年来关注男性气质研究，最为熟悉的个案就是男性参与为争取平等和针对性别暴力而采取的国际行动。[1] 当然，国际女性行动主义与女性主义研究之间的联系也同样需要更多的经验。

性别社会学不是一场政治运动。社会学是有关知识形成和教育的研究，我们的核心任务是从事学术研究，但是，我们着力从事的学术研究又是在更广泛的社会实现性别正义之必需。在世界范围内，社会科学是社会自我意识的策略，对于全球的民主发展至关重要，这一点我在《南方理论》

---

① See J. Lang, A. Greig& R. Connell, in collaboration with the Division for the Advancement of Women, *The Role of Men and Boys in Achieving Gender Equality*, New York：United Nations Division for the Advancement of Women/Department of Economicand Social Affairs, 2008, http. www. un. org/womenwatch/daw/w2000. html.

（*Southern Theory*，2007）[①] 一书中已经做过论述。地球南方针对性别问题所做的独立而活跃的学术研究是对这一进程的重要贡献，因此，我们在本次大会上所做的一切，无论多么艰难、多么引发争议，都是令人激动且意义非凡的。

---

① See R. Connell, *Southern Theory*: *The Global Dynamics of Knowledge in Social Science*, Cambridge: Polity, 2007.

帝国、移民及都市意义的重塑

——英国第二代移民作家的伦敦书写

蔡晓燕[*]

摘要 本文以哈尼夫·库雷西（Hanif Kureishi）的《郊区佛爷》（*Buddha of Suburbia*，1990）、莫妮卡·阿里（Monica Ali）的《砖巷》（*Brick Lane*，2003）和安德里娅·利维（Andrea Levy）的《小岛》（*Small Island*，2004）三本小说为例，分析英国二战后第二代移民作家笔下伦敦书写的特点及内涵。作者认为，英国历代作家，包括来自前殖民地的移民作家，都以不同的方式参与到伦敦的书写之中。在基于不同文化背景的想象与重构中，伦敦既充满了帝国意象，也由于与移民文化的融合而呈现出新的内涵。英国第二代移民作家在其创造的文本世界中赋予了地理空间以流动性特征，从而凸显了流散身份的动态建构。

关键词 伦敦 第二代移民作家 地理空间 流散文学 身份认同

Abstract This essay explores the representation of London in the works of the second-generation migrant writers in post-war Britain, taking Hanif Kureishi's *Buddha of Suburbia* (1990), Monica Ali's *Brick Lane* (2003) and Andrea Levy's *Small Island* (2004) as examples. It argues that different generations of British writers, including the migrant writers from Britain's former colonies, have participated in the writing of London in different ways based on their respective cultural backgrounds. In their imaginative recon-

---

[*] 蔡晓燕，广东外语外贸大学英语语言文化学院讲师，研究方向为英国小说、女作家研究。

struction of the metropolis, London is imbued with images connected with its imperial past and is also given new meanings as a consequence of immigration and diasporic experiences. The second-generation migrant writers, in particular, endow the geographic space with liquidity, which highlights the dynamic construction of diasporic identity.

Key words London; second-generation migrant writers; geographical space; diasporic literature; identity

引 言

伊安·钱伯斯（Iain Chambers）曾说，现代都市"既是一个真实的地方，又是想象中的存在"。① 城市不仅仅由物质层面的现实所代表，也是想象的产物，是叙述和书写的结果。若从历史上所产生的与之相关的虚构文本的数量来看，伦敦可以说比其他任何城市更是如此，这座被覆盖上一层厚重文学外壳的都城可以说是当之无愧的"笔尖下的城市"，许多作家都在自己的文本世界中以不同方式再现了这座古老的文化之都。在主要的几部关于伦敦文学再现的研究著作中，作者均强调了虚构与现实的关系问题。其中，朱丽安·沃弗雷（Julian Wolfreys）在其《书写伦敦：从布莱克到狄更斯的城市文本溯源》一书的前言中说，伦敦既是一个真实的"地方"（place），又是超越了单纯物质性的超真实，是一个在各种表征中"发生"（takes place）的城市。② 伦敦激发了人们对它的各种想象，这些想象又反过来深刻地影响着人们对这座城市的理解以及在其中的行为。随着其他地缘群体的融入与书写，真实以及想象的空间已然相互交织渗透，共同构成了现实中的伦敦。

从布莱克（William Blake）到狄更斯（Charles Dickens）再到伍尔夫（Virginia Woolf），近代英国文学史上无以计数的作家都参与到对伦敦的想象性建构之中，绘制出关于这座城市的一幅幅文学图景：它既是现代文明的摇篮，又是罪恶和腐败的深渊；它既是日不落帝国的中心，又是千疮百孔

---

① Iain Chambers, *Border Dialogues: Journeys in Postmodernity*, London: Routledge, 1990, p. 54.
② Julian Wolfreys, *Writing London: the Trace of the Urban Text from Blake to Dickens*, London: Palgrave Macmillan, 1998, p. 4.

的战争废墟。不同时期的作家，从不同角度呈现出各不相同甚至截然相反的伦敦都市形象。二战结束以来，又有一股新鲜血液注入了书写伦敦的队伍，那就是来自英国前殖民地的移民作家。他们以跨文化的视角重新刻写了这座城市，打开了构建这座城市的新的想象空间。跟英国本土作家对伦敦的描写不同，移民作家笔下的伦敦是一个活跃着移民的城市，是一个与移民的经历并行发展的地理空间，镶嵌着跨文化、流散经历与身份认同等主题。通过对二战后纷繁复杂的伦敦空间的描述，他们的作品展示了英国多元文化并存的社会形态，反映了移民及其后代在寻找个人身份及空间归属过程中的体验和处境。

　　20世纪90年代以来，英国移民作家对伦敦城市空间表现了持续的关注，创作出大量以伦敦为背景描写当代英国多元文化现状的小说。迈克尔·裴斐特（Michael Perfect）指出，伦敦多元文化主义小说的异军突起是新千年前后英国文坛最引人注目的现象。[①] 需要指出的是，这些小说的作者多为移民后代作家，其伦敦书写表现出与战后第一代移民作家不一样的特点。[②] 正如奈保尔（V. S. Naipaul）在其《伦敦》一文所透露的那样，"它〔伦敦〕是最适合我写作的地方，却不是我可以写的地方"，[③] 可以说英国战后第一代移民作家更多是从"局外人"的立场来观察和描写伦敦，疏离和断裂是他们主要的城市体验；而那些土生土长于英国的第二代移民作家则对伦敦表现出更多认同以及自觉的塑造。在他们的笔下，伦敦既是一个与帝国文化价值及意义紧密相关的地理概念，又在移民的流散身份构建过程中被赋予了新的内涵。本文以哈尼夫·库雷西（Hanif Kureishi）的《郊区佛爷》（*Buddha of Suburbia*，1990）、莫妮卡·阿里（Monica Ali）的《砖巷》（*Brick Lane*，2003）和安德里娅·利维（Andrea Levy）的《小岛》（*Small Island*，2004）三本小说为例，考察英国二战后第二代移民作家笔下的伦敦书写，分析移民及流散群体在受制于殖民主义桎梏的同时，又如何在建构混杂、流动的文化身份的过程中重塑伦敦的当代意义。

---

① Michael Perfect, *Contemporary Fictions of Multiculturalism*: *Diversity and the Millennial London Novel*, p. 6.

② 英国二战后第一代移民作家也被称作"顺风号"作家，指的是20世纪四五十年代移民到英国的第一批战后移民作家，最具代表性的作家包括萨姆·赛尔文（Sam Selvon）、乔治·拉明（George Lamming）、维·苏·奈保尔（V. S. Naipaul）等。

③ V. S. Naipaul, "London," *The Overcrowded Barracoon*, Harmondsworth: Penguin, 1976, p. 16.

一　后殖民伦敦：历史与再现

从背景来看，这三部小说反映了二战后不同时期伦敦移民的经历，从中可以勾勒出整个 20 世纪下半叶伦敦的移民史。《小岛》将背景设在了二战后移民浪潮初期的伦敦，讲述了牙买加黑人移民夫妇吉尔伯特和霍滕斯在英国的遭遇。而《郊区佛爷》反映的是 20 世纪七八十年代伦敦南郊移民的生存状况，小说主人公的父亲哈仑和好友安瓦出生于印度的富人家庭，为了追寻远大的前程而移居英国。《砖巷》则讲述了从 20 世纪 80 年代至 21 世纪初伦敦内城孟加拉移民社群的生活，主人公纳兹奈恩生于孟加拉的农村，在父亲的包办下嫁给了英国的孟加拉移民查努并定居伦敦。来自大英帝国前殖民地不同肤色、不同民族的移民汇聚到了伦敦，使英国不得不"在它的中心被迫面对它的帝国遗传的真相"。①

伦敦是前大英帝国的首都和殖民地的总部，在英国殖民扩张的过程中获取了最大的利益。而随着大英帝国的瓦解，伦敦不但失去了其作为"世界中心"的地位，而且见证了殖民主义遗留给英国带来的一系列变化，其中影响最大的莫过于前殖民地移民的大量涌入。为解决战后劳动力严重短缺的问题，英国通过了《国籍法》（*Nationality Bill*，1948）。该法律规定，英帝国和英联邦境内的居民都是英国的臣民，英国前殖民地和英联邦境内的居民可以自由出入英国。1948 年，满载第一批加勒比黑人移民的"帝国顺风号"（Empire Windrush）在蒂尔伯里（Tilbury）靠岸，开启了英国战后大规模移民的历史。大批前殖民地移民（尤其是亚非有色人种移民）涌入以伦敦为首的英国大城市。据统计，在 1948 ~ 1962 年的十多年时间里，仅牙买加移民的人数就达 25 万。② 约翰·鲍尔（John C. Ball）一针见血地指出，这场"逆向殖民"的结果就是"使伦敦这个原本占有多个殖民地的大都市变成被来自这些国家的移民所占有的对象"。③

移民给英国的种族和文化带来了异质性的特点，决定性地改变了伦敦

---

① 〔英〕本·卡林顿：《解构中心：英国文化研究及其遗产》，孟登迎译，陶东风主编《文化研究精粹读本》，中国人民大学出版社，2006，第 17 页。

② 方红：《英国黑人女性小说发展回顾》，《当代外语研究》2011 年第 2 期。

③ John C. Ball, *Imagining London：Postcolonial Fiction and the Transnational Metropolis*, Toronto：University of Toronto Press, 2004, p. 4.

的城市和人文地理特征。就人口组成而言，伦敦正变得越来越多元化。2011年人口普查显示，100 个伦敦人当中有 37 人是外国移民，城市白人人口比例不足 60%，而混合种族则是增长最快的族群。① 此外，随着移民人数的增多，伦敦出现了诸如东伦敦塔村（Tower Hamlet）、布里斯顿（Brixton）、绍索尔（Southall）等多个移民聚居地及社区。可见，伦敦已经由一个以白人为主要人口构成的帝国都市转变成为多种族、跨文化背景的国际都市，其地理特征以及由此形成的人文和文化特质均有别于二战之前。

对于伦敦的种族多元化现象，上述作品都不乏直接的描述。在《小岛》中，初到英国的霍滕斯在伦敦街头看到了令她吃惊的一幕："穿过这片灰暗，我的眼睛开始发现着实让我惊讶的颜色。英国人脸上各种令人吃惊的肤色。我读过的任何一本书和教辅都没有告诉我，可以找到这么多不同类型的英国人……但在这里，在英国，如此多不同肤色出现在我眼前，我的脑子开始错乱。"② 同样的场景也出现在《砖巷》中，不同的是，当纳兹奈恩注视着伦敦街头那些各种肤色、各个种族的英国人时，她的描述所透露出来的更多是一种习以为常。如果说二战后初期伦敦街头那异国情调的景象让人感到陌生和吃惊的话，那么半个世纪之后，它已然成为伦敦人生活中最熟悉和平常的一幕。

前殖民地移民的涌入带来了伦敦城市结构的改变，使之演变为"后殖民伦敦"。就如约翰·麦克劳德（John McLeod）所指出的，"历史真实性当然是后殖民伦敦这一术语所强调的主要元素……但是，跟其所宣称的真实性同样重要的，还有这一术语所清晰表达出的以新的、不同的方式看待和再现伦敦的尝试"。③ 尽管殖民主义时代已告结束，但是殖民主义话语和价值观却在英国的政治、经济、文化体制及大众心理中得以延续和渗透，仍然将伦敦视为只属于白人的封闭、排外的空间，始终拒绝吸纳移民为真正的英国人。针对这种殖民主义话语，后殖民伦敦书写一方面揭示了殖民主义思想如何透过地理空间来实现对前殖民地移民的控制及规训，另一方面则通过替代性和修正性的空间叙述来重塑伦敦城市的意义，以对抗和颠覆关于它的传统构想，强化其作为多元化城市的必要性和有效性。因此，他

① Michael Perfect, *Contemporary Fictions of Multiculturalism: Diversity and the Millennial London Novel*, p. 4.
② Andrea Levy, *Small Island*, London: Headline Publishing Group, 2004, p. 330.
③ John McLeod, *Postcolonial London: Rewriting the Metropolis*, London: Routledge, 2004, p. 7.

们笔下的伦敦渗透着界限与越界、停滞与变化、过去与现在之间的张力。

二　帝国与伦敦意义的呈现

在上述小说中，无论是对英国白人还是对前殖民地臣民来说，伦敦都是与帝国紧密相连的一个地方，"一个独特的，由各种价值观念、符码及其意义所形成的系统"。① 《小岛》的开篇讲述了英国白人奎妮跟家人到伦敦参观"帝国博览会"（Empire Exhibition, 1924）的经历。作为"帝国的袖珍版"，博览会展示了英属殖民地国家的文化及经济特色。那些让奎妮感到无比好奇的异国产品——牙买加的咖啡、巴巴多斯的蔗糖、格林纳达的巧克力、新西兰的羊毛及锡兰的茶叶——无不向英国白人昭示着大英帝国的巨大成就，也暗示了帝国与殖民地之间的联系——正是殖民地源源不断的原材料和初级产品为英国本国的经济发展提供了基础，"促进了帝国中心城市工业化和商业化的发展"。② "帝国博览会"一方面向英国白人显示了大英帝国的强大势力，另一方面又让他们从与帝国的关联中重新认识了英国和伦敦。在奎妮眼里，那个帝国模型里面装着"几乎整个世界"，而伦敦就是这个世界的中心。③ 即使在大英帝国崩溃后，英国白人及移居英国的前殖民地臣民仍然自觉不自觉地从过去的殖民历史来感知伦敦。跟《砖巷》中的纳兹奈恩一样，《小岛》中的牙买加黑人移民霍滕斯第一次游览伦敦，就是要去"看看国王"，当她亲眼看到那代表着帝国权力中心的标志物白金汉宫时，她"好似虔诚的信徒在圣坛前满怀崇敬"。④

虽然英国早已失去昔日帝国的势头，但其帝国传统会形成一种后殖民性，"这种后殖民性仍然与殖民结构紧紧地交缠"。⑤ 在伦敦，本地白人和前殖民地移民的关系可以说就是前殖民者与被殖民者中心与边缘、主体与客体、自我与他者的关系的复制。伦敦城市空间也恰恰是这种权力关系的生产：本地白人是空间秩序的制定者，而移民则是控制和规训的对象；前者

---

① Henry Lefebvre, *Writing on Cities*, trans. Kleonore Kofman and Elizabeth Lebas, Oxford: The Blackwell Publishers, 2000, p. 114.

② Jane M. Jacobs, *Edge of Empire: Postcolonialism and the City*, London: Routledge, 2002, p. 14.

③ Andrea Levy, *Small Island*, p. 3.

④ Andrea Levy, *Small Island*, p. 462.

⑤ Jane M. Jacobs, *Edge of Empire: Postcolonialism and the City*, p. 14.

占据都市的主流空间，后者则居住在城市的边缘或贫困落后的族裔社区。与空间所表现出来的开放性相反，区隔的地方更多地意味着封闭性，各种意义上的界线规定了不同人群的位置。在后殖民时期的伦敦，殖民主义所依赖的种族等级制度遗留下来的种族歧视与偏见依然存在，由种族差异建立起来的界线处处可见。这三部作品都呈现了一个种族界线明显的伦敦城市空间：《小岛》中那些黑白等级分化的伦敦公共场所、《郊区佛爷》中贫富分化的伦敦南郊以及《砖巷》中移民街区与白人社区形成鲜明对比的伦敦东区。种族界线不仅意味着白人与有色移民之间的鸿沟，也成为后者在英国生存的最大障碍，他们被局限于社会的底层阶级，没有流动的空间，也没有发展的机会。

《小岛》将背景设在了二战后前殖民地移民浪潮初期的伦敦，呈现了英国在进入多元化时代前后种族歧视严重的社会现实。在1948年，白人房东仍可以在门前刷出招贴，上写"爱尔兰人、有色人和狗恕不接待"。① 英国虽然没有实行种族隔离制度，但是它的每一个空间都渗透着黑白等级分化。在路上，黑人必须给白人让道；而在电影厅里，黑人只能坐在后排。绝大多数伦敦白人居民都不能容忍甚至消极抵抗黑人移民的存在。当得知吉尔伯特租住在奎妮家时，附近的白人居民感到嫌恶、愤怒，甚至搬离"被他们变成原始丛林"的街区。②

《郊区佛爷》描述的重点是伦敦的南郊。伦敦的郊区是移民作家笔下常见的背景。二战后，大批有色人种涌入伦敦，但是他们实际上并未进入伦敦的中心，而是主要聚居在大伦敦尤其是泰晤士河以南的郊区。小说里的伦敦南郊是个贫富悬殊的地方，人们按肤色深浅被安置到不同的区域，住着等级不一的房子。白人中产阶级"都住大房子"，而有色移民只能挤在窄小的屋子甚至是贫民窟里，那里有"成排倒下的维多利亚式房屋"。③ 作为地位与财富水平的象征的花园集中显示着移民与白人的悬殊差距：白人家的院子总能见到"五彩斑斓的金鱼池""温室、大橡树和洒水器"，④ 而移民的花园里"尽是些生锈的东西和在水中泡烂的外套，洗好的衣服一排排

---

①　贾辉丰：《前言》，安德烈娅·利维：《小岛》，林燕译，人民文学出版社，2007，第3页。

②　Andrea Levy, *Small Island*, p. 113.

③　Hanif Kureishi, *The Buddha of Suburbia*, London：Faber and Faber, 1990, p. 43.

④　Hanif Kureishi, *The Buddha of Suburbia*, p. 29.

胡乱晾在残垣断壁上"。①

　　对主人公克里姆来说，伦敦南郊代表着一种封闭、停滞甚至令人绝望的生活空间，是一个他要逃离的地方。那里的居民大都保守、自满甚至故步自封，"人们很少梦想为追求自己的快乐而去改变生活"。② 面对改变了的社会现实，他们或者视而不见，又或者极力排斥。白人邻居海伦的父亲不许女儿跟黑人来往，他将克里姆拒之门外并跟黑人划清界限："我们不欢迎黑鬼来我家……我们只和白人来往。"③ 他的蛮横嚣张的态度与其说是种族歧视所驱使，倒不如说是保守排外态度的体现。恰恰是英国白人的这种"文化观念上的狭隘和对于不同事物的害怕"④ 让南郊成为封闭的地方，让克里姆感到处处受限。

　　《砖巷》中的伦敦内城东区也跟南郊一样"黑白分明"。故事的主要背景塔村虽然处在城市的中心，却是一个被主流社会遗忘的角落。作为少数族裔移民的聚居地，"砖巷"就是闭塞、贫穷、拥挤的代名词，展现的是"堆满了垃圾""散发浓烈臭味"的狭窄的街道，⑤ 以及"三个半孟加拉人一间屋"的拥挤不堪的居住空间。⑥ 而在与之一墙之隔的金融街，取而代之的却是华丽宽阔的大道、高级的写字楼和穿着光鲜亮丽的白领。相邻的两个街区形成了先进与落后、光明与黑暗的强烈的空间对比。

　　在三部作品中，家庭居住空间均是作者的笔墨重点，而且无一例外地呈现出窄小局促的特点。在《小岛》中，吉尔伯特在租住奎妮家之前，与六个黑人同挤在一间"发出恶臭的窄小房间里，要跨过三张床才能坐到自己的床上去"。⑦ 他在奎妮家租住的房间也同样狭小，小屋仅能容纳一张单人床和一张桌子，屋里破旧不堪，寒气逼人。而《砖巷》的作者则通过纳兹奈恩的主观感受来凸显家庭空间的狭窄封闭，那个经常出现在其梦中把她压倒或锁住的橱子显然是空间上的局促在其心理上造成压抑的体现。赵晶辉认为，"居住空间已经从传统的家宅概念转化为一个具有社会空间占有

---

① Hanif Kureishi, *The Buddha of Suburbia*, p. 43.

② Hanif Kureishi, *The Buddha of Suburbia*, p. 8.

③ Hanif Kureishi, *The Buddha of Suburbia*, p. 40.

④ 尹锐：《划界与跨界：空间批评视阈下的〈郊区佛爷〉》，《东北大学学报》（社会科学版）2010 年第 2 期。

⑤ Monica Ali, *Brick Lane*, London: Transworld Publishers, 2003, p. 18.

⑥ Monica Ali, *Brick Lane*, p. 49.

⑦ Andrea Levy, *Small Island*, p. 214.

的隐喻",① 可见,窄小局促的家屋空间暗示了移民在社会空间上的局限。

三　移民与伦敦意义的重塑

在这几部作品中,作者对伦敦外在的、客观的描写并不多,侧重的反而是人物眼中所见、心中所感的城市。不同时期的移民出于不同的原因移居英国,所反映出来的与伦敦的联系和认同也各不相同。对于《郊区佛爷》中的查努、哈龙和安瓦这些第一代移民而言,伦敦只是改善生活的地方而非心灵的归宿,让他们魂牵梦绕的仍然是自己的故乡。安瓦在伦敦活了大半辈子,临死前"嘴里还念叨着孟买",② 而与他一同移民的哈龙,虽然成为成功人士而跻身伦敦的上流社会,但他在内心深处认同的仍然是印度,认为自己"只是个印度人,永远不会是别的什么"。③

本地白人的歧视及排斥导致移民陷入边缘化的社会地位,文化价值观的冲突又使得他们更加难以融入英国社会,始终无法与伦敦或英国这个地方建立起情感上的联系,仍然以原乡文化来界定自己。阿里笔下的"砖巷"就是对这种分裂的移民生活的真实写照。作为孟加拉移民在伦敦的聚居地,"砖巷"保持着孟加拉的文化传统和生活方式,可以说是移民"本能地在陌生环境中寻求自身安全,确认自己的文化身份,保持自己文化传统的一种空间形象"。④ 然而,这样的一个空间又与外界相隔绝,是一块典型的"文化飞地"(cultural enclave)⑤,一个独立于当地文化环境的异质文化岛,折射出移民"在而不属于"的尴尬处境。

如果说疏离和断裂是二战后英国第一代移民主要的城市体验的话,那么对于那些生于伦敦、长于伦敦的第二代移民来说,伦敦则是比家乡更亲

---

① 赵晶辉:《论〈白牙〉的伦敦城市空间》,《湖南科技大学学报》(社会科学版) 2016 年第 1 期。

② Hanif Kureishi, *The Buddha of Suburbia*, p. 212.

③ Hanif Kureishi, *The Buddha of Suburbia*, p. 263.

④ 张德明:《流散族群的身份建构——当代加勒比英语文学研究》,浙江大学出版社,2007,第 134 页。

⑤ "飞地"指的是在某国境内主权属于他国的领土。在该词的基础上,文化地理学家提出了"文化飞地"的概念,指在移居国城市区域内形成的由少数族裔移民聚居并保持其原乡文化及生活方式的异质文化空间。关于这一概念的论述,参见 George Pierre Castile and Gilbert Kushner eds. , *Persistent Peoples*: *Cultural Enclaves in Perspective*, Tucson: University of Arizona Press, 1982, p. 3.

切的存在。与他们的父辈不同，新一代移民浸染在英国文化之中，除了皮肤、发色外，身上已无多少家乡的印记，对祖国的文化也是知之甚少。《砖巷》中查努的两个女儿虽然在父亲的逼迫下不得不学习孟加拉的语言和文化，但实际上根本不承认自己的孟加拉人身份反而以"伦敦人"自居。《郊区佛爷》中的克里姆一开始也通过模仿白人并压抑自己的印度身份来力图使自己成为"真正的"英国人。然而，这种一厢情愿的融入并不能得到英国白人的承认和接纳，跟他们的父辈一样，第二代移民也不可避免其身份及归属感的危机。

可见，无论是保持民族本真还是全面同化都无法帮助移民解决身份认同问题。移民身处两种文化之间的经历要求一种"新的、与稳定'疆界'相反的呈现自我的方式"，这就是霍米·巴巴（Homi Bhabha）所提出的融合了过去与现在、差异与趋同的"杂糅"文化身份。[①]《郊区佛爷》就讲述了克里姆在采取全盘英化而得不到认同后重新构建自己的文化身份的过程。在伦敦内城的生活及舞台经历，让克里姆重新正视并接受了自己的印度文化传统，也让他对英国文化从盲目追从转向客观的审视。最终，他协调了两者的差异，并成功地实现了印英身份的融合而建构起"杂糅"文化身份。在《砖巷》的结尾，纳兹奈恩身穿纱丽服滑冰这一东西交融的形象也暗示了她既吸纳了英国文化又保持其民族传统的文化身份的形成。

理查德·利罕（Richard Lehan）在其《文学中的城市》一书中指出，城市经常以换喻的方式现身，比如体现为人群，因此，城市中的人是理解城市的一种重要方式。[②] 随着越来越多的像纳兹奈恩和克里姆那样拒绝单一民族传统而选择流动、混合身份的跨国流散者成为后殖民伦敦叙事的中心人物，他们也成为理解后殖民伦敦的一个重要途径。在这几部作品中，人物的身份建构与城市体验交织呈现在文本中，在人物建构流动、混合的流散身份的过程中，伦敦也被赋予开放及流动的特点。在老一辈移民人物的故事中，叙事的背景总是狭窄的、隔绝于外界的室内空间，伦敦呈现为一个封闭的世界；而伴随新生代流散人物行动的则是广阔、跨越界线的外部空间，伦敦成为一个使新的身份和归属感成为可能的地方。

---

① 杨金才：《当代英国小说研究的若干命题》，《当代外国文学》2008 年第 3 期。
② 〔英〕理查德·利罕：《文学中的城市——知识与文化的历史》，吴子枫译，上海人民出版社，2009，第 9 页。

在某种程度上，这些流散人物都是"都市漫游者"（Flaneur），[①] 都实践着"都市漫游"这一运动形式。《砖巷》细述了纳兹奈恩三次伦敦都市漫游的经过。都市漫游不仅是她的自我意识得以发展的途径，也暗示着其流动身份的生成。通过在城市空间的任意行走，纳兹奈恩的身体不再有固定的地域归属，而成为自由的、流动的、边界模糊的身体。法国社会学家米歇尔·德赛都（Michel de Certeau）则赋予"都市漫游"一种抵抗的意义，认为空间的当权者往往运用分类、划分、区隔等"战略"（strategies）以规范空间；而空间的弱者则可以通过诸如"都市漫游"等"战术"（tactics）来改变这些空间。[②] 都市行走的脚步不但能扰乱稳定的城市秩序，还创造出观察窥看城市的机会，使"窥视者得以从城市的管辖中创造他们自己的空间和意义"。[③] 流散人物通过"行走"观照伦敦，将街景和地名等空间意象重新整合和绘制并注入新的意义，由此将伦敦城市空间转化为自己想象的空间，并创造属于自己的故事。对《砖巷》中的纳兹奈恩而言，伦敦的城市空间意味着相对于家庭的桎梏而言的开放和自由，是一个自我发现的场所，正如小说结尾那句"你可以做你想做的任何事情"[④] 所宣扬的，伦敦暗含了"无数的可能性"。[⑤]

结　语

约翰·麦克劳德认为，后殖民时代的伦敦产生于都市生活的事实与创造性的想象之间。[⑥] 一方面，伦敦的多元化现实是移民文化融合的结果。随着二战后前殖民地移民的到来，伦敦已逐渐由前大英帝国的中心转变为一个多元、复杂及流动的"去中心"的世界。今天，与国会会议厅和白金汉宫一样代表着伦敦城市空间的，还有巴基斯坦人和印度人经营的商店。同

---

① Flaneur 在法语中意为"闲逛者"。德国思想家瓦尔特·本雅明（Walter Benjamin, 1892 ~ 1940）在研究诗人波特莱尔的作品时发展出这个概念，特指那些因为现代化城市的兴起而可以游荡在城市各个角落观察、体验城市生活的人。

② Michel de Certeau, *The Practice of Everyday Life*, trans. Stephen Rendall, Berkeley, CA: University of California Press, 1984, p. 38.

③ 吴飞：《"空间实践"与诗意的抵抗——解读米歇尔·德塞图的日常生活实践理论》，《社会科学研究》2009 年第 2 期。

④ Monica Ali, *Brick Lane*, p. 492.

⑤ Colin MacCabe, "Hanif Kuerishi on London," *Critical Quarterly*, vol. 41, no. 3, 1999, p. 45.

⑥ John McLeod, *Postcolonial London: Rewriting the Metropolis*, p. 7.

时，伦敦的多元化又是书写的结果。通过对城市地理的创造性想象，移民和流散作家重新定义了伦敦的空间意义，强化了伦敦作为多元化城市的必要性和有效性。在呈现伦敦既有意义的同时，他们又融入自己的经验对它进行重新塑造。在他们的笔下，伦敦既是一个在殖民主义思想影响下充满隔阂和界线的地理符号，又是一个被重新想象的越界的、流动的文化空间。

正如麦克·克朗（Mike Crang）所指出的，"城市不是人脑中有边有连接点的两维地图……它是一个包含生活、爱和历史的复杂的立体'地图'"。① 伦敦不仅仅意味着地图上的地理位置，而且是一个内涵丰富且不断变化的都市空间，更是生活于这座城市中的人的归属。在地缘政治文化更为复杂的当代，区域间的流动将会更为频繁。更多不同肤色和不同信仰的移民，以及人口流动和种族间合流的加强必然产生一个更加复杂多元的社会形态。就像裴斐特所说的，"也许伦敦不只是包含多元，它本身就是一个多元的存在"。②

---

① 〔英〕麦克·克朗：《文化地理学》，杨淑华、宋慧敏译，南京大学出版社，2005，第 47 ～ 48 页。

② Michael Perfect, *Contemporary Fictions of Multiculturalism: Diversity and the Millennial London Novel*, p. 26.

专题二

数字人文：媒介、书写
与主体经验

主持人语

陈　静[*]

今日有关计算机及信息技术的新媒体研究，往往都是从互联网谈起。事实上，新媒体也有过旧时光，而且在其早期，就已经开始了与人文学者的合作。比如近年来在国内外学界引领研究浪潮，被认为是 20 世纪开始的一个"大事件"的"数字人文"（Digital Humanities），即源于 1949 年罗伯特·布萨神父与 IBM 合作开展的、用基于穿孔卡和磁带存储的计算机对阿奎那的著作进行语汇索引的"阿奎那项目"。

数字人文关注数字技术和环境中的人文问题，比如如何利用数字技术对传统纸质文本进行数字化、存储、档案化等，从而实现知识生产与存储的数字化转型；在研究方法上强调跨学科性、动态性和混杂性，比如在对文本风格、作者身份及主题进行研究时，在传统的语言学方法之外，引入常规表达式、自然语言处理、统计学等方法及进行自动或者半自动化的文本处理；在研究领域上，数字人文的研究范围除了包括传统的语言学文学、历史、考古、艺术史等研究领域外，还包括数字文化、媒介文化、软件研究、编码研究等。数字人文并没有一个固定的学科边界，其更强调的是从数字技术语境出发，考虑重构人文知识的脉络和内容，试图从新的技术角度去构建当代知识系统和认知方式。①

＊　陈静，南京大学艺术研究院副教授，研究方向为数字人文与新媒体艺术。

① See David M. Berry, "Introduction: Understanding the Digital Humanities," *Understanding Digital Humanities*, Edited byDavid M. Berry, Palgrave Macmillan, 2012; Todd Presner, "Digital Humanities 2.0: A Report onKnowledge", *Version* 1.6: Jun 8, 2010, 9: 56 am – 0500, http://creativecommons. org/licenses/by/3. 0/.

　　从人文学科发展的历史脉络上进行考察，就可以看到"数字人文"的出现绝非偶然，这是人文学科面对社会技术发展而内在生成的一条路径：一方面是传统人文学科开始将数字文化及其相关的社会、文化、思想问题作为考察对象进行研究，涵盖了几乎所有的人文学科，数字人文可以被认为是传统人文学科发展的新阶段；另一方面则是将数字技术施用于传统人文学科，导致了方法论上的革新、研究领域的拓展和新的研究问题的出现。这两方面的合力使得人文研究的内涵和外延变得更加复杂起来，同时也引发了对于诸多议题的热议，比如关于书籍的终结与电子阅读的问题，关于机器学习与文本细读的问题，关于数字主体以及数字人文学者的身份问题，等等。美国著名文学理论家和公共知识分子斯坦利·费什教授就在其2012年《纽约时报》的专栏文章中针对青年的数字人文学者凯瑟琳·菲茨帕特里克有关传统观念中的"作者"和"文本"的批判进行了再批判。

　　近年来，有关数字技术与媒介的讨论在国内学界也日益增多。尤其是从"中国语境"出发对于数字技术革命在中国文化与知识生产与传播系统中所引发的一系列问题进行探讨，并提出具有"中国经验"的理论观点与看法，已经成为学术界的热点。本专题所选择的三篇文章，则可视为青年学者在此"问题式"意识下所做出的某种回应，三位作者从"主体经验"问题出发去审视数字技术革命所引发的"自我认同"危机、数字用户的"视觉经验"重构以及信息传播过程中的"主体属性"转换等议题。

　　陈旭博士的《数字媒介语境中的自我认同及其风险》从吉登斯关于晚期现代性和自我认同的判断出发，通过理论上的推演指出吉登斯提出的"自我和社会体系反身性建构步入机制，导致了个人与解决存在性问题的外部道德资源相割离"在数字媒介时代得到了印证，新的媒介形式让人们反思"自我认同与自我建构"，而不是思考道德伦理的"社会公正"。尤其在中国世俗的传统文化心理语境中，数字媒介的现代风险气候对日常生活的渗透，更有可能将生存意识转化为自恋意识。在此意义上，陈旭博士从理论上对信息技术所建构的媒介文化之于身份认同的作用做出了判断："信息技术并不会自动带来个人主体地位的塑造，但也不能忽视建基其上的媒介文化构建自我身份认同的作用，其关键之处在于它是否有助于自我身份建构再嵌入到面向公共的道德共同体中。"而对于这一路径的可行性方案，就是所谓鲍曼意义上的实现从权利个人到事实个人的转变。

　　殷曼楟教授的《从中国数字博物馆观众经验看用户交互之路径》则是

以数字博物馆为例，视互联网为"异托邦"的体制关系，重构了包括博物馆在内的一系列视觉体制的具体呈现形式。在文中，作者提出了"博物馆—数字博物馆（形象）—观众"的模式，用以探讨数字博物馆与计算机技术之间的编码关系，并指出数字博物馆具有"转码性"特征。而在浏览的过程中，观众的视觉经验也发生了变化。作者将此变化总结为"视觉途径的即时性、间歇性、休闲性和断片性"，相应地，观众行为模式特征也被总结为"身体参与性"与"收藏＆分享欲共存的状态"。博物馆作为艺术与知识生产、传播的重要机构，面对数字时代所做出的变化与转型，不仅仅是对技术或者媒介变革的回应，更是一种系统性的知识建构方式的更迭与革新。该如何从具体个案出发，从学理层面进行研究和总结，殷曼楟教授此文做出了具有建设性的尝试。

吴维忆博士的《微信传播的演变轨迹、结构特征与情感省思——基于三次节点事件的分析》一文则是另一种个案研究的尝试。其以微信传播与传播主体的关系为研究的对象，以 2015 年 2 月至 2016 年 12 月在微信上发生的三次节点性事件为个案，讨论微信传播这一新的社交媒体的传播衍化过程和结构性特点，并指出微信传播兼具去个人化和滋生自我中心交往暴力的双重效力，尤其强调了微信传播中的个体主体的"情感作用"与公共生活、公共领域的关系，恰恰回应了陈旭博士论文中谈到的，对于新媒介环境中个体主体的探讨与反思，必须从对个体情感的自恋与纠结中脱离出来，回到一种媒介化、语境化了的"社会"领域中去，从对互联网和数字技术的全新解读中再次发现视之为"自然"与"惯习"的日常生活与主体经验背后的伦理问题和社会惯例。

正如基特勒所说的，"媒体决定了我们的处境"，新媒介对日常生活的渗透，不仅仅是一种语境性的（contextual），更是一种决定性的（determinant）。其决定性恰恰体现在如同档案的"陈述"具有物质性，其物质性恰恰体现在技术媒介的特性。技术媒介是意义生产的条件，同时也是决定意义生产的规则。媒介成为当代社会的必要条件，成为历史话语网络中的前在，织就而成了当代社会文本。由此，我们反观这个时代中媒介、技术与书写、文本和话语的互动，也就是在反观我们自身作为后人类，是如何塑造我们的"主体"经验与意识的。

最后想说明的是，此次专题"数字人文视野中的媒介与主体经验研究"想要探讨的是"数字人文"领域所关注的传统人文学科在数字时代所产生的新现象、新问题。"数字人文"并不应仅仅理解为采用计算方法或者"量化方式"来研究传统问题，而应该是从更宏观的意义上描述当前人文学科及研究所面临的难题与挑战，即如何在新的技术、社会、经济及文化语境中，反思当前的日常生活、"人"的处境以及知识生产的转型。在此意义上，此次专题的各位作者做出了她们的回答。

数字媒介语境中的自我认同及其风险

陈　旭[*]

摘要　数字媒介对个人赋权进程的影响，有待于我们从个人与社会互动的方面进行分析。吉登斯对极盛现代性制度下一种新的自我认同机制的考察，提供了研究数字媒介语境中的自我认同的理论框架。高度现代性中日益明显的内部指涉性和经验封存的特征，催生出自恋的社会心理，而在中国语境下，传统文化心理的世俗性在某种程度上契合现代制度反身性的条件下，内部指涉体系无涉超越性思考的倾向，这让公众在数字媒介中容易滋生自恋心理。为了更好地运用数字技术，避免自恋倾向，我们需要关注并讨论公共事务，达到鲍曼意义上的自治。

关键词　吉登斯　自我认同　数字媒介　自恋主义　公共空间

Abstract　The impact of digital media on the acceleration of individual empowerment remains to be analyzed in terms of individual interaction with society. Anthony Giddens's research on the emergence of new mechanisms of self-identity in the institutions of high modernity sets up an academic framework within which the risk of forging self-identity in digital media can be elaborated. The internal referentiality and sequestration of experience tend to generate narcissism in social psyche. In the context of China, while the eclectic inclination of the Chinese mind on secular world partly corresponds with the

---

*　陈旭，南京大学外国语学院英语语言文学博士，南京信息工程大学讲师，研究方向为英美文学。

internal referential system of the institutional reflexivity of modernity, the general public can easily slide into narcissism in digital media. To make better use of the digital technology and avoid the narcissistic tendency, we need to engage in public issues to achieve genuine individual autonomy in Bauman's sense.

Key words　Giddens; self-identity; digital media; narcissism; public space

近年来，数字技术广泛应用在包含人文社会科学在内的各个领域，在西方学界引发了关于数字人文的热议。虽然其兼容性和交叉性让众多学者目前难以达成对数字人文的共识性定义，但可以确定的是，数字人文不仅包括借助数字技术成果对传统人文学科进行量化研究，也涉及从传统人文研究的途径，思考数字媒介的功能和意义。而面对互联网数字信息流正加速渗进大多数人的日常生活这一现状，审视数字媒介对人的主体地位的建构和影响，成为数字人文研究中不应回避的问题。具体而言，在互联网开启的数字化生存方式中，个人在面对通过数字信息接触到的整个世界时，如何衡定自我与外部世界的联系，将是我们的数字化生活能否达到预期的关键。本文试图从吉登斯提出的极盛现代性中自我认同的视角，审视数字媒介中的个人在社会交往中的机遇和困境。若要思考数字媒介对日常经验的影响，推动个人赋权，就需要从与个人密切相关的自我的视角，解析数字媒介中社会心理的成因及风险。吉登斯同时关注社会外延性和个人意向性，分析晚期现代性情境下新出现的自我认同机制，其部分观点能够帮助我们理解数字媒介语境下自我认同的吊诡之处。经由吉登斯的理论视角凸显的数字时代的个人困境，在经过去西方化的文化反思后，烛照出中国现实语境下更为严峻的个人数字化生存状态。这同时也反衬出吉登斯基于自我实现而提出的生活政治的不足。我们需要思考鲍曼提出的重构公共空间、实现从权利个人转变为事实个人的可能。

一　吉登斯视域中的自我认同

吉登斯的"自我"概念带有浓郁的心理学色彩。在其系统考察晚期现代性与自我交互影响的《现代性与自我认同：晚期现代中的自我与社会》

一书中，他首先从人类心理发展的角度，借鉴心理学对婴儿早期经验的研究结果，表明个人在成长早期看护者的培育中能够建立基本信任，形成具有本体意义的安全感。自我始于对他者的信任，这构成了成年后的个体形成社会生活中的主体间性的要素。据此，吉登斯吸收了心理分析的观点，却将眼光转向了自我心理之外的由他人和他物构成的社会。

从上述心理视角移入社会视角，吉登斯指出社会生活中本体性安全的获得，需要个体在日常惯例中与他人和客观世界调适，并在情感上认知和接受这个非我的世界，从而形成自我认同。自我认同是人类生活必然涉及的存在性问题，事关个人本体意义的安全。吉登斯意义上的自我认同，意味着在后传统秩序下，"每个人对其个人经历进行反身性理解而形成的自我概念"。①自我身份认同的反身性，与更为宽泛的现代制度性场景不断修正的特性并行。现代情境中时间和空间被标准化和虚化、脱离具体的地域环境，并相互分离，造成了社会系统的"脱域"，即"社会关系从彼此互动的地域性关联中，从通过对不确定的时间的无限穿越而被重构的关联中'脱离出来'"。②在现代性条件下，社会关系能够摆脱具体的地域场景，在更为广阔的时空中，实现与其他情境的社会关系的再联结。现代性的脱域特性是产生自我反身式认同的条件。

尽管吉登斯并未专述数字媒介技术对自我身份认同的影响，但他强调在现代性情境下脱域带来社会关系重构，这让我们理解数字媒介产生的脱域现象，在拓展个人生活机遇方面发挥出前所未有的重要作用。基于互联网连接以及传播的媒介革命，伴随着便携式移动设备的接入及普及，让每一个人都深深地浸入在数字世界之中。如果不能排除数字媒介中人的因素，那么就有理由思考以互联网为依托的媒介技术对个人产生的脱域作用。对吉登斯而言，脱域机制由具有某种共识性的象征标志与专家系统构成，暂不论复杂的互联网技术可否构成一种机制，它至少促成了前所未有的脱域现象。在谈到"电子交往的兴起是否会促成某种特定的社会发展"时，吉

---

① 该书译文由笔者从英文译出，标注页码为原英文出处，Anthony Giddens, *Modernity and Self-Identity: Self and Society in the Late Modern Age*, Cambridge: Polity Press, 1991, p.52。部分引文译法参照新近出版的译本，参见安东尼·吉登斯《现代性与自我认同：晚期现代中的自我与社会》，夏璐译，中国人民大学出版社，2016。
② 〔英〕安东尼·吉登斯：《现代性的后果》，田禾译，译林出版社，2000，第18页。

登斯认为"并不是这样，那只不过展现了脱域的某个方面而已"。① 换言之，信息时代中的数字媒介，强化了现代性情境下个人的脱域程度，而数字媒介中的自我认同，意味着个人从脱域到再嵌入的状态，这也是"跨时空的重构和重组社会关系"的过程。② 在此意义上，互联网提供的丰富信息构成了反身性制度场景中个人选择的多样性。使个人脱离本土情境，面对更广阔的时空建构社会关系的数字媒介，能够为自我认同营造出绚烂前景。即使随信息蜂拥而至的多样性给自我认同造成困扰，也"没有掏空自我，至多它们仅仅移走了早先自我身份建立的根基。然而，它们却让自我（在原则上）更好地把握社会关系和场景，将其融入自我身份的铸造之中，其程度前所未有"。③

正是这种对自我身份反身建构方式的乐观期望，让吉登斯倚重数字媒介中脱域的个人的能动性。因此，尽管他并不否认数字媒介兼具倒置现实的副作用，但他仍然驳斥鲍德里亚的拟像重构现实的观点。他认为"这样的观点混淆了媒介传播经验的具有渗透性的影响力和现代性条件下社会体系的内部指涉性，后者指向这一事实，即这些体系变得相当自主，由它们自身构成性影响所决定"。④ 在吉登斯看来，在现代社会中媒介经验虽广泛侵入日常生活，甚至重塑现实，但不能忽视现代社会关系按照内部标准反身性地整合各个社会场景的趋势。这意味着强大的媒体传播经验不可能完全不受抵制地建构现实。

如果说如今数字媒介发挥脱域功能，让个人拥有晚期现代性中自反性自我认同的条件，赋予其自我表达的权利，预示社会民主化进程，那么它同样也印证了吉登斯对晚期现代性做出的另一稍显消极的判断。那就是自我和社会体系反身性建构步入极致，导致个人与解决存在性问题的外部道德资源相割离。知识编码越来越内向化地拓展，"尤其是在涉及制度体系再生产的信息或知识的编码形态中，监控机制一方面将社会体系从其［具有道德底蕴的］外部参照物分割开，而另一方面又准许这些制度体系在越来

---

① Anthony Giddens, Christopher Pierson, "Modernity," *Conversations with Anthony Giddens*, Cambridge: Polity Press, 1998, pp. 99 – 100.

② Anthony Giddens, Christopher Pierson, "Modernity," *Conversations with Anthony Giddens*, p. 99.

③ Anthony Giddens, *Modernity and Self-Identity: Self and Society in the Late Modern Age*, pp. 148 – 149.

④ Anthony Giddens, *Modernity and Self-Identity: Self and Society in the Late Modern Age*, p. 5.

越广阔的时空中扩展"。① 现代性对存在性议题的制度性隔离，在数字时代被强化。英国学者尼克·史蒂文森（Nick Stevenson）在总结麦克卢汉、鲍德里亚和波斯特的媒介研究的基础上提到，"互联网、便携式摄像机、虚拟现实和其他媒介形式的出现预示着一个新的时代的到来"，新的媒介形式"重新定位"人们的关注焦点。轻盈的人际关系、流动的社群和难以持久的对某一事物的关注往往让人们反思"自我认同与自我建构"，而不是思考有关道德伦理的"社会公正"，因而可以说"媒介的作用已经远远超越了自由与民主"。②

从晚期现代社会的自反性特点来看，数字时代的自我反身投射，会在道德经验匮乏而无法应对存在性问题的背景下进行。这一与人类经验的积淀相割裂的自我认同过程，一方面印证了后现代主义视域中个人主体消弭的过程，另一方面也凸显出个人碎片化过程中与自我密切相关的自恋问题。在吉登斯看来，自恋现象是个人无法应对现代生活情景中的风险而产生的对自己神经质的依赖，"他们便有可能［转而］依赖于对身体吸引力（或人格魅力）进行培育，从而达到对生活中出现的危险［或风险］进行控制的目的"。③ 然而，需要注意的是，吉登斯虽从精神分析路径阐释盛行于晚期现代性的自恋现象，但面对个人意识的全然内转，他也仍然坚持个人的反身式认同所体现的能动性。

正是因为强调个人自我身份建构的能动性，吉登斯分析与自恋心理相关的社会生活表象时，也不忘指出其塑造主体的作用。因此，在其他研究自恋的学者那里，因倡导控制和调适而被消极看待的心理治疗手段，对吉登斯来说，却更应被看作"一种有关生活规划的方法论"，"能导致依赖性和被动性，也能带来参与和获取"。④ 就如吉登斯本人在《现代性与自我认同》开篇就表明的那样，他依靠一种理想形态（ideal-typical）的研究路径分析现代性与自我的反身性结构特征，而不是从细节层面上把握特定情境。⑤ 将反身性作为结构性特征，的确凸显了在主体呈现碎片化的后传统秩

---

① Anthony Giddens, *Modernity and Self-Identity：Self and Society in the Late Modern Age*, pp. 149 – 150.

② 〔英〕尼克·史蒂文森：《媒介的转型：全球化、道德和伦理》，顾宜凡等译，北京大学出版社，2006，第 60 页。

③ Anthony Giddens, *Modernity and Self-Identity：Self and Society in the Late Modern Age*, p. 178.

④ Anthony Giddens, *Modernity and Self-Identity：Self and Society in the Late Modern Age*, p. 180.

⑤ Anthony Giddens, *Modernity and Self-Identity：Self and Society in the Late Modern Age*, p. 2.

序中，个人塑造主体地位的能动性。然而，问题是人们实际上并不能脱离场景而强调一种抽象的个人能动性。因此可以说，将晚期现代性和自我的反身性特征嵌入个体遭遇的具体情境中时，个人获得主体能动性的前景可能并没有那么明朗。因此，我们无法从吉登斯强调的反身性中只看到能动性，也不能因数字媒介的脱域作用而毫无保留地乐观，认为它提供了"人人能够享受新知识的一个主要机制"。① 尽管吉登斯为了避免方法论个人主义中原子式个人的孤立倾向而特意指出，自我轨迹的内在连贯性必须经由"人类对更广泛的社会环境的反身性使用"而达成，但他仍然回避自我建构在社会环境中能够在何种程度上具有个人能动性的问题。② 他远远低估了以抽象的个人能动性粉饰社会弊病的可能，以至于有学者批判他罔顾理想和现实。③

二 中国语境中的数字化自恋

吉登斯在心理分析视域，从自我追求本体安全感的路径，研究晚期现代性中的自我身份认同。如果说他在强调自我的反身建构方式时，过于急切地宣扬个体能动性，相对弱化了社会背景，那么在经由他的理论框架思考中国语境中数字化生存的机遇及前景时，则不得不考虑中国的社会文化现实。实际上，现代性问题本身具有强烈的地域纬度，而吉登斯的自我研究，虽始于心理学中对某些共有人性因素的设定而具有一定普遍性，但其分析框架不言而喻地扎根于西方发达工业社会形态以及与其相应的民主制度、公民文化氛围之中。因此，即使可以暂且悬置涉及地域的现代性的复杂讨论，从吉登斯的视角审视中国的特殊经验时，也需要意识到不同的社会经验及文化背景，并由此注意到与吉登斯形成理论互动的思想资源。因为某些理论观点虽然为他所批判，但对理解中国现实可能更有意义。

在中国背景下探求数字媒介对自我认同的影响，不能忽视关于中国传统文化心理结构的论述。在吉登斯看来，在发达工业社会中，作为脱域机

---

① 〔英〕尼克·史蒂文森：《认识媒介文化——社会理论与大众传播》，王文斌译，商务印书馆，2005，第 207 页。

② Anthony Giddens, *Modernity and Self-Identity: Self and Society in the Late Modern Age*, p. 148.

③ 参见成伯清《乌托邦现实主义：何以可能与可取——兼论吉登斯社会理论的特性》，《社会学研究》2008 年第 6 期。

制的抽象体系日益拓展，现代社会内部指涉性极度发展，这迫使个体游离于与人类生存性根本问题相关的道德资源之外。然而，这在吉登斯眼里事关存在意义的本体安全的自我困境，对于中国总体世俗的文化心理来说，却并不一定构成问题。如果可以大致用求生精神来镌刻中国文化心理的世俗向度，那么吉登斯提到的西方文化语境中自我认同的道德存在困境，或者以韦伯更为人熟知的表述，即工具理性脱节于价值理性，却可以在中国重"生"的世俗理性面前被轻易消解。在被奉为中国文化正统的儒学思想中，"未知生，焉知死"的态度将眼光牢牢锁定在生命的当下。无论是强调"此际人生"的"一个世界"的现世性，将其作为中国文化"基础的心理结构性存在"，① 还是重视"内在超越"，"只对价值的超越源头做一般性的肯定，而不特别努力去建构另外一个形而上的世界以安顿价值"的"中国文化的价值系统"，② 都与现代性放逐超越性价值的内部指涉体系有着相当的契合度。

　　无论精英阶层和民间社会是否存在分离，中国文化心理中两者共有的以生存为意旨的世俗维度，在数字媒体引发的脱域作用中，对构建现代社会公共纽带来说是一种风险。生存主义文化的泛滥及销蚀公共性的后果，曾为美国学者克里斯托弗·拉什（Christopher Lasch）如此表述：经历了20世纪现代社会的各种浩劫，当代美国社会中的人们不得不面对外部世界的动荡和各种高风险后果，他们在"末日心态"中采取一种防御姿态的生存策略，成为只关注当下"最小自我"的"日常生存主义者"，丧失了"道德判断和明智的政治行动力"，因此"长期承诺以及情感投入都带有某种风险"而"越来越难以为人所接受"。③ 拉什批判生存主义中的美国当代社会的个人缺乏历史感和政治性，同样适用于历来重视世俗生活的中国社会心理。这一论断与国人对传统文化的诊断异曲同工，"由于是'一个世界［的生存观］'，于是，一方面是打着'天理'招牌的权力－知识系统的绝对统治，另方面则是一盘散沙式的苟安偷生和自私自利"。④

---

① 李泽厚：《初拟儒学深层结构说》，《说文化心理》，上海译文出版社，2012，第79页。

② 余英时：《从价值系统看中国文化的现代意义》，《中国思想传统的现代诠释》，江苏人民出版社，1992，第18页。

③ Christopher Lasch, *The Minimal Self: Psychic Survival in Troubled Times.* New York, London: W. W. Norton & Company, 1984, pp. 90–91.

④ 李泽厚：《初拟儒学深层结构说》，《说文化心理》，第81页。

数字媒介让个人摆脱了具体地域的限制，跨越时空，重构社会关系，但风险与脱域的机会并行，正如吉登斯认为"全球化时代，风险形成了普遍影响"。① 风险既有勇于寻求挑战的积极意义，也有与安全和安定相对的某种不测的消极意义，因此吉登斯认为随着现代化的兴起，曾在过去为个人绘制行动图谱的传统和自然如今在现代人眼里逐渐消退，个人不得不在考虑到风险的前提下，做出选择性的行动，"现代性的风险气候令每个人都不安，无人能幸免"。② 数字即时传播的海量信息无疑将现代人推到了风险气候中，而个人则很容易将生活从外部风险莫测的世界中抽离，回到至少可以掌控的私人生活中。更为关键的是，这一退缩回自我的状态便极有可能造成自恋，因此警惕民主倒退的克里斯托弗·拉什在批判生存主义文化的同时也批判自恋主义文化。采取生存主义策略、抵御外部世界的最小自我，会走向对自我的迷恋，而貌似开放的数字媒体实际上也为着意圈定自我的个人竖起最为坚固的堡垒。

吉登斯虽也指出自恋者缺乏应对风险能力而转向自我关注，却同时认为与自恋相关的现象实际上在另一方面体现了个人能动性。这似乎是为了挽救主体危机而在无意间美化了自恋者，因而他的思路无法进一步揭示这一社会心理现象的危害。然而，对个体化进程本就同时夹杂前现代、现代和后现代因素的当代中国社会来说，揭示自恋主义的危害性尤为重要。因此，被吉登斯认为不够重视主体能动性而为他所批判的理查德·桑内特（Richard Sennett）和克里斯托弗·拉什关于自恋的观点，反而对我们更有启示。两人都指出了无法界定他人自主性的自恋者都通过将他人视为自己身份的延伸而建立与他人的关系。桑内特看到私人情感入侵公共空间，造成了非情感化的公共意识的衰落，而个人则以袒露内心和自我揭示试图与他人形成情感联系。拉什则认为桑内特颠倒了因果关系，因为在他看来，正是公共组织破坏了私人生活，才造成了个人深受各种虚假自我意识的折磨。尽管如此，他同样承认对个人关系的狂热放逐了政治解决现实困境的可能性。③ 在私人与公共的鸡蛋互生的关系中，至少两人都明确阐明了现代社会孕育了让人们日益自恋的条件。

---

① Anthony Giddens, Christopher Pierson, "Modernity," *Conversations with Anthony Giddens*, p. 102.

② Anthony Giddens, *Modernity and Self-Identity: Self and Society in the Late Modern Age*, p. 124.

③ 〔美〕克里斯托弗·拉什：《自恋主义文化：心理危机时代的美国生活》，上海译文出版社，2013，第 48 页。

　　依此看来，数字世界可以为个人开启脱离地域限制的进程，但个人在无限敞开的虚拟数字空间中，自我身份的认同过程却可以放逐他者，完全按照自我的意愿展开。即是说，吉登斯意义上晚期现代社会中攸关本体安全的自我叙事连贯性，在数字社会不用必然遭遇他者的形态中，可以轻易达成。数字时代中自恋的自我借助触手可及的接入互联网的移动终端，如同本雅明在《机械复制时代的艺术作品》中谈到的那样，实际上是深入刺进现实的机械装置，将"现实的纯粹面貌"改换为"技术国土上的一朵兰花"，而晚期现代自我的反身认同方式也被推向上述本雅明意义上的"人工巧智的顶峰"。[①]

　　正如吉登斯、桑内特和拉什都曾提到的，自我需要在个人与外部世界的关系中衡定，然而，如果外部世界的现实感已经为数字化媒介中自我投射的信息化经验所取代，那么自我身份认同就将困厄于永不餍足的经验追求中。如此，数字时代的自我对经验感受强度和速度的追求，就会造成个人与现实世界的脱节。人们于是一边"不断寻找对自我体验的表达和反思"，一边又觉得"任何一种交往和任何一个场景都是没有价值的，因为它不足以定义他是谁"。[②] 永远阻止自己在自我体验中获得满足的个人，无法衡定自我边界。他随即以丧失距离感的情感眼光看待与他人的社会交往，而这便导致了桑内特意义上的"亲密性的专制统治"。[③] 在自我的认同过程实际变异为自我迷恋的过程中，个人将内在情感好恶外化为交往纽带，陷入强迫性地——不仅对自己也要求他人——揭示自我真诚情感的怪圈之中。

三　公共空间中的自我嵌入

　　尽享数字时代技术便利的个人，是否能够摆脱自恋式的个人赋权，在于是否能够真正投入到公共空间中并愿意遭遇他者，就现实中的公共事务展开论辩。在晚期现代性条件下，吉登斯认为，反身认同的自我，在相互全情信任及自愿承诺的"纯粹关系"中，获得人际关系领域中的安全感。然而在吉登斯意义上，这种总体而言涉及私密情感的纯粹关系，更像是将

①　〔德〕本雅明：《机械复制时代的艺术作品》，〔德〕汉娜·阿伦特编《启迪：本雅明文选》，张旭东、王斑译，三联书店，2008，第253页。
②　〔美〕理查德·桑内特：《公共人的衰落》，上海译文出版社，2014，第443页。
③　〔美〕理查德·桑内特：《公共人的衰落》，第460页。

桑内特眼里蜕化为情感联系的被侵蚀的社会纽带进行了中立化表述。因此，吉登斯自己也承认，个人之间纯粹关系的缔结，由于仅仅在自我揭示性的"真实性"意义上被调动起来，"虽然它意味着与基本信任有着潜在整合，但缺乏了外部道德标准，在个人遭遇重大转折时刻作为安全感的来源就很脆弱了"。① 这指出了与现代性极度发展的内部指涉体系缺乏外部道德滋养一样，晚期现代性中的自我在社会关系建构中也遭遇了同样的困境。

就如吉登斯指出的那样，现代社会"内部指涉体系的扩展已达致其外部极限，在集体层面以及日常生活中，道德性和存在性问题重新占据了核心"，但"超越内部指涉体系所主导的〔现代〕世界""并非〔在于〕构建一种对现代性的'浪漫主义的拒绝'"，② 数字媒介为后传统社会交往中追求自我认同的个人虽提出了紧迫的存在性问题，但要超越个人的内向指涉，也并非意味要拒斥这场技术变革而回望一个无限倒退的田园诗般的前现代社会。在充分意识到数字科技带来进步的同时，关键的问题是我们如何避免技术决定论设置的甜蜜陷阱。信息技术并不会自动带来个人主体地位的塑造，但也不能忽视建基其上的数字媒介文化构建自我身份认同的作用，其关键之处在于它是否有助于自我身份建构再嵌入到面向公共的道德共同体中。

就此而言，吉登斯提出"生活政治"、个人在"后传统场景中进行自我实现"的观点显得羸弱，因为在反身性方式组织起来的环境中追求自我实现的个人，需要面对如媒介研究中所争议的个人在多重影响下主体性地位是否堪忧的问题。面对数字时代提供的日益丰富多元的环境，个人所谓自我实现的追求，在积极受众的能动性与戴着主体面具的消极受众的自主伪装之间该如何度量，是无法回避的问题。当然，吉登斯式的回答应该会强调没有完全丧失抵制能力的受众。然而，就形成共谋的结果而言，半推半就地接受改造与主动迎合并不存在多大分别。

因此，面对包括西方在内的整个世界转向个人内心的私人生存，"甚至乌托邦也已私有化"的潮流，③ 齐格蒙特·鲍曼敏锐地指出，生活政治所提供的资源不足，所谓自我实现，正为个人从依赖我们共同关注的公共领域中全面撤离提供捷径，"个人使得公众空间殖民化，把不能够毫无保留地充

① Anthony Giddens, *Modernity and Self-Identity: Self and Society in the Late Modern Age*, p. 187.
② Anthony Giddens, *Modernity and Self-Identity: Self and Society in the Late Modern Age*, p. 207.
③ 〔美〕莫里斯·迪克斯坦：《伊甸园之门》，方晓光译，译林出版社，2007，第 11 页。

分转变为个人利益和追求的内容的一切挤出并赶走"。① 当代数字媒介提供给个人的多样化选择机会，虽因给了个人更多的机遇而广受赞誉——就如当初积极看待现代城市创造陌生人关系的评论那般——但在某种程度上很难说基于个人风格多样化的趣味选择能够促进公共空间的建构。这些个人关注的多样化口味及焦点，在鲍曼看来，充当了自我忙于挂靠身份的"钉子"，在参与者之间形成一种"草率、敷衍以及短暂"的美学性联系，因为"既然事先就认识并认可它们可以根据需要来放弃，那么这种联系也就不会造成多大的不便，并且很少或者不会引起恐惧"。② 特别是在虚拟空间中，基于个人风格品位选择而构成的人际联系，更多产生一种审美效果，而这会导致丧失具有现实感的无条件投入和责任，即美国当代哲学家德雷福斯（Hubert Dreyfus）意义上的"信责"。他借用克尔凯郭尔的观点论述，"尽管审美的人生活在一个感觉紧张、交流活跃的世界中，但所有的戏剧都好像只是游戏，其中没有现实世界的后果，不承担现实世界的风险。任何个体都可以随意地进入和离开虚拟社区，远比他们离开一座不喜欢的城镇要容易"。③

如果说虚拟世界为吉登斯意义上自我筹划和选择生活的反身认同方式提供了广泛前提，那么其进入与撤销的随意性，则恰好让脆弱的个人体会到缺乏意义的绝望。虚拟空间即使昭示信念和责任，也不会等同现实世界的承诺和伦理。德雷福斯于是认为有必要区分"虚拟信责可能的审美效果"和"信责行为的伦理现实"，并倡导在现实生活中以"一种无条件的信责通过建立起重要和琐碎、相关和无关、严肃和娱乐之间质的区别"，"赋予个体以身份并开启一个独立的世界"。④

如果说德雷福斯道出了与网络共生的个人若要获得有意义的自我身份认同，必定不能放弃现实世界的伦理责任，那么鲍曼则将这一现实世界的信责更为明确地表述为对"做人的平等权利，和对根据这一权利行动的平等能力的关注与责任"。⑤ 鲍曼认为对权利的承认并非意味着相对主义意

---

① 〔英〕齐格蒙特·鲍曼：《个体化社会》，范祥涛译，上海三联书店，2002，第130页。
② 〔英〕齐格蒙特·鲍曼：《共同体》，欧阳景根译，江苏人民出版社，2003，第86~87页。
③ 〔美〕休伯特·L. 德雷福斯：《论因特网》，喻向午、陈硕译，河南大学出版社，2014，第182页。
④ 〔美〕休伯特·L. 德雷福斯：《论因特网》，喻向午、陈硕译，第106页。
⑤ 〔英〕齐格蒙特·鲍曼：《共同体》，欧阳景根译，第186页。

上的差异绝对化。与之相反，"承认这种权利是引起对话的缘由，在这个过程中，差异的优点和缺点能被讨论并（很有希望地）达成一致"。① 换言之，平等参与社会互动的权利，需要被置于"社会公正的框架内，而不是置于'自我实现'的背景环境中"。② 在社会公正范围内，基于"承认［权利］的要求和承认的努力争取的办法，就会变成可能最终导致新的一致性的相互承诺和意义深远的对话的肥沃土壤"。③ 而如此开展的对话，"不仅完全不同于拒绝承认人类可以采取的形式具有多元性这种普遍性的原教旨主义，而且根本区别于由一种所谓的'文化主义'政策——这种政策假定了差异的本质主义特征，并因而也假定了在不同的生活方式之间谈判的无效性——的某种多样化所推动的这种宽容"。④ 在此番既针对个人也针对团体的论述中，鲍曼承认个人权利并进而关注权利行使过程，既承认差异性又不排除沟通的有效性，这为数字时代进行反身式自我身份认同的个人照亮了前景。

数字时代的技术提供给个人选择的自由程度，推进了吉登斯意义上自我实现的生活政治进程。然而，个人借助技术契机所实现的究竟是张狂的自恋还是审慎的自主，需要从法律约定的权利上的个人——借用鲍曼的表述——努力变成"事实上的个体"，也即"变成命运的事实上的主宰者，而不仅仅是通过公开宣言或自欺欺人来掌握自己的命运"。⑤ 暂不论鲍曼此处暗示公共福利的经济维度，他指出了成为事实意义上的自主个体，意味着个人需要将眼光投入公共领域的讨论，因此他认为批评的任务应由"曾经是保护个人［免受公共组织机构侵扰］的自治"转为"保护日渐消失的公众领地，或者说重新装填因双方都弃置不顾而迅速腾空的公众空间"。⑥ 鲍曼以公共视域看待个人权利、防止分化的洞见，弥补了吉登斯强调自我实现的生活政治的私人化倾向。这也提醒我们数字媒介带来的个人化机遇，在遭遇差异的他者而又努力开展公共对话的意义上，才可以看作个人有效的赋权。

---

① 〔英〕齐格蒙特·鲍曼：《共同体》，欧阳景根译，第 97 页。
② 〔英〕齐格蒙特·鲍曼：《共同体》，欧阳景根译，第 93～94 页。
③ 〔英〕齐格蒙特·鲍曼：《共同体》，欧阳景根译，第 95 页。
④ 〔英〕齐格蒙特·鲍曼：《共同体》，欧阳景根译，第 97 页。
⑤ 〔英〕齐格蒙特·鲍曼：《共同体》，欧阳景根译，第 87 页。
⑥ 〔英〕齐格蒙特·鲍曼：《个体化社会》，范祥涛译，第 130 页。

结　论

数字媒介依托互联网的技术变革，极大地促进了吉登斯意义上晚期现代社会中脱域机制让个人从本土场景中解脱出来的释放作用。然而，面对技术带来的多重机遇，个人的自我身份认同在其反身式的认知和建构形式中，需要避免以内向性的自我意识勘定外部世界的倾向，避免自恋心理以规避不可预知的现代性风险。否则，自我实现的政治就有可能蜕变为虚拟世界中追求经验满足而不得的自我圈定，而自恋则在自主的伪装下肆虐人心。吉登斯提出超越现代社会的内部指涉性，让被其压抑和驱逐的人类生存性问题重回我们的道德经验。他即使没有提供完满的答案，也点出了问题的关键。在经历现代性扩展且尤其不乏世俗理性的中国语境中，这需要我们共同关注生命之外的现实世界的公共领域。

在此意义上，所谓大众与精英之间的鸿沟并没有那么重要。非神化的人的视角总是有限，而持续地投入到现实中的公共目光才照亮了我们的世界。每一个人都可能比他所看起来的样子更加丰富。承认存在差异的起点，并不妨碍我们理解明智的共存方式及展开公共讨论。如果推动我们进入数字时代的技术变革，不会把我们分离在堆积和消费他性的自我区隔中并由此召唤一种虚假的自我赋权，将权利等同于自我表现，而是调和具有差异的争论，提供普遍的更好的涉及现实的公共生活途径，那么数字化生存方式就仍以我们为主体，而不会衍化为一种古老的心理惰性的掩体。

从中国数字博物馆观众经验
看用户交互之路径[*]

殷曼楟[**]

摘要　近年互联网数字博物馆在中国发展极为迅速。数字博物馆的平台优势在很大程度上具有改变博物馆体制与观众视觉交往模式的潜力，具有"转码性"特征。不过，由于观众浏览数字博物馆时其视觉途径的即时性、间歇性、休闲性、断片性，及其视觉内容因数字媒介下"形象数据库"性质带来的"再形象化"后果，其观众行为模式特征也因而呈现身体参与性、收藏与分享欲共存的状态。鉴于此，新阶段的数字博物馆应该超越观众"被服务"意识，实现与观众交互的深入。

关键词　数字博物馆　视觉交互　观众经验

Abstract　In recent years, virtue museums have developed rapidly in China. Such digital platform has the advantage of changing the visual interaction pattern between the museums and their spectators, and hence could be regarded as "transcoded". However, spectators always browse a virtual museum with some kind of immediacy, intermittent, amusement and fragmentation. Visual contents they get in this way are re-visualized in the digital images database. Thereby, the spectators exhibit such behavior patterns as physical participation, the desire for collection and sharing. In consideration of all

---

* 本文为教育部哲学社会科学研究重大课题攻关项目"当代中国社会转型中的视觉文化研究"（12JZD019）阶段性成果。
** 殷曼楟，南京大学哲学系教授，研究方向为美学、艺术理论、视觉文化研究。

this, the virtual museum should go beyond the thought of "serving" the audiences and seek to achieve deeper interaction with them.

Key words　virtual museum; visual interaction; the experience of spectators

在诸体制中，互联网可谓是个最不似体制的"体制"。按照福柯的说法，它可以被视为当代"异托邦"（heterotopia）的一种形式，一个与真实世界相对的位置。[①] 然而，它又是一个不可忽视的"体制"，这不仅表现为它在很大程度上是现实诸体制关系的投影——互联网可视为一种传递及表征信息的介质；而且更重要的是，互联网生态重新建构了我们现实的体制关系，重新规定了有关权威、话语、受众、观赏、参与、生产、传播等的一系列观念及制度。在此意义上，视觉体制在微观层面所受的影响才能直接参与对视觉体制本身的建构。与其他大众传媒一样，博物馆同样也是饱受互联网数字化冲击的一个领域。与其他大众传媒相比，博物馆在社会文化转型中，因它与其"延伸载体"——数字博物馆——的关系，更鲜明地体现出了转型的急促性，以及在这一场突转中呈现出的话语、知识结构及观众参与上的冲突。

有关转型中这一变化着的关系，本文拟用"博物馆—数字博物馆（形象）—观众"来加以表达。因为这三个关系项之间大致可以表述出博物馆与计算机技术之间的相互重构编码的关系——这是数字博物馆研究者罗斯·帕里据互联网"转码性"原则所提炼出的。一方面，社会体制的诸方面会建构博物馆在数字形式下的形象表征方式——如硬件购置的经济投入、数字技术培训、专业术语的通俗化等条件会直接影响数字博物馆的展示状况；另一方面，从博物馆的发展状况来看，它又通过自身调整来适应网络数字媒介的需求，这暗示了博物馆的可建构性，以及网络对博物馆原本垄断机制的打破。在此状况下，所谓"访问""物""收藏""解释空间""馆长权利"等一系列概念都有待重构。[②] 当然，本文以为"观众"一项是需要纳入这一关系中的，因为博物馆体制与网络平台的互构，在根本上是为了"观众"也是因为"观众"而发生的。

---

① See Foucault, "Of Other Spaces", and Wendy HuiKyong Chun, "Othering Space", in Nicholas Mirzoeff, *The Visual Culture Reader*, Routledge, 2002.

② See Ross Parry, *Recoding the Museum*, London: Routledge, 2007.

　　所谓"为了观众，也是因为观众"，旨在强调互联网在微观层面上反作用于视觉体制的特殊形式。其一，它强化了观众视觉经验的操演，同时进一步弱化了文字的智性传达；其二，它也强调了观众视觉经验的主动参与性，互联网更加突出了视觉主体的特定优势，这不再只是"视觉的社会建构"视角下的观众，而是促进"社会的视觉建构"的观众。依据互联网所提供的各种技术硬件条件，博物馆不仅能为更多阶层的观众服务，而且在观众自身的选择与配合下，互联网环境有可能激发观众新的行为模式与视觉经验，从而对博物馆提出新的要求，重构博物馆体制。阿瑟·W. 弗兰克所说的"沟通态身体"（communicative body）的概念最好地表达了既定体制与个体/肉身之间的这种互动状态，以及观众的互联网行为及视觉能力本身所采取的积极姿态。"身体的某些方面或许并非自身的，但反之亦然。"[1] 某种观看习惯既是个体与体制互动的驱动力量之一，又是互动之结果。这促成了罗斯·帕里所称的"转码"的实现，它也是互联网"转码"原则的特殊优势。这种"转码"优势也成为我们考虑数字博物馆的起点。

一　数字平台优势下对观众"被服务"观的超越

　　数字博物馆的平台优势在很大程度上具有改变博物馆体制与观众视觉交往模式的潜力。作为当下公共视觉文化服务的特殊形式，数字博物馆一方面与诸多互联网中主流的视觉娱乐模式如各视频节目、图像采集网站等的建设模式及体制、构架上有着明显区别，但另一方面，在前者影响下的观众观看习惯，使他/她们对数字视觉产品的形式及对其效果的心理预期都会折射到对于数字博物馆的期待与理解中，从而会成为推动博物馆体制转换的动力。

　　在数字博物馆环境下，观众在可见性分配中的地位提高显著。互联网在中国发展十数年来，尤其在微视频时代被突出的一类主体便是网络受众。1996 年由尼葛洛庞帝在《数字化生存》中所总结出的传统大众传媒的"推"式传播，以及网络传媒的"拉"式传播模式已经在国内学界被广泛认可。[2] 该模式转变所提出的意义在于，它指出了信息传输平台的技术变化会

---

[1]　Arthur W. Frank, *The Wounded Storyteller：Body, Illness, and Ethics*, Chicago：The University of Chicago Press, 1997, p. 49.

[2]　参见杜骏飞主编《网络传播概论》，福建人民出版社，2010；李正良主编《传播学原理》，中国传媒大学出版社，2007；屠忠俊：《网络传播概论》，武汉大学出版社，2007。

为观众的信息消费行动提供条件，并最终改造人们获取、传输信息的行为模式，从而刷新人们面对信息时的期待视线，进而在实质上影响社会发展的进程。正是在互联网这一平台上，网络受众的自主性与参与性已经有了广泛的识别度。

围绕着这一核心，国内有关数字博物馆的讨论主要集中在三个方向。其一，数字博物馆的在线展示打破了实体博物馆在时间、地理位置、经济各方面的限制，"建立永不落幕的博物馆展览"，[①] 同时服务于不同地区的不同需要的人群。其二，它更好地体现了一种公共文化的资源共享精神，易于远程推进一种视觉文化教育。这里所谓资源共享有两层意义：一方面，处于不同地域的博物馆可以共享彼此的展品资源，另一方面，不同地区的数字博物馆访客也能轻易地免费浏览到各种资源，从而实现平等分享。其三，真正做到观众本位，以原本的物为中心转向以体验为中心。[②] 从这些观点来看，我们一方面可以看到国内博物馆在其发展的第三阶段对观众的充分重视，但同时也能发现一些中国博物馆体制定位"观众"的基本立场——即观众是"被服务"的观众。这一立场表面看来自然没有什么问题。不过，我们这里还是引入另一位数字博物馆研究者的成果加以参照。

罗斯·帕里基于网络媒体的特征，较全面地囊括了技术平台为数字博物馆所带来的优势。除了上文所提到的"转码性"之外，他还指出了数字化与互联网在制度上对数字博物馆的支持。一是"自动化"处理的数据库形象分类逻辑；二是网络的"数字化"对真实与虚拟空间感的打破，会打破传统博物馆领域有形物特权的垄断；三是网络的"模块化"会带来数字博物馆在形象内容与视觉经验上的"离心式和地方化的品质"；[③] 四是网络流动的"易变性"，易打破博物馆既定体制对环境的控制。[④]

从罗斯·帕里对数字博物馆技术特征的总结中，我们可以全面地发现当实体博物馆转移到数字博物馆时，新的平台为观众介入视觉建构所提供的优越条件。从而，我们不仅意识到晚近博物馆体制转型中观众的主导地

①　俞嘉馨：《以网络带动建立永不落幕的博物馆展览》，北京博物馆学会主编《策展·博物馆陈列构建的多元维度》，中国书籍出版社，2012，第268页。

②　Michelle Henning, *Museums, Media and Cultural Theory*, New York City：McGraw-Hill, 2006, p. 70.

③　Ross Parry, *Recoding the Museum*, London：Routledge, 2007, p. 13.

④　See Ross Parry, *Recoding the Museum*.

位，而且还能清晰地了解到这种观众主导的可能性在何处——所谓观众主导不仅表现在以观众为"上帝"的服务意识，更在于认识到观众在新的视觉交流平台中能主动做些什么。这样，当下博物馆所采取的"被服务"观众这一视野便成为要进一步超越的立场。观众视觉经验可以直接而自由地加入公共视觉性的建构。其一，如果以往的"收藏"尚受制于有形物的观念，从而在政策与经济资本上依赖外在体制条件，那么现在观众可以仅仅收藏"形象"，并且这种无形之物在网络环境上同样具有价值；其二，同理，每个观众都可以根据自己的经验、趣味轻易地重新进行对形象的组织分类，而不受制于博物馆中心化的形象表征模式，人人在理论上皆可成为策展人。

觉察到观众自主性可以充分释放的上述可能性，我们可以想象一种博物馆体制与观众之间互动的机会。不过，鉴于当下的观众仍被定位在"被服务者"的位置上，国内博物馆对"观众"的思考还有相当大的进展空间。我们所能观察的当下国内数字博物馆的建设状况仍处于博物馆"转码"的双向建构的不平衡状态。也就是说，由于中国数字博物馆目前对实体博物馆的制度性依附，博物馆与观众的交往仍基本停留在传统的单向信息传输模式上。这表现为中国互联网数字博物馆的两种主要形态：博物馆官方网站、百度百科的数字博物馆工程。这两种数字博物馆，虽然一种属于官方网站，一种属于第三方聚合类平台，但它们在两个关键点上的一致性令我们可以统一地来看待它们。其一，它们都有实体博物馆的支持。这一前提在数字博物馆合法性及权威性方面有着极大的影响。其二，它们都把自身定位于公益性知识教育/服务平台。这两个特征所带来的实际效果是，尽管数字博物馆在国内还是一个身份性质较为含糊的领域，但这二者作为"数字博物馆"的身份却是确定而稳定的。无论是从《博物馆条例》（2015），还是从学界对数字博物馆的定义来看，都较为匹配。对于这类数字博物馆来说，它们已经体现出了一定的"转码性"特征，但是，其"转码"的双向建构力量是不平衡的，这表现为数字博物馆在制度形式、形象表征方式、与观众的交互形式，乃至文化位置上的不协调状况。

二 浏览数字博物馆的用户经验特征

阻碍数字博物馆重视观众交互性的原因，是他们并没有充分认识到观众视觉体验的多元化，并注意到"数字博物馆"在提供了新型信息之后，观众可能反馈的视觉习惯。虽然不少博物馆研究者已经提出当下博物馆建设必须从以内容为中心转向以观众为中心，并且也做了相应的改革（如讲解器、模拟复原场景、数字厅、文化创意开发等），但相对于其技术条件为观众所提供的可能性，他们的思路没有跳出博物馆建设的原本的体制惯习。这样，相对滞后的体制惯习与观众的实际回应方式及经验模式转型之间就出现了错位。

就观众体验而言，数字博物馆没有意识到，它实际上所提供的视觉途径、视觉内容都与实体博物馆有了相当大的差异，并且，这也符合互联网观众相应的行为模式及其参与形式。其中，视觉途径是指观众浏览方式的即时性、间歇性、休闲性、断片性。视觉内容是指因藏品"形象"在数字博物馆中的"数据库"特征而带来的"形象"在观众眼中的"再形象化"。而与数字博物馆观赏相关的两种观众行为模式特征则包括了身体的参与性、收藏与分享欲。

从数字博物馆所提供的视觉途径上来说，这是从原本定时定点的形象展示向一种超越时间、空间限制的形象展示的转变。不过，所谓超越时空和空间并非如上文所提到的那样仅仅意味着展览的延伸。从当下数字博物馆向观众提供的三种主要观看途径——电脑端在线展览、手机端移动应用、官方微博——来看，它们其实是在扰乱了公共/私人领域的同时，打乱了正常展览观赏的秩序。

浏览数字展示往往可以是在任何时间及地点下发生的。观众可以在工作空闲时、在家里休憩时、在某一段路程中、在与他人闲谈时……进入观看。而近年来，智能手机及无线网络更深化了这一接触模式。因此，当观众遭遇数字博物馆时，克里斯汀·波顿和卡罗·斯科特所称的当代生活的休闲模式被再一次强化了。如果说休闲时间的当代变迁已经含糊了公共领域与私人领域的边界，主要表现为工作时间向私人时间的侵入，那么在无线网络条件下，这种侵入已经演变为双向的。这种公共/私人领域互渗之现象正改变着我们有关浏览/观看的既定序列，也就是说，即使数字博物馆试图以形象材质、门类分组或是主题分组的形式向我们展示某种有序的形象，① 观众对这些形象序列

---

①　这是当下官方数字博物馆的两种主要图文展示形式，按形象材质、门类（如玉器、青铜器，或中国古代绘画、中国古代书法）分组是各网站的基本形式，而主题分组则往往依托于某实体专题展。在百度百科的数字博物馆中，按前一种方式分组是其主要形式。

的接触也是在间歇的（可能只是几分钟的）时间里，在或坐或站或倚的状况下，断片式地观看某些形象。实际上，近期博物馆推出的手机移动应用、微博服务、微信服务更是进一步强化了这种观众与形象接触的特殊途径（比如在指尖滑动中如幻灯片般掠过的藏品美图等）。

在上述知觉途径的变化下，观众所知觉的内容也当然相应地发生着变化。现在，数字博物馆正向观众呈现着两种颇具悖论色彩的视觉内容。一种是以在线展览或虚拟展厅形式出现的有序的形象表征，让形象自己"讲故事"的策略延伸到了它的数字形式中。另一种却简化成了各个形象本身，形象之间并不具有严密的承继关系，只是勉强以集合的形式组织在一起。这类"集合"同时出现在数字博物馆所基本采取的按形象材质或形象所属门类所做的分组里，也出现在上述那些观众通过不同客户端所实际接触到的形象之中。对于数字博物馆来说，它们可能最初只是为了分组的权威性，并有意无意地提示"形象"与其背后的"藏品"之间的真实关系。但这种形象分类法已回归了中性的物质形式，此时的形象表征不再依托于某种通史线性逻辑，而更符合罗斯·帕里在谈到数字博物馆所遵循的"数字化"原则时所提到的 0、1 的分组法与林奈分类法。当观众的鼠标在诸如"玉器馆"的一组缩略图中滑动，选定自己要阅览的那一张图片时（如百度百科数字博物馆），他所迎接的只是一个个随意排序的形象本身。当然，当观众在移动应用或微博、微信中浏览时，数字博物馆所积极提供并不断更新的图片则可谓适应了观众在移动环境下的形象获取习惯。

当"形象表征"在观看者眼中重新化约为"形象"的集合时，"形象"的意义也出现了两个方向上的转变。一方面，它们成了列夫·曼诺维奇口中形象聚集的"数据库"，与表征要创造因果关系不同，数据库则仅是"收集"。① 这显然是"数字化"原则的一个必然结果。即使当下各个数字博物馆所提供的形象远称不上"海量"，但诸如雅昌艺术网这样以机构身份专业收集的网站，抑或如花瓣网这样由观众自主收集的网站也都证明了这一可能性。另一方面，它们则成了孤立的"形象"，诸种因"表征"而赋予的意义上的连续性被淡化，而代之以那些"形象"本身，我们称之为"再形象化"。

---

① See Lev Manovich, "Database as Symbolic Form," in Victoria Verna eds., *Database Aesthetics*: *Art in the Age of Information Overflow*, Minneapolis: University of Minnesota Press, 2007, pp. 39 – 60.

当观众在手机上看着动态的戏蝶雍正《十二美人图》时，[①] 他们看到的是清朝时期的服饰史料，还是一个被动态化的人像图片呢？而当观众把一幅藏品美图设置为手机桌面或电脑桌面时（不少数字博物馆都提供了桌面壁纸让浏览者下载），单个的形象亦是离开了其"原始"的知识语境与陈述序列——它被挑选了，亦被搁置了。

因此，当数字博物馆遵循实体馆的旧例，以形象来迎接其观众时，他们并没有意识到呈现给观众的其实是已经彼此冲突的两类视觉内容，一类视觉内容强调连续性、智性与审美，一类视觉内容则强调体验、片断、即时所见。"萌"形象的出现表明，数字博物馆已经多少意识到了观众接触形象表征时的"再形象化"行为习惯，并有意识地迎合了这种习惯。不过这种方式所面临的尴尬是，由于将大众化的观众预设为仅仅是视觉消费的观众，博物馆还没有找到把两种视觉内容协调整合的途径，从而我们就看到了公立博物馆中专业—知识型形象表征与体验式形象表征不协调共存的状况。

另外，观众视觉途径的变化与视觉内容的变化，符合身为网民的观众所建立的行为模式，我们可以将与数字博物馆观赏相关的行为模式概括为两个主要特征，即身体参与性、收藏与分享欲。

第一，数字博物馆的观众所采取的是一个简化版的身体参与行为。所谓简化版，是指它是调用我们视觉、听觉与触觉的简化形式。与日常参观不同，观众的行动被简化为面对"屏幕"的浏览，单向接收的观众个人听觉，以及鼠标点击或手指滑动的触觉形式。这种单纯化的体验在某种程度上的确增强了观众身体的参与性。它让观众沉浸于这些例行模式中，并有助于将这一行为模式操演为近乎无意识的身体活动。它呈现为米歇尔·亨宁所介绍的"交往无中介化的文化欲望"，[②] 以及麦克塔维希所指出的屏幕与观众的身体互动模式，"有关虚拟现实博物馆优点的论述集中在它的公众参与和活动上，尤其是身体的活动……电脑互动这一修辞强调的是电脑使用者和媒体对象之间身体的互动，而不是心理的参与"。[③]

---

① 《〈十二美人图〉动态图出炉　雍正的女神都萌萌哒》，http://sd.ifeng.com/zbc/detail_2014_12/08/3258397_0.shtml，访问日期：2014 年 12 月 8 日。

② Michelle Henning, "New Media," in Sharon Macdonald ed., *A Companion to Museum Studies*, New Jersey: Blackwell, 2006, p. 311.

③ 〔加〕麦克塔维希：《访问虚拟博物馆：艺术与网上体验》，〔美〕珍妮特·马斯汀编著《新博物馆理论与实践导论》，钱春霞等译，江苏美术出版社，2008，第 267 页。

从积极的角度来说，这种身体参与的无中介互动形式令观众更加沉浸于形象本身，有助于一种注意力管理的意义建构；但另一方面，这也确实出现了麦克塔维希所忧虑的非智性参与的后果：它更有可能转化为一种便捷的鼠标点击的形象收藏占有活动，而非更具参与性的评价、表达意见行为。不过，参考下一特征来看，这一忧虑或许并非只是由于观众鼠标点击所培养的被动性，而是与当下数字博物馆提供的用户交流渠道的不够开放有关。

第二，当下观众的身体参与模式鼓励了收藏形象之爱好。这一热爱显然与米尔佐夫所说的消费社会的"物恋化的凝视"有着直接的关系。① 不过，与当下互联网形象收藏热共生的还有分享之热爱，后者突出体现了观众参与公共空间中形象表征的主动性与灵活性。

有关这一点，由于数字博物馆在观众分享渠道方面的限制，我们并不能从那里直接得到说明。不过，在当下各大视频网站之自媒体频道的流行中、在新近盛行的视频"弹幕"交流的热情中、在微博 - 微信 - 贴吧的图片分享狂热中都可见一斑。当然，最集中地将这种"收藏 & 分享"欲望转化为一种社交分享形式的则是花瓣网、堆糖网等这类图片采集分享网站。这些网站在某种程度上与数字博物馆发挥着近似的功能，观众在互联网中收集到大量的文物、艺术类图片素材，并在该站点所提供的个人主题"画板"上公开展示。其功能近似于 google 艺术计划中提供的功能。

借助百度指数的统计资料，我们对代表性的数字博物馆故宫博物院、艺术网站雅昌艺术网以及图片采集分享类网站花瓣网自 2011 年 1 月至 2015 年 4 月的观众关注度做了比较。从中可以看出，2011 年以来，数字博物馆与艺术网站在观众中的关注度一直较为稳定，而图片采集分享类网站中影响最大的花瓣网却在 2013 年以来迅速吸引了观众们的注意，2015 年 4 月 11 日时，其搜索指数已达 16800，关注度比另两个网站 2000 左右搜索指数的 8 倍还高。如果我们预设观众在形象表征过程中是一个不活跃的、被动的群体，那么上述数据则表明，在提供可行渠道的情况下，观众有着形象表征的热情，即收藏与分享的热情。这在相当程度上证明，数字博物馆的潜在观众有着自主参与到博物馆视觉交往中的可能意愿。并且，这种收藏与分享欲及自主表征的热情也并非仅以"即时性"的视觉消费就能囊括，它更

---

① 〔美〕尼古拉斯·米尔佐夫：《视觉文化导论》，倪伟译，江苏人民出版社，2006。

多地显示为亨宁所称的体现在收藏者身上的个人好奇癖,①并与我国民间博物馆兴起的初始动因颇为近似。从当下整个互联网视觉文化的发展状况来看,这种"收藏＆分享"模式在当下博物馆与观众构建交互关系的过程中应会发挥重要的作用。因为该行为模式作为最适应后现代技术逻辑的身体操演方式,已经提供了观众最易操作的参与形式,并释放出了观众最大限度的参与热情。

三　数字博物馆作为体制—观众交互的中介

正是在上述的观众新行为模式之下,数字博物馆与观众这两种同为建构性的力量如何能形成良性合作便成了新语境下视觉建构的关键问题。从而,所谓"数字博物馆"亦有了被重新理解的契机,它并非只是博物馆的"延伸",而可视为多声部观众从其不同的日常视觉经验出发,参与建构博物馆体制。"博物馆—数字博物馆(形象)—观众"之关系因此并不如官方数字博物馆所规划的那样是一个单向的形象输送过程,而是可以实现一种"视觉的社会建构"与"社会的视觉建构"的双向建构关系。

这就是罗斯·帕里所指出的互联网语境为博物馆所提供的新契机:"网络提供给博物馆(及其观众)以一个媒介而非一个产品,一系列的工具而非某种特定经验。在线博物馆并非只是一个资源库,而更多的是一个行动、对话、交流与创造的共同体,它包含了公共空间与私人空间、正式与非正式的交互,并由共同体自身形成,并且,(可能)由现场的或面对面的经验所补充。"②在这里,数字博物馆被化归为一个中介、一个超越时空限制的交流的场所。并且,数字博物馆的当下特殊意义在于,它有可能在回归到个人兴趣的基础上重新出发,不断尝试在个人与个人之间、在个人与既定视觉机构之间建立各种具有创意的新形象表征方式。其形象表征模式有可能突破对传统博物馆形象表征模式的依赖,并且超越博物馆大众化策略对消费型视觉性的依赖。或许这便是罗斯·帕里将数字博物馆视为"共同体"

①　参见 Michelle Henning, *Museums*, *Media and Cultural Theory*, New York City: McGraw-Hill, 2006, p. 154。在作者看来,欧洲最初的博物馆便是作为展示私人趣味的、猎奇的珍宝窟而出现的,而当下的数字博物馆则可以回归这一功能。不过作者所指的数字博物馆是宽泛意义上的,而非官方网站。

②　Ross Parry, *Recoding the Museum*, p. 100.

的意义所在。

不过，我们还需为观众收藏与分享的身体参与模式提供一种辩证的说明，以正视目前观众注意力分散的现实，从而在一定程度上弥补罗斯·帕里的"共同体"设想中所带有的理想色彩。我们借此可以重新理解在数字博物馆的中介下，观众对博物馆建构的四点特征。

第一，观众的互联网收藏与分享行为模式是对单向度的官方形象表征模式的挑战，有助于更有创新可能性的多元化表征的出现。

第二，这些多元化的形象表征途径是宏观体制、博物馆、各阶层观众、视觉文化中各类视觉体制这几方力量的交流、互渗、互为建构之后的综合体。互联网环境下的博物馆因而应当凸显出它作为微观层面的结构性价值。

第三，由于大量数字博物馆观众行为模式上的"简化""删减"，以及注意力分散特征，这不可避免地会导致消费型视觉性成为主要的形象表征大众化策略。

第四，在此状况下，博物馆体制所需要思考的是：如何真正激发观众在交互过程中的主动性，从而发挥观众新型行为模式中把知识人性化、流行化及日常经验化的那一面，[1] 把观众对收藏与分享的热爱从即时性消费转向更长效、深层的方面。

上述考虑要求，博物馆体制首先需要把对观众的定位从"被服务者"转向参与交互者与体制的建构者之一，并引导、鼓励观众发展出丰富多彩的视觉经验，而非仅限于消费型视觉性这一种形式。也就是说，博物馆作为一种重要的公共视觉机构，它应该创造一种新的可见性分配关系，从而引导主动的观众及其多样化的视觉经验变得"可见"。

当代有关博物馆与数字博物馆的一般看法认为："与博物馆联系在一起的是静态、不朽、历史不变性、物质性，以及教育。"而数字博物馆所依托的新媒体则是"与短暂及'虚拟'的表征，以及流行娱乐联系在一起的"。[2] 研究者对于博物馆功能有可能与娱乐相混淆的忧虑已经显示出了这一反省意识。我们可以这样来理解，如果我们不是将博物馆的静态与不朽理解为一种刻板地固守，而是理解为体制本身与观众在持久积极互动中所

---

① Michelle Henning, *Museums*, *Media and Cultural Theory*, p. 77.

② Michelle Henning, "New Media," in Sharon Macdonald ed. , *A Companion to Museum Studies*, p. 303.

实现的价值继承基础上的开创，同时将数字博物馆的"短暂""虚拟"理解为一种极具灵活性的、更有助于激发观众热情与活力的参与途径，这可能会给博物馆可见性分配的准入及筛选机制提供更多的选择，从而不会惯性地依赖体制的既定惯例，或是附和即时性欲望的大潮。

微信传播的演变轨迹、结构特征与情感省思

——基于三次节点事件的分析

吴维忆[*]

摘要 2015 年 2 月至 2016 年 12 月发生的三次节点性事件标记了微信传播迅疾的演变过程，也揭示了微信传播的结构性。在宏观层面上，微信传播这一亢进性的自运转系统所产生的涡流裹挟着个体用户，而后者又构成了系统自运转的内因。从微观的虚拟社交来看，微信传播兼具去个人化和滋生自我中心交往暴力的双重效力。典型事例说明，无论宏观抑或微观维度，情感都是微信传播的核心。本文从针对节点性事件的具体分析入手，考察微信传播系统与新型主体的相互塑造，进而分析微信传播的演变过程和结构特征，着重探讨微信传播中的情感作用与公共生活、公共领域的关系。

关键词 微信传播 去个人化 自我中心 公共领域

Abstract From February 2015 to December 2016, three key events happened in that short period, not only marked the rapid transformation of Wechat communication but also indicated its structural nature. On a macro level, as a hyperactive self-sustaining system, Wechat communication produces the vortex which coercively seizes individual users who also function as the internal cause of the system's automatic operation. From a micro perspective, Wechat communication would lead to both deindividualization and self-

---

* 吴维忆，南京大学艺术研究院助理研究员，研究方向为文化创意、社会心理学。

centric violence in virtue networking. The three examples demonstrate that e-motion is the core of Wechat communication on both macro and micro dimen-sions. Starting from analyzing those key events, this paper discusses the transformation and structural features of Wechat communication by examining the mutual construction of Wechat communication system and the new sub-ject, with a particular focus on the relationship between public life, public sphere and the role emotion plays in Wechat communication.

Key words　Wechat communication; deindividualization; self-centric; public sphere

根据 36 氪（http://36kr.com/）发布的统计数据，截止到 2015 年第一季度，微信已经覆盖中国 90% 以上的智能手机，月活跃用户达到 5.49 亿。接近一半活跃用户拥有超过 100 位微信好友。近 80% 用户关注微信公众号，其中企业和媒体（29.1% 的用户关注了自媒体、25.4% 的用户关注了认证媒体）的公众账号是用户主要关注的对象。[①] 这些数据说明，微信不仅在社交媒体市场取得了商业意义上的主导地位，而且兼具传播与社交的功能，从而区别于微博这一类更偏重信息发布的平台。正如学者张颐武所论述的："微博是社交化的媒体，而微信是媒体化的社交。前者是向互联网上的公众发言，后者是在短信式的交流之外，利用朋友圈或微信群向自己的熟人发言，传播信息。微博是基于弱联系的社交媒体，微信是强联系的有媒体功能的社交。"[②]

正是基于微信平台的（半）熟人社交网络，以朋友圈链接转发为主要方式的病毒式传播成为可能，最近引发热议的"罗尔事件"就是一个典型的例子。从 2016 年 11 月 30 日当天《罗一笑，你给我站住》原帖刷爆朋友圈开始短短一周的时间内剧情数度反转。对此，不仅传统媒体介入追踪报道，主流学术圈亦迅速做出了回应——《探索与争鸣》微信公众号从 12 月 1 日开始即陆续推送了汤景泰、王俊秀、周晓虹、成伯清等学者的一系列文章。由于新媒体相对纸媒更为活泼的特性，《探索与争鸣》公众号根据这一

[①]　《微信用户最新数据：月活跃用户达到 5.49 亿，支付用户 4 亿左右》，http://36kr.com/p/533436.html，访问日期：2016 年 12 月 7 日。

[②]　张颐武：《"四跨"与"三改"："微生活"新论》，《探索与争鸣》2014 年第 7 期。

热点事件对几篇学术论文重新命题，① 产生了借力打力、事半功倍的传播效果：截至 12 月 7 日，《中国式的同情与愤怒——"罗尔事件"背后的社会情绪和社会情感》一文的阅读量已经达到 3896 次，远远高于诸如《"大众导向"不是"民粹主义"》（1596 次）这类发布更早（11 月 29 日）但标题学术色彩更浓的文章。

《探索与争鸣》对"罗尔事件"的迅速跟进，表明近年来随着此类争议性新媒体事件的密集爆发，学界对于微信传播密切关注，而聚焦新媒体事件的研究文章的高阅读量则直接反映了大众对此的隐忧以及对于专业解释和引导的迫切需要。然而，必须指出的是，目前针对微信传播的学术研究至少存在两个重要问题。一是此类论文多以事件为中心并且往往孤立地考察单个事件，而较少将不同事件串联起来加以横向比较和历时分析；二是大部分研究者多从社会学、社会心理和传播学的角度针对微信传播的过程与机制考察"转发何以可能、效果如何？"而鲜有追问"谁在转发？"，换言之即假定每个转发者都是自主、自发的行动者，缺乏对于转发行为背后漫不经心的主体以及更深层的主体性问题的反思。针对这两点，本文一方面选取 2015 年 2 月至 2016 年 12 月的三次节点性事件以梳理微信传播的逻辑演变，另一方面通过聚焦"谁在转发"提出微信传播主体这一问题，考察虚拟（半）熟人社交（包括具体的社交方式、惯习和认知心理）和社交性传播对主体的询唤，反思主体的情感表现与情感交流，从而最终指向数字传播语境下的自我、人性等根本命题。

一　演变轨迹：三次节点事件

三次节点事件所指的是三篇朋友圈帖子"穹顶之下"视频（2015 年 2 月 28 日）、"人贩子一律死刑"（2015 年 6 月 17 日）和"罗一笑，你给我站住"（2016 年 11 月 30 日）所引发的刷屏式转发以及由微信蔓延到其他媒介与生活场域的舆论热议。这三次事件的选取，并非基于严格的数据统计，而是考虑到它们彼此迥异的特性对于标记微信传播演变历程的节点性意义。

---

① 汤景泰：《情感动员与话语协同：新媒体事件中的行动逻辑》，《探索与争鸣》2016 年第 11
期。12 月 1 日《探索与争鸣》微信公众号平台发布此文时将主标题定为《"罗一笑"是如
何刷爆朋友圈的》，同期王俊秀的《新媒体时代社会情绪和社会情感的治理》一文在公众
号平台的标题则是《中国式的同情与愤怒——"罗尔事件"背后的社会情绪和社会情感》。

（一）穹顶之下

《柴静雾霾调查：穹顶之下》演讲视频于 2015 年 2 月 28 日在人民网和优酷土豆平台首次同步发布。3 月伊始，针对"穹顶之下"和柴静本人或支持、或声讨、或扒皮、或深究的诸多帖子在微信朋友圈及大小的公众号迅速霸屏并持续数日。诚然，视频的叙事将雾霾与下一代的健康相捆绑的议程设置，准确地触及了广大受众的痛点。然而单纯从微信传播的形式分析角度而言，是叙事者柴静作为争议性公众人物的个人影响力使"热点—扒皮—反转—争议—退潮"这一基本套路的发酵程度和实际效力得以极大地放大，从而事实上将这一原本隐晦的机制暴露在大众的眼前。其结果是，部分受众可能因此而产生厌倦甚至反感的情绪从而主动规避同类的微信传播。然而这种认知敏感度（包括一般见闻和媒介素养）和情绪强烈度的个体差异始终存在，并且在所涉的议题和语境下又有所不同，因此每一次热点事件引爆时总会触发微信传播受众群体内部具体的意见分化，而这种差异分化产生的动能也就构成了不再神秘甚至简单粗暴的套路却每每奏效的一个重要原因。总的来说，"穹顶之下"议题刷屏的节点性意义就在于它标记了微信传播机制的一个关键转变：从前、后台严格区分以及集中垂直议程设置的模式到随机性热点事件扰动系统本身的自运转。

（二）人贩子一律死刑

"穹顶之下"刷屏式的传播效果，关键并不在于第一视角的主观陈述形式及叙事框架，甚至也不在于柴静的个人影响力，而是在于这种形式本身的新颖性。正如李书航在回顾整个事件发展过程时指出的："只限于人们从没有见识过的媒体形态，传播形态，才能对人们造成'降维攻击'。"[①] 但"穹顶之下"视频具有较高的专业门槛，因此对该形式的复制难免流于拙劣或者片面的模仿。

2015 年 6 月，"人贩子一律枪毙、同意顶起"帖子在微信的霸屏标志了微信传播演变的又一个界标。从现象层面而言，"当人们逐渐适应了《穹顶之下》的叙事形态，这类片子能带给人们的影响也将会迅速下降。带有冲

---

① 李书航：《穹顶之下：新媒体掷出的新"魔弹"》，http://lishuhang.baijia.baidu.com/article/47733，访问日期：2016 年 12 月 7 日。

击性的新媒体，其冲击力的衰减现在已经变得越来越快了"。① 而本质上，系统本身的自运转存在一个固有缺陷，即由随机性热点事件带来的扰动动能是即时、碎片的，因此，微信等新媒体平台的喧闹特性实质上源自系统不断滋生新的扰动源以维持自身运转的需要。而这种越来越快的衰减还不仅表现为珍爱网恶意营销被扒皮后的负面作用：如果说"穹顶之下"还是深谙传统模式的新闻从业者对受众的诱导，那么"我在××，我坚持建议……我要做第×××个承诺者，不求点赞、只求扩散"则更是形式上的低级和愚蠢。

（三）罗一笑，你给我站住

在罗尔事件中，我们又看到了似曾相识的"至亲罹患重病"的悲情叙事以及一再重复的"扒皮—反转—争议"的连环剧情。"罗一笑，你给我站住"一帖从 2016 年 11 月 27 日起在朋友圈霸屏，当日阅读量突破 10 万，赞赏金达五万元上限，赞赏功能暂停；此后赞赏功能恢复不到两小时内，阅读量突破 100 万人次，赞赏金再次达到五万元上限；然而很快小铜人的恶意营销嫌疑与罗尔本人的私生活就取代了"亲情—同情"成为第二轮传播的中心议题。然而，正所谓"匹夫无罪，怀璧其罪"，利用朋友圈人际传播募款这一方式之所以成为问题，其症结在于慈善事业市场化需要调整制度设计以应对众筹等募款新形式，就这一复杂且专业的问题而言，在微信平台上打嘴仗除了获得五十步笑百步的心理优势（对应上文所述的认知敏感度的个体差异）之外并无任何实际意义。

撇开价值判断，仅从形式上对作为传播事件的这一案例加以抽象，可以得出"个人＋平台"的扰动机制。与前两次节点事件不同，这一扰动源客观上造成微信传播的商业价值与社交黏度的相关性浮出水面，成为与"穹顶之下"事件中的"热点—扒皮—反转—争议—退潮"过程一样为大众所知晓的套路。因此，罗尔事件的节点性意义在于，转发的漫不经心②与"榨取"公德心/同理心的毫不费力直观地反映了微信传播的结构性作用，即这一亢进性自运转系统以自身为目的对扰动源（碎片、随机、速衰的热点事件）的滋生和追逐产生出极大的涡流，而个体无论姿态如何都难免被

---

① 李书航：《穹顶之下：新媒体掷出的新"魔弹"》，http://lishuhang. baijia. baidu. com/article/ 47733，访问日期：2016 年 12 月 7 日。

② 很多人对小铜人 P2P 平台的角色并未深究，仅仅是带着"为什么不？"的心态转发。

卷入无意义的喧哗与骚动之中。

二 结构特征：去个人化的熟人社交 与自我中心的交往暴力

三次节点事件所标记的演变过程，实际反映了微信传播的三个共时性的结构特征。一是在受众群体对简单套路知晓的前提下，随机性热点事件扰动系统本身的自运转，而受众群体的内部差异——包括认知敏感度、媒介素养、情绪强烈度和具体意见立场等——是系统自运转不会趋向静止的内因。二是由于自运转系统的固有缺陷，即随机性热点事件的扰动动能是即时、碎片、速衰的，该系统倾向于不断滋生、追逐新的扰动源，此即亢进性的结构性根源。三是亢进性系统的自运转产生出极大的涡流，将差异、分化的个体卷入无意义的喧哗与骚动之中。

第一个特征与第三个特征之间存在着首尾相衔的逻辑关系，因此对微信传播结构性的反思内在地包含了传播主体性和受众主体性的问题。具体而言，如果从结构转向个体的分析角度，在媒体化的社交这一语境之下，个体既处于被亢进性自运转系统裹挟的境地，同时又是系统自运转的内因，那么漫不经心的个体用户在按下转发键时在想些什么？转发行为前后个体是怎样的心态，如何自我认知和评估，又在多大程度上承担主体责任？

作为具有强社交性的媒体，微信在使人们沉醉于虚拟社交的同时对其社交行为和相应观念进行了重塑：不由自主地信息复制和转发即表征了虚拟社交的媒介化甚至是人本身的媒介化。此外，作为一对多的个体展演舞台的朋友圈以及群组聊天等功能都强化了微信"集体社交的功能和小社群主义"。① 小社群主义反映了集体生活和文化在现实中的式微，但从微观的视角来看，它也揭示了个体通过让渡主体性，亦即媒介化，从而融入数字传播世界、获得虚拟归属感的这一心理机制，而这一心理机制又恰恰与微信传播之亢进性自运转系统的涡流裹挟效力存在相互契合、相互强化的关系。概言之，社交以及人的媒介化与小社群主义所反映的是同一个事实，即基于微信（半）熟人圈子的虚拟社交对于用户的去个人化作用。

与"去个人化"看似矛盾的另一个特征是微信传播主体的"自我中心"

---

① 蒋建国：《微信成瘾：社交幻化与自我迷失》，《南京社会科学》2014 年第 11 期。

倾向及行为模式：转发很明显是"我"主导决定的向某个或多个对象发出的即时性指令，而朋友圈则是自我展演以一对多方式进行的无特定指向的传播。在对微信成瘾者的分析中，蒋建国指出这种自我中心实际造成了交往暴力："'我'把握了交往主动权。话题并不重要，重要的是朋友要'冒泡'，要有人不断来'接茬'……'他者'的被动应对即便是心不在焉，也会因此付出大量时间和精力。"①

从以上的分析可知，微信传播主体的属性是复杂的、矛盾的：一方面自我中心的主体随时制造交往暴力，另一方面个体获得自我中心地位的前提却是要让渡主体性从而融入数字传播世界并进而被取消个体性（媒介化）。那么，集中了看似矛盾的两个方面于一身的到底是怎样的一个主体？从斯蒂格勒信息技术批判角度来看，所谓矛盾就很好理解了，因为技术本身就是悖论性的存在。在技术形塑人类记忆的过程中，"……随着各种类型的体外记忆装置的普及，包括电视、手机、电脑和全球定位系统，等等，所有的人都完全依赖于这些记忆装置的运转，而一旦离开了这些技术体系，没有人知道该如何行动和生活"。② 而具体到微信传播的语境之下，人对于媒介的依附或者换言之在社交媒介化的结构力量作用下，个体对主体性的让渡以及系统的去个人化作用是否已造成了媒介、人的融合，是否进而产生了某种"媒介—人"的全新主体，即所谓赛博格（Cyborg, Cybernetic Organism 生化电子人）？

相较于激进的赛博格理论，本文认为与其预设某种"本质属性"，不如采取动态的视角从行动的可能性和实际方式来了解相应的主体。对此，刘能在研究互联网与人类情感关系的基础上提出了三种模式：

（1）以个体为中心，使自己成为某个信息生产和发送过程的起点，通过信息扩散的结果（信息接收方接受或拒绝其影响，或由此生成关于信息发送者的某些即时评价）来建构自己的社会地位；

（2）个体以某个组织或群体为中心，通过对组织或群体所发送讯息的接纳并延伸到行为层次的引导和动员，建构起一个想象的共同体（认同感和归属感的生成）；

① 蒋建国：《微信成瘾：社交幻化与自我迷失》，《南京社会科学》2014 年第 11 期。
② 张一兵：《媒体对生活的操纵已经生成新型暴力》，《社会科学报》2016 年 5 月 19 日。

（3）以上两个社会过程的统一，也即个体作为互动沟通过程中的参与者，处于一个发布讯息和接受评价反馈的均衡过程之中，且前导互动的结果将改变或强化后续的互动特征。[①]

显然，这三种模式在上述微信传播的三次节点事件中都有所体现。然而，当"媒介—人"成为考察的对象，且研究又关涉到情感之时，对微信传播的思考就自然地溢出了媒介批判的范畴而过渡到更抽象也更复杂的主体性与人格问题。

三　情感省思：人格的双重风险

情感进入互联网空间特别是微信传播之后，至少引发了两个问题：第一，在虚拟场景中由微信等新中介所实现、激发的情感表现与交流具有哪些新的特征，它们所对应的又是一个怎样的（生成中的）新型主体？第二，上述三次节点事件以及更多事例能否说明某种虚拟"公共领域"的形成，换言之围绕雾霾、拐卖、慈善等公共议题的情感表现和交流在微信平台上的病毒式传播可否被视为大众的公共行为，或者至少呈现出了他们公共参与的意识？事实上，刘能所概括的主体性的自我（个体社会地位）和关系性的自我（共同体及归属感）的双向建构也暗合了这两个层次的问题。这一契合再次表明，只有在媒介批判的基础上超越媒介批判，才能深度剖析微信传播乱象所造成的困惑：漫不经心的个体用户在按下转发键时在想些什么？转发行为前后个体是怎样的心态，如何自我认知和评估，又在多大程度上承担主体责任？

（一）后人类处境与去人格自我

阿甘本在《裸性》（Nudities）一书中指出，作为纯粹生物数据的现代身份已经不再关涉社会人格或他人之认同。[②] 当我们为"谁在点赞、谁在转发？"这一问题所迷惑时，如果沿着阿甘本的逻辑深究就会发现微信传播中面目模糊、飘忽不定的"主体"，在其情感表现和交流中所呈现的已经是更

---

① 刘能：《移动互联网和人类情感：命题、视角、结论》，《探索与争鸣》2016年第11期。

② Giorgio Agamben, Nudities, trans. David Kishik and Sefan Pedatella, Stanford：Stanford University Press，2010.

为极端的去人格的虚拟身份。首先，无论实在抑或观念层面，真实都日益成为技术和想象的共同造物，然而虚实边界的模糊也在侵蚀着人性的物质基础——因肉身所在而被认为是真实的世界。其次，虚拟空间和数字技术（包括 VR，AR 等）动摇着隔绝实然与或然、一与多的时空局限；而同时我们亦迷恋乃至迷失于自己在社交网络中经营的"第二人格"。这两点共同指向了一个伦理困境：一方面，情感仍标记着边界消融与技术统御之下人性和人格的残留，另一方面互联网平台的情感表现与交流又是由非人性、去人格的虚拟主体所行使和承担的。

随着虚拟空间向现实生活的逐渐渗透——就像我们在《黑镜》中所看到的——这一伦理困境提示我们应当更为自觉、前瞻地思考某种已经初现端倪的后人类处境：个体的身份从具有结构既定性的社会面具和客观单一性的生物信息向流动、复数的数字 ID 转变，而情感的对象（无论反身的抑或交往的）正在从人变成虚拟数据，这意味着情感的表现和交流可能采取与人们的惯习相异的全新形式及方式，或者更根本地，情感将不再是人类的专利。具体就后者而言，无论是与媒介深度融合的赛博格主体"媒介—人"，还是或将习得情感的人工智能，在肉身和时空的限阈被逐渐压缩的过程之中，某种"去人格自我"的面貌虽然尚在人类想象力的边际之外，但除了这一对于未知的不安，更为切实的风险已经深埋于日常的细枝末节："如果人在走向后人类的过程中，必然依赖着技术的革新、牵涉资源分配问题的话，那么恐怕'人'在摆脱它天然携带的二元性、阶级性等之前，便先被更深地编入了一套充满压迫与权力的社会话语之中了。"[1]

（二）虚拟"公共领域"与自恋人格

上文所述微信传播的三次节点性事件均是以情感为核心展开的，不仅网络舆论的急速发酵源于早已累积的负面社会情绪，事件过程中的谩骂、指责和抱怨也是社会戾气以公共议题为出口的集中宣泄。近年来，此类事件频发，群情一点就着，似乎说明情感的亢进与浮夸已经成为一种普遍的社会精神症候。在讨论微信传播与公共领域、公共生活的关系之前，不妨先聚焦内在的精神症候：情感的亢进、浮夸究竟源于怎样的病理机制？互

---

[1] 赵柔柔：《"镜"中之人——〈黑镜〉中的反乌托邦叙事与后人类主义探析》，《文化研究》第 22 辑，社会科学文献出版社，2015，第 209 页。

为表里的戾气与精神症候何以在网络上发酵得尤为迅疾、猛烈？

　　围绕公共领域议题的社会心理分析与政治学讨论其实相去不远，就情感这一具体论域而言或许尤其适恰。与汉娜·阿伦特、尤根·哈贝马斯鼎立的理查德·桑内特就是从精神分析和社会心理的角度解读公共领域和公共生活的。上文提及微信传播主体自我中心的交往暴力与个体性的取消之间的矛盾除了源自技术本身的悖论性，其实也揭示了现代人精神分裂的新症候。桑内特在《公共人的衰落》中分析了儿童的游戏行为和心理，指出儿童对欲望满足的悬置以及对自我的疏离使不同的个体能够在一起玩耍，并且以游戏的延续为目的共同遵守并适宜地调整规则。他将其与成人文化的原则对比指出：

> 　　成年人投入大量的情感去揭示他们自己的动机，以及和他们发生交往的其他人的动机。在成年人看来，他们越是能够自由地去解释内在理性和真实情感，他们就越不用受到抽象规则的妨碍，也就越不用被迫以"陈词滥调"、"原型化的情感"或者其他传统的符号来表达自己。这种探寻的严重性的标志恰恰在于人们很难完成这种探寻；一旦完成之后，它给人们带来的往往不是欢乐，而是痛苦；它所造成的结果是人们从社会交往的表层退缩到一种"更深入"的生活中去，而这通常又使得人们不再能够和他人共处或者建立起友谊。统治这种成人文化的心理原则就是自恋。①

在这一语境下提出的"自恋"完全不同于伦理道德层面的自爱、自私，桑内特是在主体的人格和存在论意义上讨论这一概念的，他定义的"自恋"不是一种状态而是一种无餍足地探寻自我体验、无休止地确证自我的过程。换言之，并不是某个作为稳固核心的"自我"驱动着"自恋"，而是"自恋"的转轮在追逐着并不存在的"自我"——一个永远无法抵达的虚无的终点。

　　从这一角度再去思考人们在转发"我要做第×××个承诺者，不求点赞、只求扩散"这样拙劣的帖子时到底在想什么这一问题，答案就呼之欲出了：不假思索或漫不经心的转发表面上是出于义愤或公德，实则是为

---

① 〔美〕理查德·桑内特：《公共人的衰落》，李继宏译，上海译文出版社，2014，第430页。

"自恋"所驱使，因为对此类微信事件的情感投入尽管往往以群情为面具，而拼凑生成这一面具的细部和动力其实都来自每个转发者在自恋作用下的自我焦虑。有趣的是，桑内特的"自恋说"也很好地解释了微信传播公共事件的碎片与速朽在结构性因素（维持自运转而不断寻求和滋生扰动源）之外的心理动因：

> 在自恋人格类型的人看来，行动只有负面的价值，情感色彩才是至关重要的。同样地，关于他人的情感动机的疑问也贬低了他人的行动，因为重要的并非他们做了什么事情，而是人们对他们在做这些事情时的情感的幻想。现实因而变得"不合法"了，这造成的结果就是，由于用幻想出来的情感动机为标准来感知他人，人们和他人的实际关系变得冷漠或者单调。①

从针对病理机制的分析再回到对公共生活和公共领域的追问：亢进和浮夸的群情并不能简单等同于公共意见或公共参与。相反，"情感"在微信传播事件中的核心位置恰恰说明了公共性的萎缩与行动性的匮乏，因为当"自恋"作用于各种社会关系，它就逐渐吞噬了种种社会议题的抽象性非人格意义，使后者成为反射自我意识和亲密性情感的镜子；而一旦现实问题于反射自我无益，或者无法关联于亲密性情感，它们就不能引起人们的情感或者关注。以死亡为例，死亡本身具有无关个体、非人格的普遍意义，但"如果你告诉别人自己的亲人去世了，那么别人越是看到死亡所带给你的情感，这次死亡事件本身对他来讲就越真实。也就是说，人们不再认为每个人都具有相同的自然属性，而是认为每个人都有着各自独特的人格"。②显然，柴静雾霾调查中的第一人称母亲叙事、罗尔的悲情父亲形象以及人贩子一律死刑中的"我承诺"，包括所有相关的反转和舆论争议，都是人格化情感表述以及情感代入主导公共议题的典型表现。③

通过梳理人类城市生活的历史，桑内特追溯了自恋的社会、文化根源，他认为世俗主义和资本主义的共同作用"致使人们不再相信外在于自我的

---

① 〔美〕理查德·桑内特：《公共人的衰落》，李继宏译，第 444 页。
② 〔美〕理查德·桑内特：《公共人的衰落》，李继宏译，第 428 页。
③ 客观地说，微信传播的优势在于提升大众对公共议题的认知度和快速扩大影响，但微信传播目前主要采取"情感主导"模式，这在根本上是与公共生活、公共参与的精神相悖的。

经验。它们共同侵蚀了作为一种进取而自信的力量的自我，并使得自我的价值成为过度焦虑的对象。总而言之，它们共同侵蚀了公共生活"①；而同时，已经固定下来的社会结构、制度安排和文化观念又强化了亲密性的专制统治："因为社会生活的结构决定了，只有当在它的结构之中工作和行动的人们将社会场景视为自我的镜子，并且不再认为这些社会场景具备一种非人格的意义的时候，秩序、稳定和回报才会出现。"②

相较于阿伦特、哈贝马斯的理论，桑内特的精神分析对于考察微信传播中的情感作用与公共生活的关系具有更直接、切实的参考意义。他对城市空间、城市生活的历史分析又提示研究者在借用其观点作为分析工具的同时，应首先了解"公—私"这对概念在中西方语境下的根本差异；其次在考察具体的中国式公共生活时也应当注意现代化进程中的曲折演变与文化心理积淀等多重的复杂性。需要强调的是，在当下沿用桑内特的思路必然导向对桑内特思想的超越，即必须在互联网和数字技术的全新语境下重新解读"自恋""亲密性的专制统治"等观念，唯此也才能回应"戾气和精神症候何以在网络上发酵得尤为迅疾、猛烈？"这一问题。

桑内特的精神分析和历史梳理表明，在亲密惯习战胜社会交往的漫长历史过程中，社会经济和文化观念共同调动了自恋人格，"对人格事务的极大关注和投入与日俱增。于是自我的这种危险力量逐渐开始定义社会关系。它变成了一种社会规则。到了这个时候，非人格意义和非人格行动的公共领域开始萎缩"。③ 如今，人工智能、可穿戴设备、虚拟真实等在技术手段和观念习惯等层面上满足并产生"自我"的各种欲求，由于科技的加持和许诺，远景处的那个"自我"形象在不断壮大，对于以"自我"为追逐目标的自恋的调动和唤起也就比以往任何时代都更强大、更日常化，因而也更加难以拒绝甚至难以觉察；相应的，已经衰落的公共生活和公共领域也呈现出了新的特点：一是网络平台的崛起，二是城市生活的区域化和社区化。换言之，虚拟和现实空间均呈现出再部落化的趋势。

针对现代城市人的精神病症，桑内特给出了"自恋"这一诊断，试图叫停一列向着悬崖断壁急驰而去的火车。《公共人的衰落》成书于20世纪70年代，着重于城市文化与城市人心理的历史梳理，这一诊断并未涉及任

① 〔美〕理查德·桑内特：《公共人的衰落》，李继宏译，第455~456页。
② 〔美〕理查德·桑内特：《公共人的衰落》，李继宏译，第445~446页。
③ 〔美〕理查德·桑内特：《公共人的衰落》，李继宏译，第462页。

何有关互联网或数字技术的讨论，然而其重要价值在于它明确地指出：就现代人的公共生活和公共领域而言，实践层面的困难在于如何恢复在协商形成的动态规则基础上所展开的、无涉情感的非人格性社会交往，或者以更具象的方式表述——我们应当以怎样的态度对待邻人以及陌生人？而这一问题最终还是要回到如何构想一个非人格的主体和实践非人格性交往这一难题。桑内特之后，火车仍沿着原来的方向疾驰；当下微信传播的"小社群主义"与亢奋的"群情"中那个若隐若现的"自我"在时刻提示着：浮夸的喧嚣之下，技术助推的向外的探索正越来越紧迫地指回我们自身。

专题三

霍尔的文化理论

主持人语

周计武

　　在中国学术语境中讨论斯图亚特·霍尔已有近 20 年的历史。在中国知网中以"斯图亚特·霍尔"为主题搜索，相关的译介、研究论文和著作文献也已经有 791 条。作为英国"文化研究"的奠基人和重要理论家，霍尔的重要性已经被反复强调，其理论对于研究中国文化，尤其是当代文化也经常被认为具有"促进""借鉴"意义。从"文化研究"和"研究文化"两个角度来看，可查到的大部分研究都是对霍尔文化理论的梳理，但对于研究文化的意义而言，却缺乏较好的将霍尔文化理论与中国文化实践相接合的案例分析，原因何在？从"文化研究"的学术脉络来看，霍尔文化理论的"接合"（articulation）特点具有很强的跨学科性，不容易抽象成普适性的理论。换句话说，霍尔自身也无意进行"理论化"，其更多关注的是对文化现象进行语境化的分析，而非抽离于现象之上建构理论系统；从"研究文化"的角度来说，霍尔理论的高度语境性，使得对霍尔理论的应用很难抽离其语境而嫁接于中国语境中。对一个本无意"理论化"的理论进行"理论化""工具化"，造成了目前霍尔研究中的一个难点。

　　"编码/解码"理论作为霍尔理论中最具有可操作性的理论，成为霍尔理论中最容易被作为"方法"来操演的理论。但在操演的过程中，霍尔的"编码/解码"理论被固化成了方法论意义上的工具，原初的一个理论模型被不加辨析地直接作为已验证的工具模型固化于"编码/解码"文本之中，被化约为"三种模型"而获得了广泛采纳，并被认为是一种可以应用于文化现象的主导意识形态编码模式，从而完成了一次从"理论到工具"的发展过程。由此，"编码/解码"理论所具有的解构"意识形态"的功能被消解，其理论与语境的关系被抹除。在这个时候，重新回到"编码/解码"理论的文本，讨论媒介、权力及其意识形态之间复杂的共谋关系，重新激活霍尔理论的生命力，将之"再语境化"，或许对研究当下的中国文化具有一定的积极意义。

斯图亚特·霍尔对当代媒介文化的批判[*]

章 辉 汪 鹏[**]

摘要 霍尔明确地把意识形态视角引入媒介文化研究中，分析了当代媒介的社会功能和媒介操作所建基其上的基本概念，揭示了媒介与权力意识形态的隐秘的共谋。霍尔的有机知识分子的批判立场显示了文化研究的批判性、政治性和实践性。

关键词 意识形态 霸权 共识 越轨政治

Abstract Hall introduces a clear ideological perspective in the study of media culture, based on which he analyzes the social functions of contemporary media and the basic concepts that lay the foundation of media operation, and reveals the conspiracy between media and power ideology. Hall's critical standpoint as an organic intellectual shows the critical, political and practical nature of Cultural Studies.

Key words ideology; hegemony; consensus; deviant politics

伴随着现代大众媒介的兴起，传播学得以发展。相比哲学、文学、历史等其他人文学科，传播学的历史不算悠久。1977 年，英国学者詹姆斯·凯瑞（James Curran）在其主编的《大众传播与社会》中把传播学界以美国

---

[*] 本文为教育部人文社会科学基金项目"伯明翰学派与媒介文化研究"（09XJC751004）阶段性成果。

[**] 章辉，文学博士，三峡大学文学与传媒学院教授；汪鹏，三峡大学文学与传媒学院文艺学专业研究生。

为中心的注重经验实证的经验学派和以欧洲为中心的批判学派相互对照。批判学派的代表是法兰克福学派，以英国的默多克、加拿大的席勒等人为代表的传播政治经济学派和以斯图亚特·霍尔为代表的伯明翰学派。在霍尔看来，媒介文化领域是文化斗争的据点，他把意识形态视角引入媒介文化的研究中，推动了当代媒介研究从经验学派到批判模式的转变。霍尔分析了当代媒介运作的基本概念，并以具体案例剖析了当代英国媒介的意识形态表征问题。

一　文化是斗争的据点

从不同学科、不同视点出发，可呈现文化的不同面相，因而文化的定义历来纷纭复杂，歧义丛生。一般说来，文化要么是指经典的高雅文化，要么是指通俗的大众文化，或是指一个民族、国家和地区的人们的生活方式、共享价值等。霍尔强调"意义"在给文化下定义时的重要性，文化即参与者用大致相似的方法对他们周围所发生的事做出富有意义的解释。文化涉及实践活动的全部，它需要富有意义的解释，它要依赖意义才能有效地运作。在这个意义上，文化渗透到了整个社会。在霍尔看来，意义持续不断地在我们所参与的个人及社会的相互作用中生产出来，并得以流通。借助现代大众传媒，意义能够以历史上从未有过的规模和速度在不同文化之间循环起来。意义产生于我们的认同实践，它规范和组织着我们的行为和实践，它建立了社会生活秩序化和得以控制的各种规则、标准和惯例。即是说，文化意义不只"在头脑中"，它们也影响我们的行为，从而产生真实的、实际的后果。因此，意义也是那些想要控制和规范他人行为和观念的人试图建立和形成的东西。①

文化是意义的创造，语言是文化借以表达思想、观念和情感的媒介。迄今，关于语言与意义的关系共有三种理论，即反映论的：语言单纯反映已经存在于那里的关于物、人和事的某种意义；或者是意向性的：语言仅仅表达说者或作者想说的，表达他个人意向的意义；或者是构成主义的：意义是在语言中或通过语言被建构的。对文化研究产生影响的是最后一种理论。构成主义认为，通过思想媒介、概念和符号，不同种类的社会知识

---

① 〔英〕斯图亚特·霍尔编《表征》，徐亮、陆兴华译，商务印书馆，2003，第 3～4 页。

的产品得以产生，这一过程通过语言得以运作。语言是社会性的，个体只能把自己定位于语言系统之内思考和言说。言说和其他话语构成了符号系统，这套系统使得思想客观化和中介化：它们言说我们就如我们在其内言说，通过它们言说。要在这套系统内表达我们自身，我们必须习得统治言说和表达的规则和惯例以及不同的代码。也就是借助这套代码，我们的社会生活被分类。①

语言是具有特权的媒介，我们通过语言理解事物，生产和交流意义。同一个文化中的成员必须共享各种系列的概念、形象和观念，后者使他们能以大致相似的方法去思考、感受世界，进而解释世界。从这个角度看，文化是"共享的意义"。②社会生活、社会实践的每一方面都是以语言为中介的。语言的使用反映了资本主义社会的阶级结构，它依赖它所镶嵌其中的社会关系，依赖它自己被使用的社会的和物质的环境，依赖它的使用者社会性地组织起来的方式。同时，这套符号有其自身的内在规则、代码和惯例。符号是意义的物质载体，符号传播意义基于它们内在地组织起来的方式，在一套特殊的语言系统和代码系统中表达的那种方式，事物在客观化的世界中联系在一起的方式。霍尔说，"现实世界中的事件和联系并没有单一的自然的、必然的、没有疑问的意义，这种意义能够通过符号进入语言得以简单设计。同样的一套社会关系能够在不同的语言和文化系统中不同地组织起来以获得意义"。③

意义不在客体或人或事物中，也不在词语中。我们把意义确定得如此牢靠，以至于过不了多久，它们看上去似乎是自然的和必然的了。但实际上，意义是被构造、被生产的，它是意指实践，即一种生产意义、使事物具有意义的实践的产物。既然意义不是某个固定在那里的事物的本质性的构成，而是社会的文化的和语言惯例的结果，那么意义就永远不能最终固定下来。结构主义的表意问题，指的是现实世界中的一切事物都不包含或提出它们本身的、固有的、单一的和内在的意义，意义仅仅通过语言转换而产生。意义是一种社会生产、一种实践。由于意义不是被赋予而是生产

---

① 〔英〕斯图亚特·霍尔编《表征》，徐亮、陆兴华译，第15、25页。
② 〔英〕斯图亚特·霍尔编《表征》，徐亮、陆兴华译，第2页。
③ Stuart Hall, "Culture, the Media and the 'Ideological Effect'," in *Mass Communication and Society*, eds., James Curran, Michael Gurevitch, Janet Woollacott, London: Sage Publications, 1977, pp. 328 - 329.

出来的，因此这可能导致把多种意义归属于同一事件。统治阶级试图给意识形态符号披上一层超阶级的、永恒的色彩，试图消灭符号内部社会价值判断之间的斗争，或抹平符号之间的差异，使符号不再有轻重之分。但是，不同阶级不同立场的人都在通过解释获得意义，不同的人以不同的最有利于自身利益的语言解释对象，解释活动就变成了一个意义争夺的领域，这就是语言中的阶级斗争，符号成为阶级斗争的战场，"为了正当地生产某一意义，就必须使这个意义具有某种可信性、合法性或者使它看上去想当然就是那样。这样就要排斥、破坏不同的意义或使其不合法"。① 霍尔指出，应以动态的眼光看待文化，视之为一个历史过程，文化斗争有很多形式：吸收、歪曲、抵抗、协商、复原。意义生产的背后是权力与控制，符号的意义取决于它所运用的具体语境，此为"接合"（articulation）。② 霍尔说，"在实际现实中，每个还在活跃的意识形态符号都像贾纳斯一样，有两幅面孔。任何通用的骂人话都能变成表扬，任何通行的真理对许多人来说都必然是最大的谎言。只有到社会危机或革命性变革发生的时候，符号的这一内在辩证性才会充分展示出来"。③

建构这种而非那种解释要求具体选择特定的工具，并通过意义生产实践把各种要素结合在一起。但是，表意实践与其他现代劳动过程不同，其产品是一种不确实的物品。表意的特异之处在于，它把社会和符号要素结合在一起。"在意义建构的过程中，交换价值与使用价值依赖于信息所包含的符号价值。实践行为的符号特征虽然不是惟一的因素，但却是一种支配性因素。"④ 意义不再依赖于"事物如何成为"而是依赖于事物如何被表意，这样，同样的事物可以用不同的方式来表意。表意是一种实践，实践的含义，按照阿尔都塞的说法，是"一定的原材料转换为一定的产品的过程，这种转换受到一定的人类劳动、一定的（'生产'）工具的影响"。⑤ 表意就

---

① 〔英〕奥利弗·博伊德-巴雷特、克里斯·纽博尔德编《媒介研究的进路》，汪凯、刘晓红译，新华出版社，2004，第 435 页。
② 接合是霍尔的重要概念，限于篇幅和主题，此处不展开分析。参见章辉《文化马克思主义视域中的斯图亚特·霍尔》，《江海学刊》2014 年第 5 期。
③ 陆扬、王毅选编《大众文化研究》，上海三联书店，2001，第 52 页。
④ 〔英〕奥利弗·博伊德-巴雷特、克里斯·纽博尔德编《媒介研究的进路》，汪凯、刘晓红译，第 437 页。
⑤ 〔英〕奥利弗·博伊德-巴雷特、克里斯·纽博尔德编《媒介研究的进路》，汪凯、刘晓红译，第 438 页。

是意义的生产劳动，因此，"意义并不是由现实本身的结构所决定，而是以通过社会实践成功进行的表意劳动为条件"。① 语言能够赋予真实世界以多种指称，其多义性具有极大的价值。这样，一旦有人对意义有了疑问，它就一定会成为社会斗争的结果：一种争夺话语控制权的斗争，即哪种社会重音占据优势并赢得可信性，比如在黑人民权运动的话语中，black 这一词语从白人主流文化的贬义到"black is beautiful"的褒义的争夺就是一例。语言中的单个词语的意义是意识形态侵入语言体系的最重要领域，它通过语言的联想的、可变的、内涵的社会价值实现其目的。本国语言不可能不论阶级、社会经济地位、性别、教育和文化差异在所有说这种语言的人群中平等分配，语言的表现能力也不可能随意分配。语言中的社会斗争在相同的符号上展开，符号不可能以一定的方式永远地归属于斗争中的任何一方。霍尔反对马克思主义的文化是被动的、第二位的、反映性的观点，强调文化是社会中的积极的、主动的、建构性的角色。所谓大众文化，在霍尔看来就是"被压迫者的文化、被排除在外的阶级，这是'大众'这个概念把我们归入的领域"。② 霍尔认为，大众文化既非自上而下的霸权的宰制，也非人民自发的文化创造，而是各种力量交汇争夺的基地，文化这一斗争过程从来无法保证支持一边或另一边。文化既然是社会斗争的领地，是权力控制和人民抵抗的所在，分析和批判媒介文化中的意识形态控制就是文化研究的要务。

二　从经验学派到批判模式

在《意识形态与传播理论》这篇文章中，霍尔反思了传播理论中的主流范式即美国学派面临的困境。霍尔认为，美国学派把传播构造为一种自我封闭的、学科性的专业，这就助长了经验性的自治的某种错觉，忽视了这种范式中的知识与权力的关系，传播过程与更广泛的社会、经济、政治和文化结构等的现代传播系统所卷入其中的因素隔离开来。在霍尔看来，传播不是一个自我封闭的学科，在现代社会，对传播的理论思考必须在社会整体语境之中进行，他指出，"现代传播不能外在于社会结构和实践的领

---

① 〔英〕奥利弗·博伊德－巴雷特、克里斯·纽博尔德编《媒介研究的进路》，汪凯、刘晓红译，第438页。

② 陆扬、王毅选编《大众文化研究》，第56页。

域，因为它在不断地塑造着社会结构，它定义社会，构造政治，协调经济关系，主导着文化，在现代工业体系中变成了物质性力量"。① 而主流的传播范式没有把自己视为社会结构的积极参与者，它缺乏权力和文化构型理论，对传播与美国资本主义的关联缺乏思考，不能理解文化斗争和转化，而这些缺陷是在科学性（scientificity）的面具下出现的。

美国的传播研究采取的是纯粹技术性的分析方法，这种研究方法认为，媒介内容的生产诸如选择与排除，各种解释的编辑，把某种解释发展为一篇报道，采取一种特殊叙事类型以及将文字话语和视觉话语即电视话语结合起来制造某种意义，这些都是技术性的工作，都是为了把事件的本来意义或者广播公司的意图连贯地明白无误地传达给观众。但是，霍尔指出，从表意的观点看，这些都是社会实践的要素或基本形式，是建构特定解释的手段。对于大众传播来说，要思考的两个问题是，首先，统治性话语是如何保证自己合理的解释，并维持对不同的或竞争性的解释的限制、禁止或排斥的？其次，那些负责描述和解释各种事件的机构——在现代社会，最佳的机构就是大众媒介——是如何在处于统治地位的传播体系中成功地维持一种占据优势地位的或界限明确的意义范围的？这种赋予优先权的作用在现实中是如何实现的？② 霍尔认为，从美国的行为科学的社会学方法到批判范式（Critical Paradigm）的出现是20世纪传播研究的最显著变化，理论视角和政治观念上的巨大差异把二者区分开来，即从行为视角向意识形态视角的转变。③ 理论的这种转向用一个术语概括，套用麦克卢汉的话，就是"媒介即意识形态"。霍尔认为，"如果不去理解社会的、科技的、经济的、政治的这些社会中的表征体系的话——它们是如何体制性地组织的，它们如何联系于特殊的权力结构和位置，它们如何被权力的操作所剪接，传播研究就无法进行"。④ 霍尔的核心观点是，必须把意识形态维度引入传

① Stuart Hall, "Ideology and Communication Theory," in *Rethinking Communication*, eds., Brenda Dervin, Lawrence Grossberg, Barhara J. O'Keefe, and Ellen Wartella, London: Sage Publications, 1989, p. 43.
② 〔英〕奥利弗·博伊德-巴雷特、克里斯·纽博尔德编《媒介研究的进路》，汪凯、刘晓红译，第436页。
③ 〔英〕奥利弗·博伊德-巴雷特、克里斯·纽博尔德编《媒介研究的进路》，汪凯、刘晓红译，第434页。
④ Stuart Hall, "Ideology and Communication Theory," in *Rethinking Communication*, eds., Brenda Dervin, Lawrence Grossberg, Barhara J. O'Keefe, and Ellen Wartella, p. 45.

播研究之中，把传播媒介看作语言性的、符号性的、叙述性的话语，看作意识形态斗争和意义争夺的领域，看作不同阶级、不同群体、不同利益集团斗争的领地，因为传播不是自治的场域，而是牵涉到社会的、文化的、经济的、科技的、政治的领地之中。霍尔断言，媒介研究的意识形态转向是"一场深刻的理论革命"。"这个范式转变的核心就是首次发现意识形态、语言的社会意义和政治意义、符号与话语的政治立场。"① 重新发现媒介的被压抑的状态，即开掘媒介的意识形态内涵，是基于当代符号学的启示：媒介不是反映现实，而是构造了现实。

对于批判模式，霍尔特别指出了两个概念，即宰制（dominance）和霸权（hegemony）。霍尔声言，宰制并非意味着完全的收编，在一定程度上，它意味着对收编的翻转，宰制与从属的位置从来不是固定的。霸权这一概念来自葛兰西，葛兰西反对斗争存在于既定的集团之间的观点，问题不是一种位置抹去了另外一种位置，而是在危急关头各种力量的平衡关系。霍尔指出，与传统的意识形态理论不同，当我们把视点转向话语领域，就必须"讨论永远无法完成的文本，讨论非统一的、接合的作品以及常常充满冲突的话语体系，讨论转码（transcoding）的可能性和解码游戏的主导规则"。② 意义的游戏接合进入权力领地，批判模式试图应用葛兰西的意识形态领域是不稳定的平衡（unstable equilibria）思想，"批判模式必须去批判性地审视'明显地'存在着什么，是什么构造了其视为理所当然的东西"。③ 霍尔说，批判模式不是已经完成了的知识，而是一个行动，是对真正的有机知识分子、批判学者的召唤。

三　现代媒体及其运作

那么，在现代民主国家，大众媒介是如何隐秘地运作以与意识形态霸权达成共谋的呢？霍尔对西方国家媒介作为"意识形态国家机器"的身份

---

① 〔英〕奥利弗·博伊德－巴雷特、克里斯·纽博尔德编《媒介研究的进路》，汪凯、刘晓红译，第445页。

② Stuart Hall, "Ideology and Communication Theory," in *Rethinking Communication*, eds., Brenda Dervin, Lawrence Grossberg, Barhara J. O'Keefe, and Ellen Wartella, p. 51.

③ Stuart Hall, "Ideology and Communication Theory," in *Rethinking Communication*, eds., Brenda Dervin, Lawrence Grossberg, Barhara J. O'Keefe, and Ellen Wartella, p. 52.

做了深入分析。

现代大众媒体的形成以及大规模扩展和多元化，构成了文化生产和传播的主要方式和渠道。在 20 世纪的资本主义社会，媒体已经在文化领域建立了决定性的领导地位，逐渐殖民化了文化和意识形态领域。那么，媒体作为意识形态机器具有什么样的形态和功能呢？霍尔认为，"大众媒体负责：（1）提供根基，在其上，一个群体和阶级相对于另外的群体和阶级，构造了他们生活的形象、意义、实践和价值；（2）提供形象、表征和观念，围绕着这些，由所有分裂的碎片化的部分组成的社会总体，就能够紧密地联合为一个整体"。① 这是现代媒体的第一个伟大的文化功能，霍尔指出："通过社会知识和社会图像的供给和有选择性的构造，我们感知世界和其他人的活的现实，以及想象性地构造他们和我们的生活，以便结构其为某种可理解的'作为一个整体的世界'、某个'活的总体'。"② 现代资本主义社会和生产都变得越来越复杂和多面向（multi-faceted），因此在形式上被经验为多元，在地区上，阶级和亚阶级（sub-classes）、文化和亚文化、邻居和社区、利益集团和少数族，不同的生活方式在复杂地不断地结构和重构着，"现代媒体的第二个功能就是反射和反思这种多元性；提供词典、生活方式和意识形态的不断变化的清单"。③ 这样，社会知识被分类、分等级和秩序化，在问题丛生的社会现实的地图内，把事件安排到其意指性的语境之中。如哈洛兰（Halloran）所说，媒体功能就是提供以前没有存在过的社会现实，或提供当前存在着的新方向和趋势，通过这种方式，新的行为、态度或形式在社会中变得可接受，而行为改变的失败就被表征为社会性的偏离。④ 这样，媒体选择性流通的社会知识就被分等级，并被安排在常规、可评估的分类体系之中，受控于受偏爱的意义和解释。但霍尔指出，并没有单一的意识形态话语能够编排所有这些社会知识，既然有比单一的"统治阶级"多得多的"世界"必须在媒体之中以开放的和多样化的方式去予以

① Stuart Hall, "Culture, the Media and the 'Ideological Effect'," in *Mass Communication and Society*, eds., James Curran, Michael Gurevitch, Janet Woollacott, p. 340.

② Stuart Hall, "Culture, the Media and the 'Ideological Effect'," in *Mass Communication and Society*, eds., James Curran, Michael Gurevitch, Janet Woollacott, pp. 340 – 341.

③ Stuart Hall, "Culture, the Media and the 'Ideological Effect'," in *Mass Communication and Society*, eds., James Curran, Michael Gurevitch, Janet Woollacott, p. 341.

④ Stuart Hall, "Culture, the Media and the 'Ideological Effect'," in *Mass Communication and Society*, eds., James Curran, Michael Gurevitch, Janet Woollacott, p. 341.

表征和分类，那么，社会关系的分类方案及其语境，实际上就是巨大的意识形态运作（ideological labour）的据点：在每一个领域建立规则，积极地纳入和剔除特定的现实，提供标明我们的领地、处理有问题的事件、解释性语境的地图和代码，帮助我们不是简单地了解世界，而是给世界赋予意义。霍尔指出，在所有这些冲突、斗争之间，在允许和偏离的行为之间，在有意义和无意义之间，在被吸收的实践、价值和对抗之间，就是无止境地吸纳和再吸纳、保卫和协商的过程，媒体就成为斗争的据点和赌注（site and stake of struggle）。阶级，如巴赫金说的，并不与符号共同体（sign community）一致，也就是说，并不与一套用于意识形态交流符号的使用者整体相一致。这就是说，不同的阶级都在使用同一套意识形态符号，结果就是，不同的重音交互在每一个意识形态符号之中。这样，符号就成为阶级斗争的场所。在这个意义上，霍尔说，媒体的第三个功能，是"组织、协调和集合那些已被选择性地得到表征和选择性地得到分类了的东西"。① 这样，某种程度的整合和凝聚、某种想象性的统一就被构造了，葛兰西说的共识和赞同（consensus and consent）就出现了。

在社会中，我们分享一系列对于特殊符号、术语、形象和声音的理解，这种分享使得传播和交流成为可能，但是，它也强加了一种主导性的关于事物应如何存在的观点。社会生活的不同方面图绘为话语性领域，分层次地组织进主导或偏好的意义之中。霍尔指出，新的、有问题的或麻烦的、破坏了我们的期待的、与我们视为理所当然的社会结构的知识相反的事件，在它们获得意义之前，必须被编排进话语性领域。霍尔分析了媒体话语是如何被主导意识形态系统性地穿透和影响的。编码是把事件放置在一个意指性的语境之中，后者给予前者以意义。存在着不同的编码事件即给予意义的方式。那些有问题的或麻烦的事件破坏了我们的道德的常识期待，或者与事物的既定发展趋势相反，或者以某种方式威胁了现状，编码在此把事件嵌入意识形态所期待的解释之中。霍尔这里说的是现代资本主义民主社会中的情况，这里的意识形态不是单一的，而是多元的话语，其主导意识形态更为隐蔽。编码者在其可选择的范围内构造意义的场域，让它变成普遍的、自然化的，它们就显得是可理解的唯一的形式。通过意识形态面

① Stuart Hall, "Culture, the Media and the 'Ideological Effect'," in *Mass Communication and Society*, eds., James Curran, Michael Gurevitch, Janet Woollacott, p. 342.

具和理所当然的设定，维持其合理性的前提就变得自然而然而不可见了。操弄编码的人以一种再生产既定意识形态结构的方式强调它们，其过程甚至变成无意识的。这一过程经常为专业的意识形态干预所掩饰：那些实用技术性的（practical-technical）常规化实践，如新闻价值、新闻感觉、现场表现、令人兴奋的画面、好的故事、火爆的新闻等，在现象的层次结构了编码的日常实践，并把编码者置入专业的科技性（professional-technical）的中立之中。在这种情况下，他们远离了正在处理的材料的意识形态内容，以及他们正在运用的符码的意识形态腔调。这样，虽然事件不会被系统地以单一的方式编码，但它们将接近一种非常有限的意识形态的或解释性的文化语言，那种文化语言（repertoire）将以显著的倾向性在主导的意识形态领域之内给事物赋予意义。而且，既然编码者正在制造事件的意义的可信性和效果，他将会用整个文化语码如视觉的、口头的、外观的、表演的去赢得观众的赞同；不是为了他自己的有倾向性的解释事件的方式，而是为了他的范围或限制（range or limits）的合法性，而他的编码正是操作于这些范围或限制之内。这些认同之点（points of indentification）使得对于事件的偏爱阅读变得可信和有力：它们通过意识形态领域的重音保持了其偏爱；它们致力于赢得观众的赞同，按照符号的接受者解码某个信息的方式去结构信息。虽然霍尔在其他地方指出了观众接受依赖于其物质和社会环境，不会按照编码的意图去接受信息的意义，但是，"有效果的传播"一定要赢得观众的赞同，要求观众在霸权框架之内解码，去接受偏爱的阅读。在现代民主国家，媒介不是直接服务于阶级和政党的利益，因为媒介不是直接地由国家所拥有和组织，但阿尔都塞之所以把媒介称为意识形态国家机器，乃是因为媒介间接地与统治阶级的联盟相关。如阿尔都塞所言，媒介如其他的国家机器，只是在狭窄的意义上对于统治阶级的权力而言是相对自治的。概而言之，"媒介的趋势——是系统性的趋势，而非偶然的特征——以再生产一个社会的宰制性的结构的方式去再生产一个社会中的意识形态领地"。①

《媒介权力：双重盲点》这篇文章分析了广播机构（英语里的broadcaster 包括广播电台和电视台）在貌似中立的操作中如何适应霸权意识形态

---

① Stuart Hall, "Culture, the Media and the 'Ideological Effect'," in *Mass Communication and Society*, eds., James Curran, Michael Gurevitch, Janet Woollacott, p. 346.

的需要，揭穿媒介客观中立的神话。霍尔说，"我不相信电视的内在的倾向性——或左或右——能够以个体参与者得到解释。更为重要的是，有着非常不同类型和条件的个体被系统地限制在一套有限的解释框架中去处理多样的新闻和报道"。① 也就是说，作为在媒体领域工作的工作人员的个体性，是不大可能成为解释媒体的意识形态的根据的。在现代民主国家，媒介相对独立于权力和意识形态，其相对自治的特性是由政治制度保证的。广播机构具有形式上的独立于国家和政府的自治性，但即使在英国，广播的权威也来自国家，从根本上说，国家也是其负责的对象。

广播通过许多重要的干预性概念去适应权力意识形态，这些概念调节了广播与权力的关系。它们提供了合法机制，使得广播在没有违反整个霸权的情况下操练大规模的编辑尺度和日常的控制。同时，也要认识到，广播对霸权意识形态的适应不是完全地合并到一个单维度的系统中去。霍尔总结，协调广播与权力意识形态复合体的关系的核心概念是平衡、公正、客观、专业化和共识，他以英国广播的运作为例分析了这几个概念。

广播机构被要求在冲突的利益和观点之间保持平衡。霍尔分析，在议会体系中，在合法性的群众政党之间操作，政治平衡是必需的。但是，当事件中的群体外在于共识性的参与者时，平衡就变得棘手了，因为冲突威胁到政治合法性自身的领地，这个时候，工党和保守党的发言人将站在一起，共同反对其他的群体。此时，电视不再倾向于某一方的观点，但它确实偏向并再生产了某个政治性定义，而且排除、压制或中和了其他定义。通过在既定的结构内操弄平衡，电视心照不宣地维持了政治秩序的主导性规则。

公正指的是广播从内部协调冲突情势的方式。广播在各种冲突中扮演中间人和协调者的角色，它超越于各种冲突之上，似乎是站在它所报道和评论的真实的利益博弈之外，但霍尔指出："广播站在冲突之上的趋向尤其毒害了电视观众，他们被鼓励去认同主持人，这样他们把自己视为相对于派性和激烈的斗争而言是中立的心平气和的一派：在冲突的壮观面前做一个无关的观察者。"② 这样，观众变成了无是非、无价值偏爱、无伦理评价

---

① Stuart Hall, "Media Power: The Double Bind," *Journal of Communication*, vol. 24, No. 4, 1974, p. 23.

② Stuart Hall, "Media Power: The Double Bind," *Journal of Communication*, vol. 24, No. 4, 1974, p. 25.

的冷漠的旁观者。电视的"公正"毒害了观众的政治伦理观。

广播被要求在目击者之间保持公正，也被要求在事实面前保持客观。客观性要求电视影像是纯粹的对现实的模仿，在现实面前维持一个摄像机式的中立，但这是一个幻觉、一个乌托邦，因为电视不可能抓住任何一个事件的整体，记录现实的影像都是有所选择的，所有的编辑过的、处理了的符号性现实都充满了价值取向、观点和某种常识性的假设。选择以影像表达事件的这一方面而不是那一方面，是因为这一方面显示了某种特别的、超出常规的预期之外的品格，这种选择不是基于现实材料本身中的某种东西，而是从属于某种标准。这种标准来自日常生活中的现存知识储备，人们心照不宣地应用其于对社会场景的认知和解码中以获得意义。这一知识储备并非中立的结构，它依赖于先前积淀的社会意义。"现实"的幻象的构造依赖于意义的这种语境，以及这种认知和解释的背景。

所有专业人员产生他们自己的意识形态和常规。广播中的专业化似乎提供了防护性的屏障，使广播隔绝于相互斗争的势力，但这经常是一种专业性的逃避。通过把问题转换为技术性的术语，使自己主要对节目制作中的技术性方面负责，节目的生产者使自己超脱于他所表现的问题之上。他关心的是辨识"好电视"中的元素：以专业的精加工剪辑和编辑；在摄影棚里或节目元素之间的通畅的转换；充满了偶然性和戏剧性的画面。对于专业人员来说，新闻价值最为重要，媒体记者"只要一嗅，就知道它是好新闻"，但是很少有人能够解释在这种观点之中融入了什么样的标准。新闻价值是人造的，偏向于赞同特定的价值体系。这一体系具有很高的适用性，它使得编辑在工作日程紧迫的重压之下，不顾基本原则去完成其工作。"这种积淀性的社会知识是中立的——只是一套技术性的规章——这一观念是一个幻象。"①

共识即一个社会中广泛流行的价值观和信仰的"最低公分母"，它提供了共同生活中基本的持久的赞同基础。在形式民主中，把社会秩序聚合在一起的东西由那些关于基本问题的心照不宣的共识所组成，它们嵌入一般意识形态的层面，而不是正式地书写在规章制度和文献之中。在现代复杂的官僚等级社会，共识扮演了理想的民主理论中的公共舆论（public opinion）的角色。在实践中，因为大多数人很少有真正的、常规的通达决

---

① Stuart Hall, "Media Power: The Double Bind," *Journal of Communication*, vol. 24, No. 4, 1974, p. 30.

议和信息的渠道，一般意识形态通常成为主导意识形态的反映，它弥散性地运行在社会层面，保证了广播人员的日常工作。一般意识形态给广播人员提供了"普通人关于某件事情会如何思考如何感受的"参考，广播人员对公共舆论的"进展状况"的感觉给他提供了工作的基础。

共识是一个流动的含混结构。在实践中，政府和控制性机构在形式上对人民、选举、公众意见负责，因此，他们被迫把共识视为赢得赞同其行为和政策、他们的原则和观点的领地。精英阶层具有强大的优势去赢得赞同，"首先是因为他们在具体事务中扮演着主导性的角色；其次是因为他们提供了支持他们偏爱的解释材料和信息；最后是因为他们能够依靠公众知识和情感的无序状态，借助惰性，去获得一种心照不宣的赞同以便让事情的存在状况继续下去"。① 这样，意见形成和态度具体化的过程，就是"我们可以接受在结构上具有主导性"（structured in dominance）的过程。

在《意识形态的再发现》里，霍尔分析了现代媒介在生产统治阶级的"共识"的过程中的作用。资本主义社会的统治阶级的领导权和权威的合法性来自他们对普通大众的意见——人民的最高意志负责。在选举中，他们被要求使自己定期地服从大多数人的意志或共识。因此，权力集团被允许合法地继续统治的手段之一就是他们的利益能够与大多数人的共同利益结盟或等价。一旦这种等价系统得以建立，少数人的利益和大多数人的意志就可以调和，他们在意见上就取得了一致。共识是调解者，权力与认可通过它实现了结盟。认可即葛兰西说的赞同，即对被统治者进行规训、教育和辅导，媒介在这一过程中发挥了重要作用。在现代民主国家，为了在日常运作中表现得公正与独立，媒介不能被发现受到权力集团的指使或有意歪曲现实以便与统治集团的要求相一致，但是，"媒介必须保持对'所有人同意'——意见一致的边界或框架的敏感，因为它只有在这个边界或框架内运作才能合法地生存下去。但是媒介在使自己适应'意见一致'的同时，还努力发展意见一致，并以一种生成方式对它加以改造。媒介成为'生产认可'的辩证过程的最基本部分，它们在反映意见一致的同时还塑造它——把它们定位在国家中的居统治地位的社会利益集团的势力范围内"。② 霍尔指

① Stuart Hall, "Media Power: The Double Bind," *Journal of Communication*, vol. 24, No. 4, 1974, p. 31.
② 〔英〕奥利弗·博伊德-巴雷特、克里斯·纽博尔德编《媒介研究的进路》，汪凯、刘晓红译，第443~444页。

出，媒介的"公正"需要国家的调节，如果以一套方法把特殊利益变成普遍利益，并且获得"全国人"的认可，打上合法性的印记，特殊利益就以这种方式成为"共同利益"，而共同利益则占据了支配地位。在这个意义上，媒介被视为"意识形态国家机器"。这样，广播公司在不知不觉中支持着居统治地位的意识形态话语的再生产。

广播在现代社会占据着重要位置，因为媒介机构是公众意见得以具体化的知识来源，是主导阶级和观众之间的主要中介。同时，随着社会道德政治共识（moral-politics consensus）中裂缝的扩大，共识不再给广播提供内置的意识形态方向盘。统治精英为维护其偏爱的解释，可能直接垄断共识形成的渠道，迫使媒介再生产有利于其霸权的赞同结构。这时，媒介自身变成了社会和阶级在意识形态层面发生冲突的据点。在霍尔看来，意识形态并非对应于既定的阶级，也并非为经济过程所决定，意识形态本身就是各个阶级合纵连横的斗争领地。

四 媒介表征的意识形态分析

霍尔关于媒体的著作主题众多，但都关系到一些基本的理论问题，如资本主义社会中媒体的角色是什么？媒体与国家和权力的关系如何？媒体的意识形态表达是如何影响到受众接受的？除了对资本主义社会中媒体的表征予以理论分析外，霍尔还以具体事件为例分析了媒体中的意识形态操作。《越轨、政治和媒体》一文对媒体表征中越轨政治的意识形态进行了案例分析。一般来说，那些不能通过选举程序来表达，不利于维持政党组织的、不被程序规则控制的政治行为，都可定义为越轨政治（deviant politics）。越轨政治源于民主政党政治的缺陷。选举程序、国会代表、组织性的代表大多数人的政治活动，这一民主政治的多数人模式无法与现代国家形象相协调，志愿组织、私人社团的复杂网络、压力和利益集团等系统地改变了政治过程的多数人模式，越轨政治成为现代民主政治的重要环节。

霍尔关心的问题是，这些新近出现的政治对抗运动是如何被定义和标签的？构造有关社会和政治生活中的麻烦事件的知识，必须通过语言这一中介去完成。对有问题的社会领域的新定义，既需要解释也需要合法化。如伯格和卢克曼所言，"通过把认知的有效性归因于其客观化的意义，合法化'解释'了体制性的秩序……合法化不仅告诉个体为什么他要采取某个行动而非另外一个，它也告诉他事物为什么是它们所呈现的样子"。① 大众媒体不可能把意义和信息刻印给我们，好像我们的心灵是一块白板，但它们确实具有阐释性的合法力量去塑造和定义社会现实，特别是面对那些不熟悉的、有问题的及有威胁性的事件的时候。

在越轨政治领域，早期提供常识性定义的主要是三种人：职业政治家，他们是政治领域合法性的守门人；面对面实施控制的代理人；大众媒体。霍尔指出，"每一类代理人在定义政治现实的时候对于政治性越轨现象具有不同的观点，但是，如同宰制性社会结构中的所有其他元素，这些观点在面对公开挑战的时候，具有强烈的走向联合的意向"。② 霍尔分析了英国媒体对当代英国两起学生暴动的报道，发现媒体运用得最多的是少数人/多数人模式，即把暴动的学生定位为少数人，把这些少数人与多数学生区别开。这一模式是"强有力的标签策略，它具有认知的力量，有效地把学生分成两群；它具有价值评判的力量，因为它把赢得好感的群体标示为'大多数'，把这一类别以神圣的象征手法转换到议会民主中的大多数；它具有水晶般的透明的价值，把学生中的激进主义的复杂群体和最初的构成分割为简单的类型化单元，一举解决了其含混性"。③ 这样，少数人变成了极端分子，在时间之流中增加了其他的定性：他们是歹徒、小集团、破坏者、鼓动性的青少年、政治阴谋集团、青少年流氓、神经错乱者、暴徒等。在这种描述中，学生被两级化为少数派极端分子和大多数判断失误的受骗者，后者合法的改革愿望和学习的意图被少数别有用心的人破坏和剥夺。它还暗示，如果那一小撮鼓动者能够被隔离，秩序将会恢复。少数人/多数人模式试图在温和派和秩序的代理人之间建立联盟，试图赢得"大多数受骗者"与权威的积极合作。霍尔指出，一方面，这一模式把少数人类型化为激进的极端分子，把大多数人视为理性的、其良好愿望被利用被剥夺的人；另一方面，这种模式把大众类型化为冷漠的、混杂的、没有卷入其中的群体，是一个危险的但没有实质意义的闹剧的旁观者。"这一分化、孤立的过程和

---

① Stuart Hall, "Deviance, Politics and the Media," in *Deviance and Social Control*, eds., Paul Rock and Mary Mcintosh, London: Tavistock Publications Limited, 1974, p. 276.

② Stuart Hall, "Deviance, Politics and the Media," in *Deviance and Social Control*, eds., Paul Rock and Mary Mcintosh, p. 278.

③ Stuart Hall, "Deviance, Politics and the Media," in *Deviance and Social Control*, eds., Paul Rock and Mary Mcintosh, p. 283.

设计是大众社会中的精英权力的精确的修辞形式，它是古代'分而治之'原则的新的符号化版本。"①

媒体对越轨政治的表征是意识形态获得认同的过程。霍尔指出，"意识形态只有在这种情况下才能生存：它们能够改变、转换和增强其自身，以便在既存的心理环境中，考虑、合并新的事件和社会冲突的发展"。② 换言之，意识形态图绘了有问题的社会现实。虽然为了它们所代表的阶级利益和其中结构性元素的合法性，意识形态在某个层面上是稳定、一致的，而在另外某个层面，它们则需要不断地再生产、强化，以便覆盖（cover）那些未曾得到解释的东西。③ 意识形态话语在深层，其结构是坚固的；而在表层，则是相对开放的，其形式具有灵活性和易变性。如霍尔所言："社会关系的结构建立、维持和保护存在着的一定的意义系统，产生了围绕它们的稳定的、被视为理所当然的世界。社会关系的结构允许一定的意识形态集合保持其权力用旧的和合法化的术语具体说明新的和有问题的事件，并排除其他的可选择的意义。"④

阿尔都塞和波兰扎斯（Poulantzas）都主张，社会主导阶级不仅通过国家的压制性机构，也通过整个阶级权力的上层建筑如政党、工会、报纸、学校、教堂、家庭等维持其统治和合法性。他们都认为，上层建筑的不同层次维持相对自治直到"最后的时刻"（last instance），即经济基础是在最终的意义上决定上层建筑。虽然国家权力对意识形态机构强加限制，但在民主国家中，意识形态机器的权力并不直接依靠国家权力的阶级本质。这样，在民主社会中，存在着两三个相互冲突和对抗的意识形态：主导价值体系、臣属（subordinate）价值体系和激进价值体系。阿尔都塞的理论具体说明了意识形态的运作，即借助意识形态国家机器的设置，意识形态实现了自身并变成具有统治性的，它实现于各种机构及其仪式和实践中。但是，阿尔都塞指出，意识形态霸权的获得是一个痛苦的、持续的阶级之间的博

---

① Stuart Hall, "Deviance, Politics and the Media," in *Deviance and Social Control*, eds. , Paul Rock and Mary Mcintosh, p. 285.

② Stuart Hall, "Deviance, Politics and the Media," in *Deviance and Social Control*, eds. , Paul Rock and Mary Mcintosh, p. 291.

③ Stuart Hall, "Deviance, Politics and the Media," in *Deviance and Social Control*, eds. , Paul Rock and Mary Mcintosh, p. 291.

④ Stuart Hall, "Deviance, Politics and the Media," in *Deviance and Social Control*, eds. , Paul Rock and Mary Mcintosh, pp. 292 – 293.

弈。它首先反对此前的统治阶级和他们在旧的和新的意识形态国家机器之中的立场，然后反对被剥削阶级。因此，意识形态国家机器中的斗争是阶级斗争的一个方面，而且是一个重要的和症候性的方面。这样，"在任何特殊历史性的关键时刻，我们需要考察这些意指机构所担当的特殊角色和工作；承认它们在其势力范围内为了霸权在相互冲突的定义中去争夺，同时意识到，它们的形式、内容和方向不能从某种抽象的'主导意识形态'之中推导出来，不能说，主导意识形态以一种无冲突的实现过程，以一种无疑问的方式从一端到另一端渗透在社会形式的所有复杂层面"。① 这就要澄清主导性的意识形态模式是如何起源的，媒体、政治机器、司法和其他实施面对面控制的机关在制定那些定义时扮演了什么样的角色，在"有问题的社会现实的地图"的绘制之中，市民和国家结构的不同层面是如何分离的。

激进的政治运动是现代社会中新出现的政治冲突。事件本身是真实的，但只有被文化性地意指和定义的时候，它们才呈现在社会意识层面。我们的分析就是要去发现提供这些定义的思想、价值观和态度，要去揭露在意识和无意识层面，事件被分组、被分类、被分等级和秩序化以便使它们获得意义的方式，这些价值和意义的框架就是社会生活的"推理性的常规化的结构"（inferential normative structure），它们被广泛地分享，虽然具有不同生活地位的人不会以同一种方式去理解。这些意义地图通过把具体事件放置在普通的意义世界，从而把缘由、秩序和一致给予这些事件。这些结构试图定义和限制可能的意义范围，新的意义被构造着去解释新出现的和不熟悉的事件。常规结构是历史性地构造的，作为社会知识已经被客观化为"每个人都知道"的东西。它们历经世代，已被日常化、程序化地积淀下来，可能以简短的形式去构造新的定义和标签，它们是变化着的结构，必须不断地修正以"吸纳"新的事件。它们从来不是稳定的，而是包含某种使用逻辑（logic-in-use），这一逻辑产生解释的规则。这种常规的定义包含强烈的预设，它将以特定的方式"看"事件：它们倾向于吸纳或剔除一定种类的附加的推断。

常规结构被权力和宰制所构造，主导群体的常规的特定解释倾向于行

---

① Stuart Hall, "Deviance, Politics and the Media," in *Deviance and Social Control*, eds., Paul Rock and Mary Mcintosh, p.296.

使更多的权力，去覆盖更大的论题，提供更多的涵盖范围广泛的规则，社会群体的冲突常常有赖于常规性定义的斡旋。在日常的理解层面，常识世界以老套的把复杂的社会过程简单化和透明化的方式对世界予以分类。在这一层次，它们以非常规的模式、特定的解释、谚语、格言、秘诀、简短的社会神话、形象和戏剧性情节等方式浮现出来。"在作为整体的社会生活的这一层次，它们以充分发展的意识形态、象征性的世界、神圣华盖的世俗版本的形式浮现出来。"①

媒体中的隐蔽的意识形态在其对政治越轨者和院外集团的反对中体现出来。霍尔指出，非正式的罢工者常常面临威胁"民族利益"的指控，爱尔兰的民权激进分子需要新教徒和天主教徒"联合起来"去对付。在处理冲突的时候，媒体的预设与官方关于现状的意识形态相一致。媒体角色的问题，不是"媒体导致了暴力吗？"也不是"政治该交给广播来处理吗？"而是媒介能够帮助我们理解这些真实世界中的真实事件吗？媒介是澄清了它们还是迷惑了我们？②

在《白人的眼睛：种族主义与媒体》这篇文章中，霍尔试图解决两个相关的问题。第一，媒体定义和构造种族问题以再生产种族主义意识形态的方式。第二，当左派试图干预媒体对种族的构造以便破坏、解构和质疑那些媒体实践建基其上的未经质疑的种族主义假设时所面临的极其困难的策略问题。

在英国文化中，种族主义具有漫长的历史，它根植于欧洲白种人对殖民地以及周边国家的殖民征服和经济剥削的历史过程。种族主义常识弥漫在英国社会，媒体运作于这种常识之中，把它们视为基准而不加以质疑。媒体构造了种族的定义以及种族形象负载着的意义，它是种族主义思想讲述、操作、改变和制造的场所，并以种族主义框架去分类世界。霍尔把种族主义分为公开的种族主义（overt Racism）和推论性的种族主义（inferential Racism）。前者指的是公开的种族主义观点或拥护种族主义政策或观点的行为；推论性的种族主义则是作为一套未经质疑的预设，表征在中立性立场中的种族主义前提和假设。经过媒体的传播，种族主义变得"可以接受"，这样用不了多久，它就变成"真实的"，如同常识，可以公开谈论。

---

① Stuart Hall, "Deviance, Politics and the Media," in *Deviance and Social Control*, eds., Paul Rock and Mary Mcintosh, p. 300.

② Stuart Hall, "A World at One With Itself," *New Society*, 18 June 1970, p. 15.

推论性的种族主义传播得更加广泛，其存在也更为隐蔽。

霍尔分析了媒体中的许多案例，揭露了媒体与种族主义的共谋。比如在警察骚扰和挑衅黑人的案例中，媒体倾向于假定正确的一方是法律，并运用"骚乱"和"种族战争"这样的语言，这就简单地重复了既存的类型化和偏见。媒体以系统的种族主义方式操作着，这不是因为它们为活跃的种族主义者所经营。如果是那样的话，通过置换人员就可以改变资本主义政府的本质。在资本主义社会，媒体和政府从属于同一套结构和实践，这种实践是不能归于经营它们的个人的。规定媒体如何运作的是一套复杂的、经常是冲突性的社会关系，而不是其成员的个人倾向。但是，改变种族主义术语，质疑其假设和出发点，打破其逻辑，是一个非常漫长的过程。霍尔想出的策略之一，是制作一辑关于媒体和种族主义的节目，在媒体上反对媒体。霍尔提出，电视节目的目标观众不应该是种族主义者，而应该是自由主义共识（liberal consensus），后者才是"推论性种族主义"的关键，就是它给予活跃的种族主义以存在的空间。霍尔应邀在BBC做了多期节目分析和反对种族主义。

结　语

媒介是信息的生产者，是符号的发送者，媒介给社会现实投射了特殊的光彩。霍尔认为，意义是多元的，但意识形态要否定意义的多元性。葛兰西关于霸权是各种关系的结构的场地，其中各种力量关系构造了"不稳定的平衡"的观点对霍尔影响极大。霸权因此从来不是不可逆转的，不是意义明确的，它常常卷入日常的反对、抗议、校正之中。霍尔吸收了马克斯·韦伯、巴赫金、巴托、涂尔干等人的理论，重新阐释马克思主义，以新的意识形态概念切入媒介研究。他要考察意识形态是如何发生作用的，是如何与其他的社会实践相关的。借助语言和权力斗争理论，媒介中的意识形态争夺和阶级斗争被揭示出来。这样，"文化研究从早期文化主义的文化和社会传统转移到文化与意识形态传统，一种传播文化研究被缝合到一种意识形态文化研究之中"。①

---

① 〔美〕托比·米勒编《文化研究指南》，王晓路、史冬冬译，南京大学出版社，2009，第158页。

在民主国家，基于法制和政治结构，媒介是相对独立的，表面上遵循民主规则，其意识形态操控是相对隐蔽的，这就使得对媒介中的意识形态分析更为困难。霍尔通过一系列概念，揭示了当代民主资本主义国家中媒介与权力的隐秘关系，并具体分析了媒介对社会事件的表征政治，认为在具体操作中，媒介借助一系列技术、话语、概念和程序，达成了与权力的共谋。霍尔认为，文化是权力斗争的领地，社会各种势力和权力集团在媒介文化中借助语言表征施展拳脚、争夺利益，资本主义社会中的看似客观中立的媒介背后是权力意识形态的渗透和控制，这些表现为媒介建基其上的一系列范畴和概念的提出和运作，在具体的媒介报道案例中，也呈现着权力意识形态操演的印记。霍尔的分析对于当代世界任何政治形态中的媒介的分析都具有深刻的启发意义，这是走向民主的现代政治的重要步骤，是作为批判性的有机知识分子的伟大使命，也是文化研究思潮的最可贵的伦理品格，值得中国学界借鉴。约翰·菲斯克曾经指出，在美国这样的后结构主义国家，权力分布是沿着多重轴线即阶级、性别、种族、年龄等展开的。相对来说，霍尔的分析是概括性的，他没有仔细分析权力意识形态在这些层面的操作。值得注意和深思的是，霍尔考察的是民主国家中的媒介与宰制性意识形态的关联。在非民主国家中，媒介本身为国家和权力集团所控制，意识形态的表现是赤裸裸的。其欺骗性、控制性的本质昭然若揭，似乎"无须"霍尔这样的慎思明辨式的分析。但是，权力的分布是多重的，意识形态斗争也是沿着多重轴线展开的。除了主导性的阶级意识形态外，媒体中性别、宗教、年龄、代际、市场等意识形态纵横交错。这些意识形态是如何依赖于显性的或惯性的权力、话语、概念、日常意识运作的，需要具体地分析。

既然意识形态深入日常实践和意识，作为一个文化研究者，一个媒介批评家，如何祛除自身的意识形态立场去切近媒介呢？如何在这种切近之中获得批判性意识从而趋近真理呢？霍尔认为，存在着两种方法，一是理论视点。霍尔并不认为理论能够完全外在于意识形态，完全是科学性的。很明显，理论提供了更为一致的立场，它更为自觉地构造其概念和范畴，它对建立在其分析之中的预设更为明确。因此，在面对故事和图像的冲击时，理论试图采取一个更为严密的、更具有自我反思性的立场。二是大多数批评家采用的，即从另一个意识形态视角观看某个事件或某个观点。意识形态视角经常互相重叠，但另外的意识形态立场使你可以看出一种叙述的独特结构及其局限。这一过程开始于意识到独特的叙述形式之中的沉默（silences），它不是一种意识形态所言说的，而是被其视为理所当然的，是被意识形态系统地删除的东西。① 对于文化研究的反身性和自明性，霍尔的这番话极具启发性。我们只能在不断的理论自觉中获得自我意识，以去除意识形态的蔽障，或采取另外一种意识形态立场即他者视角来审视当前意识形态的结构和局限。比如，从自由主义立场看视新左派，或从解构主义立场看视马克思主义等。在我看来，除了理论和意识形态（任何理论都具有意识形态性）之外，社会经验也是反对意识形态控制的据点，如威廉斯说的情感结构。如果只能从一种意识形态转移到另一种意识形态，那么人类就没有解放的希望，而反抗意识形态奴役的据点之一就是个人的社会体验。虽然在某些情况下，个体的经验和情感也是被塑造的。在文明进程中，自由是一个过程，我们只能借助经验反思、理论自觉和意识形态批判走向自由之路。

---

① Stuart Hall, "The Narrative Construction of Reality, An Interview," *Southern Review*, Vol. 17, No. 1, 1984, p. 11.

由"编码/解码"走向"表征"

——重读斯图亚特·霍尔的《编码/解码》*

肖　爽**

摘要　20 世纪 80 年代，斯图亚特·霍尔的文化研究范式发生转变，"编码/解码"理论也随之淡出文化研究领域。通过对初稿 *Encoding and decoding in the television discourse*（1973）与终稿 *Encoding/Decoding*（1980）文本的对比分析，我们可以清晰地看到霍尔在 1973 ~ 1980 年，通过对列维 - 斯特劳斯、早期符号学和语言学的重新启用，以及对葛兰西的再发现，扬弃了"编码/解码"理论。他不仅由此发展出了自己的"接合理论"，为当时"文化主义"与"结构主义"僵持不下的局面找到了一条新的路径，而且，也通过话语理论关注了福柯，成为他后期"表征理论"的重要源泉。完善后的"编码/解码"理论，更多局限于传播学，而霍尔借此萌发出的"表征理论"，成为他日后文化研究的重要视角。

关键词　斯图亚特·霍尔　编码/解码　表征理论　接合理论

Abstract　In 1980s, there was a paradigm shift of Stuart Hall's cultural research, and the "Encoding/Decoding" theory also faded out in the area of cultural studies. By comparing the initial edition of *Encoding and decoding in the television discourse*（1973）with the final edition of *Encoding/Decoding*

---

*　本文为国家哲学社会科学研究基金重大项目"20 世纪西方文论中的中国问题研究"（16ZDA194）和国家哲学社会科学研究基金重点项目"欧美左翼文论中的中国问题研究"（15AZW001）之阶段性成果。

**　肖爽，上海大学文学院文艺学专业 2015 级硕士研究生。

（1980），we can see clearly that from 1973 to 1980，by reusing the theory of Levi-Strauss，early semiotics and linguistics and Gramsci，Hall revised the "Encoding/Decoding" theory. He not only developed his own theory of Representation，pointed out a new solution for the stalemate between "culturalism" and "structuralism"，but also focused on his Foucault by referring to the discourse theory which became an important source of his Representation theory later. The refined "Encoding/Decoding" theory was mainly confined to the field of Communication Studiest，whereas the "Representation" theory became an important perspective of Hall's cultural studies.

Key words　Stuart Hall；encoding/decoding；representation；articulation

曾被誉为"当代文化研究之父"的斯图亚特·霍尔在 20 世纪 70 年代曾率领伯明翰大学当代文化研究中心在文化研究领域做出了丰功伟绩，其"编码/解码"理论更是在文化研究和传播学领域产生了巨大影响。然而，20 世纪 80 年代以后，霍尔却转向了"表征理论"，"编码/解码"理论也淡出了文化研究领域。本文基于对其初稿 *Encoding and decoding in the television discourse*（1973）和其整理出版稿 *Encoding/Decoding*（1980）（以下简称"73 版"和"80 版"）的文本对比，找寻其思想转向的脉络与原因。

一　结构"实践"：列维－斯特劳斯的再发现

80 版的《编码/解码》中，霍尔反复强调了"实践"的观点。"实践"是文化研究中的一个核心词语，最早由威廉斯和汤普森等霍尔所称的"文化主义"者们经由"文化"的概念阐发出来的。针对法兰克福学派倡导的精英文化，汤普森在《文化素养的用途》一书中用"实践批评"精神阐释了工人阶级文化。威廉斯则倡导要抛弃文化的两极区分，强调文化的传统性、一贯性，正是这些因素决定了"经验"，而经验的运用产生了各种实践。因此威廉斯强调实践具有总体性，而不是特殊性，通过对各种实践及其相互作用的分析，就能够理解在一个特定的时代这些经验和文化是怎样被人们经历和体验的。

随着汤普森与威廉斯等人的多次论争，他们开始注意到实践背后的形成结构，如复杂的人类社会条律和制度体系等，逐渐倾向于从这些结构是如何被"亲历"和"体验"的角度来解读各种实践。尽管文化主义注意到了实践背后的结构，却仅停留在了"经验"层面，将各种意识形式和文化都定义为集合体，忽略了结构中体现的意识形态。这也正是文化研究中结构主义者的起点。

对此，霍尔认为文化主义的错误在于"把结构主义事业仅仅简缩为阿尔都塞的影响以及受他的思想介入所激发而出现的所有事情……从而忽略了列维·斯特劳斯的重要性"。[①] 斯特劳斯认为实践在很大程度上类似于语言的运作方式，是一种"意义的生产"，即意义是通过实践中的各种内在关系产生的，这就是阿尔都塞所谓"意识形态"的概念框架，强调的是意义的生产者（统治者）将意识形态结构通过无意识而暗自强加于人，从而构造出一种"经验"。因此实践其实是意识形态作用的结果。

霍尔关于"实践"的观点基本承袭于此，这从他对"编码/解码"理论的修改可以看出。他将各种"结构"视为"实践"，将某件事的实施以及实施过程也看作"实践"。他大刀阔斧地用"practice"置换了许多词语：将"行为举止"（conduct）换为"实践"，将电视"过程"（process）换为"实践"，将"生产结构"（structures of production）换为"生产关系和实践"（relations and practices of production），将"制度结构"（institutional structures）换为"实践"，将社会或接收使用的"结构"换为"实践"。霍尔借用马克思关于"生产结构"的观点，将传播的整个过程视为一个生产结构，其中编码和解码都是这个结构中的环节。在 80 版开头第一段，霍尔提出，传播过程"由关联的实践的接合所支持，而每一不同的实践依然保持其独特性"，[②] 很明显这里的"实践"就是指生产、消费这些环节。在修改原文第四段时，霍尔专门在"'信息'通过解码进入到一种结构之中"这句话中的"一种结构"扩展为"一种社会实践的结构"，这更能看出霍尔是将这种结构看成实践性的，而这正为他强调实践中的话语操纵做了铺垫。

但是，不同于阿尔都塞提出的意识形态具有根源性作用，列维 - 斯特劳斯认为意识形态只是"二次加工"。他认为"在实践和各种实践活动之间

---

① 〔英〕斯图亚特·霍尔：《文化研究：两种范式》，孟登迎译，《文化研究》第 14 辑，社会科学文献出版社，2013，第 314 页。

② 〔英〕斯图亚特·霍尔：《编码/解码》，朱晨译，张图良编《20 世纪传播学经典文本》，复旦大学出版社，2003，第 423 页。

永远会有一个中介，也就是说，存在某种概念图式，通过实施这一图式，使得不能独立存在的物质和形式都显现为各种结构，后者作为实体，既是经验性的范畴又是思想性的范畴"。[①] 这一中介地带，既包含文化主义强调的经验，又包括阿尔都塞所强调的意识形态框架，然而两者都不能起单一的决定性作用。这个地带也成为协调文化主义与结构主义对峙局面的重要突破口，也是霍尔对葛兰西再发现的用武之地。

二 否定"经验"：早期符号学 和语言学的再发现

霍尔在调整"编码/解码"理论时改动最大的是对文化主义关于"经验"的否定，他从早期符号学和语言学中找到了新的阐释路径。

文化主义强调经验的决定性作用，即所有的实践都是整体的、历史性的传统所造就的，正如霍尔在 1973 年对编码环节的"风格化""程式化"所做的分析一样。他通过电视中的暴力现象来说明代码规则是通过具有确定的、可识别的等特点的类型、内容和结构而隐含在故事之中的，因此观众能够正确地根据代码规则进行解码，继而明白电视屏幕上对暴力的再现不是暴力本身，而是有关暴力的信息，这样就不会引发对暴力行为的模仿。这种确定的可识别的类型、内容和结构深藏在信息和代码的深层结构中，从而产生了程式化、风格化。

接着，霍尔从电影电视本身的结构入手分析了其深层结构和程式化所产生的影响。一方面，电视将事件进行编码，通过操纵代码来操纵事件的指向性，从而操纵受众的可接受性。这种指向性具体体现在对内容进行话语建构时的方式：呈现出了哪些内容？什么被呈现出来？什么被忽略？另一方面，这些由深层结构产生的程式化和风格化，将事件信息的意义限定在一个特定领域之内，观众会受程式化和风格化的影响和引导，从而进入一个较受偏爱的意义之中。这个意义既是编码者在编码时所想要传达的意义，也是受了程式化结构影响的观众很容易被引导得出的意义。

---

① 〔英〕斯图亚特·霍尔：《文化研究：两种范式》，孟登迎译，《文化研究》第 14 辑，第 315 页。

此外，他还从电视符号作为视觉符号入手，分述并比较了图像符号与文字符号。图像符号与它所指代的事物有着极高的相似度，容易被解码，但图像符号仍旧是将三维世界转换到二维平面中，它不易被人发觉的"自然化"就隐藏在这里。文字符号没有图像符号那么直观，但是更具有解释的潜力，文化成员可以在一个更广阔的范围内解码。

这些观点明显承袭文化主义，强调在历时中产生的"经验"能够使观众按照编码者的意愿解码。但经验并不起决定性作用，这个问题他在 73 版中分析图像符号与文字符号时已经注意到。由于家庭和教育系统的不同，不同阶层人们的语言能力存在差别，没有经过长时间的正规语言训练很难完全掌握一门语言。因此对于他们来说，以语言文字为载体的文字符号的"自然化"程度比以视觉—知觉为载体的图像符号的"自然化"程度低，正确和完全地解码和接受都相对困难。

不懂语言的人尚不能对话语正确解码，然而不懂电视情节结构含义的人就更多了，电视节目中程式化和风格化的程度远没有想象中那么高。这是文化主义的弊端所在，也是霍尔重新启用早期语言学和符号学理论的重要原因。

因此，在修改中，霍尔删去了冗余的关于电影中暴力现象的例子，而从图像符号和文字符号各自的特点及比较分析入手，找出"自然化"的根源所在。图像符号是将三维世界转换到二维平面中表现，所表现的不可能是它所指称的事物或概念。语言符号将存在于语言之外的现实通过语言来传达，我们能认识的和能表述的都必须在话语中产生和传达，正是语言和符号组成了我们所认识的世界。即便是我们认为的"真理"也包含了话语的操作。而我们所认为的"自然化"只是因为我们从小就接触这些用来表述的图像和文字代码，因此它看上去似乎不是被建构的，而是"自然"产生的。但这并不意味着没有代码的介入，恰恰相反，这意味着代码已经被深层次地自然化了，它们在我们的无意识中进行运作。

霍尔还借鉴索绪尔"符号能指与所指之间的任意性"来分析语言和图像符号的任意性，从而阐述符号的"自然化"。语言符号的任意性很强，它一点也不具有它所代表的事物的性质，而图像符号的任意性相对较弱，它看上去似乎具有它所指代的事物的性质中的一些。当我们看到"牛"的视觉符号时，我们联想到畜牧业教科书中出现的牛的视觉形象，可以发现它所代表的"牛"的概念是具有任意性的。"它代表那个对象，但不是在所有方面,而只是与某个观念有关的方面。"① 此外,视觉符号"含有意义并因而必须被解释",② 解释就需要先将"牛"的视觉符号与"牛"的概念联系起来,还要将它与语言符号中的"牛"联系起来,它才能被解释。因此,一个具有任意性的符号,无论是图像符号还是语言符号,与其所指称对象的概念之间的联系,不是自然的产物,而是约定俗成的,并且因循性地要求必须有代码的介入和支持。这种任意性被弱化的原因也正是"自然化"的结果,这些符号所采用的代码潜藏在人们近乎无意识的地方,它们的运作丝毫不会引起我们的注意。

重新启用语言学和符号学的理论,不仅剖析出了符号在建构过程中的"自然化"现象,也澄清了"内涵"(denotation)和"外延"(connotation)的概念。霍尔强调,语言学理论中将"外延"等同于符号的字面意义,"内涵"则指称相对多变的联想意义。因此"外延"经常容易被混淆为语言对"真实"的完全复制,也就是没有代码介入的符号的"自然意义",而"内涵"则是依靠代码介入的、可以从多角度阐述的联想意义。而根据罗兰·巴特等人提出的符号三分论的观点(如下图,表达平面 E、内容平面 C、两个平面之间的关系 R),内涵由复合系统组成,而外延则是一个单一的意指系统,它可以构成内涵的表达平面 E。

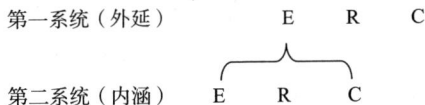

第一系统(外延)　　　　　　E　R　C

第二系统(内涵)　　E　　　　R　　　　C

因此,符号没有"自然意义"。符号的意义,无论是内涵还是外延,都是人为赋予的。霍尔认为,如果不澄清这一点,直接分析视觉符号的内涵和外延,则是自相矛盾的。因此他将两者用一种比较粗糙的方式区分出来,即一个符号"可能被人们当作是'字面意义'的方面(外延)"和"这个符号可能产生的联想意义(内涵)",③ 并且,这种区分方法不能和真实世界中的区别混淆起来。至于为什么要保留这种区分,使用这对并不合适的术

---

① 〔美〕皮尔斯:《作为指号学的逻辑:指号论》,周兆平译,涂纪亮编《皮尔斯文选》,社会科学文献出版社,2006,第277页。

② 〔英〕斯图亚特·霍尔:《表征——文化表征与意指实践》,徐亮、陆兴华译,商务印书馆,2013,第26页。

③ 〔英〕斯图亚特·霍尔:《编码/解码》,朱晨译,张图良编《20世纪传播学经典文本》,第430页。

语，他解释是出于一种分析上的价值的考虑。因为符号几乎是在它的联想意义上（即内涵层面上）才获得其全部意识形态的价值，即能够与更为广泛的意识形态的话语和意义结合起来。现实环境的思想体系正是在此改变了符号的意指作用，思想体系积极介入和干涉话语。

三　重视"话语"：关注福柯，"表征"萌芽

既然语言符号是人为建构起来的，那么语言就不像我们以为的那样，只是交际的工具，这时语言在被使用过程中所携带的意识形态内容就凸显了出来。据索绪尔的区分，作为整体的"语言"（language）和作为个例的"言语"（parole）有很大差异，不能混为一谈：语言是社会的，言语是个人的；语言是为了达到交流的目的而约定俗成的原则，而言语则是不同人运用这个原则所产生的表达物。在此之上，福柯又将话语引入文化研究领域，强调在实际运作过程中，"言语"没有那么纯粹，因此他提出了"话语"（discourse）。话语控制着我们的认知方式和行为方式，即便是"知识"也是权力运作的结果，没有真假之分，只有合法与否之别。

尽管霍尔并未直接提到福柯，但从他的表述中已能看到福柯的影子。如他认为所传播信息的主导意义镶嵌着整个社会秩序，如"关于社会结构的常识，关于'在这种文化中事物是怎样为所有实践目的而运用'的知识，权力和利益阶层的秩序，以及合法性、界限与认可的结构"。[①] 这种语言信息已经不仅是"语言"规则的表现形式，而且是"语言"经由实践加工出的产物。因此，在 73 版被混用的"language"、"linguistic"、"discourse"和"discursive"等词，霍尔在 80 版中进行了严格的区分。他将"television language"改为"television discourse"，将"语言形式"（language form 或 linguistic form）改为"话语形式"，将"语言模式"（language mode）改为"语言的话语规则"。他处处提醒我们，所有我们能接触到的语言行为都是一种话语，都是被建构出来的，它虽然由符号组成，但并不能还原为直接的语言符号，它有着比指称符号更多的东西。

除此之外，相比于 1973 年霍尔完全用符号学的方式思考传播信息，他

---

① 〔英〕斯图亚特·霍尔：《编码/解码》，朱晨译，张图良编《20 世纪传播学经典文本》，第 432 页。

在修改版本中更加注重话语中暗含的意识形态。"话语"一词是针对传播过程中的编码者对信息的加工而提出来的,重视的是编码者在编码过程中所融入的东西,例如政治经济权利、意识形态等内容,而这些内容,正如霍尔所说,"存在于一套述行性规则(performative rules)之中——能力与使用的规则、使用中的逻辑的规则",[1] 这些规则会积极地运用语言,强化某种主导意义。因此,在讨论文化问题时,他专门将"文化中'占主导地位的结构'"扩展为"文化中'占主导地位的话语结构'",强调了话语在文化建构中所起到的重要作用。他将原文中"生产产生(initiate)了信息"改为"生产建构(construct)了信息"。这正是在强调,这种信息是一种话语,是人为建构起来的,而并不是事实。正是如此,他将"符号形式"(symbolic form)改成了"话语形式",将"电视符号"(television sign)改为了"电视话语",将"电视信息"(television message)改为了"电视话语",也将电视中讲述的"事件"(event)改成了"话语",将"事件形式"(phenomenal form)改成了"话语形式"。由于话语的建构主要体现在信息的内涵层面上,带有意识形态烙印的话语在此起到了控制作用,他将"内涵领域"(connotative domain 或 connotational domain)也改成了"话语领域"。由此可见,"话语"的引入在极大程度上挑战了传统观念中传播信息的单义性,尤其是在编码阶段,信息与意义的直接对应关系被剪断,传播过程变得十分复杂,所有与话语产生有关的因素,都与传播中的话语有着千丝万缕的联系。解读信息时是否能分辨出编码者在编码过程中所赋予符号的额外意义,正是对信息接收者的巨大挑战。

霍尔对"话语"的重视,也正体现出他对福柯的关注和重视,这为他后期的"表征理论"提供了巨大的理论支持。他在《表征——文化表征与意指实践》一书的序言中谈道:"人们更关心的……是话语在文化中的更广泛的作用。各种话语是指称或构造有关一个特定话题的实践……'话语的'成了普通的术语,用来指称把意义、表象和文化视为构成性的任何途径。"[2] 由"语言"到"话语"的转向,是霍尔在深度挖掘传播信息中暗含的政治、文化、意识形态等内容时的一大进步,是他后期关于种族、殖民、族裔散居、差异的政治等论述的强大理论支持。

---

[1] Stuart Hall, "Encoding/decoding", in *Culture media*, *Language*, eds. , Stuart Hall, Dorothy Hobson, AnthdrewLowe, Paul Willis, London: Hutchinson, 1980, p. 135.

[2] 〔英〕斯图亚特·霍尔:《表征——文化表征与意指实践》,徐亮、陆兴华译,第 9 页。

四　扬弃"接合"：重释"编码/解码"，
走向"表征"

在 20 世纪 60 年代到 70 年代，文化研究领域中强调"经验决定论"的"文化主义"与"意识形态决定论"的"结构主义"这两大对立阵营展开了激烈的论战，各执一词，僵持不下，在 73 版的"编码/解码"理论中可见一斑。它既包含"经验决定论"（如编码中的程式化与风格化），又包含"意识形态决定论"（如语言符号与图像符号的建构性）。这两种"决定论"要想有机地结合起来，必须找到新的概念图式，霍尔认为葛兰西为我们"在讨论'结构与复杂的上层建筑领域之间的过渡'及其独特的形式和时机的时候，已经开始指出一条穿越这种虚假两极化思维的道路"。①

葛兰西用"接合"阐述了他的霸权理论。他认为占据文化霸权地位的意识形态是各种不同要素的接合，既代表着统治阶级的利益，又容纳着其他利益集团的观念。他否定了决定论，认为政治不能完全操纵文化，历史和社会生活也不能完全决定文化。它不是自上而下，也不是自下而上，而是在一个广阔的关系场域内，不同文化集团经过协商、谈判与斗争而达到折中平衡的结果。因此，霍尔认为，在编码/解码过程中，经验和意识形态都不再是决定因素，而是相互制约、相互影响。他据此调整了"编码/解码"理论。

"articulation"在英文中的含义是较为丰富的，因此在霍尔的阐释中也有着不同的含义。它既表示"清晰地表达"，如话语是"语言对实存关系和语境的表述（articulation）产物"，自然主义和现实主义是"语言对'现实'某种特定表达（articulation）的产物"；也表示"联结"，如"相互联结（in articulation）的各个环节对于一个完整的循环过程都是必要的"。而接合理论，则是使几个相互有联系但并不相同的事物联结在一起的形式。例如霍尔提出，传播过程是几个相互联系但各不相同的环节之间的"接合"（articulation）产生的，又如意义要与实践接合（articulate）。这与他后来阐述的接合理论的内涵十分一致："接合意味着发声、表明、清晰地表达。它具有

---

① 〔英〕斯图亚特·霍尔：《文化研究：两种范式》，孟登迎译，《文化研究》第 14 辑，第 322 页。

语言学上的表现的意义。但我们也说接合的卡车：一辆卡车的前端（驾驶室）和后端（拖车）能够但不必然地连接在一起。两个部分连接在一起，但是通过一个特别的、能够断开的链条。因此，接合就是连接的形式，它能够在特定的情况下把不同的部分连接成为一体。"①

霍尔认为，"如果意义在本质上不是某个固定在那里的事物的结果，而是我们社会的、文化的和语言的惯例的结果，那么意义就永远不能被最终固定下来"。② 每一次意义的赋予就是一次接合。但接合并不是随意的，各要素之间是否接合，以什么样的方式接合，接合后产生什么样的效果，都受到某种"力量"的作用。因此，接合要讨论的就是这种"力量"是如何产生和进行的。

由于接合理论的引入，霍尔在对原文进行修改时更改了文章的主旨和侧重点。原文旨在指出，在传播中编码者和解码者之间存在一种必要的"系统地歪曲传播"的形式，而这正与社会和经济结构、意识形态有关，其侧重在于分析编码和解码过程分别是怎样进行的。但在修改后，霍尔转为用"接合"的观点看待传播过程，抨击将传统大众传播过程视为线性模式的观点，并在此基础上提出了他的"编码/解码"理论。

霍尔把传播过程看作一种结构，是"几个相互联系但各不相同的环节——生产、流通、分配/消费、再生产——之间的接合产生，并且一直支撑着这种结构。这就意味着把传播过程设想为一个'占主导地位的复杂结构'，这个结构由关联的实践的接合所支持，而每一种不同的实践依然保持着其独特性，并且具有自身的特殊模态、存在形式和存在条件"。③ 霍尔否定了传统的线性观点，认为传播过程的各个环节既相互独立，又相互联系。

他承认每个环节都可以单独进行而不受其他环节的影响和制约。"没有一个环节能完全保证它所联结的下一个环节。因为每一个环节都有其特殊模态和存在条件，每一个环节都能被破坏或打断'形式的推移'过程"，④编码过程可以是独立于流通环节和观众的，观众解码也可以与编码过程无

---

① Stuart Hall, Dave Morley, Kuan-Hsing Chen eds., "Stuart Hall: Critical Dialogues," in *Cultural Studies*, London: Routledge, 1996, p. 141.

② 〔英〕斯图亚特·霍尔:《表征——文化表征与意指实践》，徐亮、陆兴华译，第 32 页。

③ 〔英〕斯图亚特·霍尔:《编码/解码》，朱晨译，张图良编《20 世纪传播学经典文本》，第 423 页。

④ 〔英〕斯图亚特·霍尔:《编码/解码》，朱晨译，张图良编《20 世纪传播学经典文本》，第 424 页。

关。尽管编码者在编码时使尽浑身解数，力图让受众按照自己期待的解码方式来解读信息，但受众的解码立场却并不能被保证。这种编码环节与解码环节的不对称性，传统认为这是一种个人化的"选择性认知"。霍尔用"接合"的观点从根本上肯定了两环节的相互独立性，如"观众不知道节目使用的专有名词，跟不上论辩或说明的复杂逻辑关系，不熟悉语言，发现概念太怪或太难，被说明性的讯息搞糊涂了"① 等。当然，更深层次的还有阶级、地区、家庭和教育的差异等，这些都造成了解码者地位的多样性，从而与编码者地位产生不对称，继而影响传播过程。

但同时，各环节之间的接合也存在制约和妥协。73 版由于过于强调"编码对传播信息的歪曲"和"受众解码可能不采取编码时使用的代码"这两个主旨，对这两个极端现象进行了大量阐述，忽略了两者之间的相互制约关系，80 版则对此高度重视。如果两者交流的信息完全无关，观众随意地将信息解读为他所喜爱的内容，这样就丧失了传播的有效性。因此，传播过程的顺利进行和传播信息的有效性依赖于编码和解码之间的相互妥协：尽管编码能试图偏爱某种解码，而没有办法规定或保证观众一定要采取这种解码方式，但"一般而言，除非两者偏离极大，否则编码将产生一些译码在其中运作的限制和界限范围"。② 因为在解码过程中，要么是对编码信息全盘接受或部分接受，要么是对其否定、对抗性解读或提出自己的观点。这都是针对编码信息进行解读，解读内容不会天马行空。如果解码者对编码信息不了解，则无法解读，传播过程则被终止。

但需要明白的一点是，霍尔并没有照搬葛兰西理论，而是用这种霸权理论作为思考文化问题的新方法。葛兰西的文化霸权虽然强调场域内各种力量之间的相互制约，但其本质上还是受到统治阶层的统治，只是在某些经济问题上可以通过与民众的妥协来维护自己稳定有效的领导地位。而霍尔的接合理论则取消了某一绝对权力的控制，各个要素之间既相互独立又相互制约。正如他自己所说："这里并不是对葛兰西思想进行全面的展示……这是借助源于葛兰西著作的一些观点，对于左派所面对的某些令人困惑的两难境地进行'大胆思考'的一种尝试。我并非以某种简单的方式

---

① 〔英〕斯图亚特·霍尔：《编码/解码》，朱晨译，张图良编《20 世纪传播学经典文本》，第 433 页。
② 〔英〕斯图亚特·霍尔：《编码/解码》，朱晨译，张图良编《20 世纪传播学经典文本》，第 433 ~ 434 页。

声称，葛兰西对于我们现在的困境'已有答案'或者说'掌握了关键'。我只是相信我们必须以葛兰西这种不同以往的方式来'思考'我们的问题。"①

从霍尔对"编码/解码"理论的前后调整可以看出，霍尔在 20 世纪 70 年代末，面对文化主义与结构主义的僵局，结构了"实践"，否定了"经验"，重视了"话语"，扬弃了"接合"。霍尔不仅为文化研究指出了一条"接合"的道路，更重要的是，他在后期修改时对文化经验、话语实践以及意识形态权利运作的强调，直接影响了后期霍尔的表征理论。相较于局限在传播学领域的"编码/解码"问题，表征理论具有更大的发展空间，能够将其接合理论、族裔散居理论以及差异的政治等理论都纳入一个全新的、更加深刻的、指向"意义"内涵的理论视野和框架之中。同时，表征理论也能够对 20 世纪后半叶以来不断演变的解构主义、后现代、后殖民等理论源源不断地做出新的回应。这也是霍尔在扬弃了"编码/解码"理论后，兴趣转向表征理论的原因所在。

---

① Stuart Hall, *The Hard Road To Renewal: Thatcherism and the Crisis of the Left*, London: Verso, 1988, p. 161.

学者访谈

在"利"字当先的时代里

王晓明　　熊海洋[*]

熊：我注意到国内做文化研究的学者，其实之前一直都有着各自不同的学科背景，当然大多应该是文艺学、美学学科，而您之前一直从事的是中国现代文学研究，尤其是鲁迅研究。请问这一学科背景对您做文化研究的理论资源和视角的选取、切入问题的路径有什么影响？

王：对，到目前为止，中国的文化研究者，大部分是出自中文系，不像世界上的其他地区，社会学、人类学、传媒研究、影视研究、性别研究、都市研究，乃至经济学、法学和政治学的领域里，都有许多年轻人转向文化研究。

这不奇怪。单是学术体制和知识生产方面，就有很多原因联手促成这个局面，这里说两个比较明显的。

一是中文学科的庞大。文学研究本是人类知识活动的一个古老的分支，中国又以文字为文化传承的主要形式，有这两点做基础，中文学科自然就成为中国现代学术的第一部首，中国大学里的第一大系。大凡专门的学术领域，只要历史久了、参与者多了、积累厚了，就会不断孕育对自己的既有边界和通行规则的不满，造就越界的冲动。1990 年代以来，从中文系走出这么多越界者——不仅是转向文化研究，也有不少转向性别、传媒和视觉研究，转向思想史和社会文化史研究，就说明古树不仅满身瘢痕，也能催发新枝。

　＊　王晓明，文学博士，上海大学文化研究系主任、教授、博士生导师，研究方向为当代中国都市文化、中国近现代思想史、20 世纪中国文学；熊海洋，南京大学艺术研究院 2015 级博士研究生，研究方向为西方艺术理论、美学。

二是其他学科太年轻。我上面列出的那些学科中，有一些如城市研究、乡村研究和性别研究，至今没有进入教育部的学科目录，① 其领域免不了稀薄凌乱；其余的，如社会学、法学和人类学，虽在 1920 年代就相继在大学里成形了，1950 年代以后，却几乎全部被消灭，直到 1980 年代才重建：一个在灰烬中重生的学科，全力培固基础都来不及，哪里有力气养育反省和越界的冲动？越界者的稀少，正是自然的事。倒是最近这几年，它们中的一些年轻人开始越界，② 似乎从一个侧面证实了这些学科的快速成长。

如果目前这一份陈旧的学科目录固执不变，像文化研究这样聚焦于激烈复杂的社会巨变、需要汇合多方面力量才能展开的思想和知识活动，就一定会继续召聚大批的越界者，他们不但来自中文、历史那样的老学科，也来自社会学、传媒研究乃至经济学这样的"新"学科。当然，这么说的前提是，文化研究能继续保持锐气和胸襟，没有蜕变为一个恭谨褊狭的小学科。

以上这些话越出了提问的范围，但能让我比较简捷地回答你：正是以鲁迅为代表的中国现代文学，培固了我的一种心力，令我对叵测的现实感到迷惘之后，还能勉力振作，向类似文化研究那样的方向寻找新路。中国的现代文学，③ 是深切领受了发端于 19 世纪晚期的中国革命④的阔大胸怀，要为这大事业酝酿相配的精神生活的，它虽没有成功地实现这个志向，⑤ 却令凡是认真阅读它的学人，都不同程度地感染一种胸怀天下的热忱、一种高视阔步的意愿。我熟悉的嗜读鲁迅的友朋，可能走入阴郁和偏狂，可能

---

① 到目前为止，在中国，绝大部分有完整的文科建制的大学，都是公办的。在这种情况下，一种思想和学术活动，如果不能被教育部的学科目录确认为一个独立的学科，在争取各种体制性支持（如学位课程、人员编制、学科建制、经费申请等）的方面，就会遇到很大的困难。

② 当然，不只是参与文化研究类的活动，也参与其他新兴学科的活动。

③ 中国的"现代"概念很难用"modern"之类欧式概念的通行含义来理解，它有自己相当特别并因此超出中国范围的意义。在我看来，中国"现代"时期的发端，大致可以确定在 19 世纪的中晚期；它目前仍在继续，并没有完全结束。而这里所说的"中国现代文学"，是指以关怀世道人心为大旨，发端于 19 世纪末 20 世纪初，在 1920 ～ 1940 年代达到高峰，其后虽然歧途多出但仍然延续至今的书面文学。

④ 这里对于"中国革命"的理解，是和一般教科书的通行叙述明显不同的，详见《中国现代思想文选》（王晓明、周展安编，上海书店出版社，2013）的序言。

⑤ 中国现代文学虽然因企图的阔大而形成了不俗的态势，但由于各种条件的限制，在实现初衷方面常常做得很粗糙，没有形成足够丰硕的成果，鲁迅在小说创作上的过早停笔，就是一个突出的例证。

觉得他太沉重而竟至不愿再读，但几乎没有沉溺于奴性和物欲，欣欣然拥抱卑琐的现实的。在我看来，发端于1960年代的英国的文化研究和勃兴于1980年代的中国的鲁迅研究，共享了人类对于自由解放的普遍希望和对于一切要把人做小的社会形势的憎恶。要排列鲁迅和中国现代文学对我从事文化研究的影响，这种不肯与现实言欢的执拗心性，应该是第一位的吧。

熊：在阅读您的相关文章之后，我感觉您在诊断中国当下的文化问题的时候，有一条与"人文精神讨论"相似的精神倾向，就是认为在我们的社会文化中，精神和价值维度的相对缺失，变得实际、功利和"唯物"。与此相关的，中国社会文化中还残存着一定的革命话语资源，以及近30年来的"四个现代化""小康社会""中国梦"等话语，您觉得对此，我们应该持怎样的价值立场？

王：这就是鲁迅和中国现代文学给我的第二个重要影响了。从19世纪早期开始，中国社会的内在危机，就在一派歌舞升平的盛世表象下，一步步凸露出来。在这个复杂形势的激引下，从龚自珍到鲁迅，几代读书人中的佼佼者，共同发展了一种从"人心"来判断世情的思路。① 财货盈库，并不等于社会健康；军力强大，更可能只是意味着野蛮；只有人心普遍向善、精英格局宽广，社会和国家才有前途，人类才能真正进步。鲁迅说，"人"能"立"了，"国"才能"立"。从《阿Q正传》到《边城》，几乎所有优秀的中国现代文学作品，都以不同的方式，体现了这一思路。

不用说，这些年中国和世界的巨变，更让我觉得，这样衡国论世的眼光，在今天尤显深邃。

最近这些年，无论周围的人事，还是远近的世情，似乎都像是约齐了往下坠，看谁更功利、更小气、更只顾眼前。自私乃人性的第一要义，利益交换是政治的核心内容，社会就是由竞争关系组织起来的，富了就能强，有了富强，就什么都有了……类似这样的恐怕连有野心的资本家都不愿膜拜的观念，竟然深入官民之心，甚至成了学人思考的第一逻辑。明明现实中有许多与之相异的状况，却都被摒除在流行视野之外，仿佛都不存在。在这种情况下，恕我直言，中国人难免日益小气。我当然知道"仓廪实而知礼节"的古训，也了解统治者大都希望人民眼光如豆，种种鄙化人性、

① 当然，重视人心是中国读书人的一种来历久远的思路，从龚自珍到鲁迅，都深受这一传统思路的影响。

做小人格的功夫，是历代不绝并非一地独有的。但是，看多了那些自视为"中产"，却除了"竞争"关系和利害意识，别的依然都不在意甚至都不大知道的中国人，你还是相当震惊的吧。

因此，我的立场很简单：无论什么口号主张、理论政策和制度，只要是将人的卑小正当化的，我都反对。当然，身为文化研究的学人，我得全力去做的一件事，就是从社会再生产和支配性文化生产机制的角度，尽可能讲清楚，是怎样的制度、文化、历史和国际因素，合力将我们治得日渐卑小的。能把这个讲清楚，人心的回转向上、各种正面的社会和文化建设，① 大概也就能有较为可信的方向。就此而言，文化研究的社会责任，真是不小的。

熊：我注意到了上海大学文化研究系在给研究生列出的书目中，有一些中国现代思想史资料之类的书目，还有鲁迅早年的几本"随感录"，这一安排在国内的文化研究界似乎很特别。请问，中国现代思想史与"文化研究"所面临的"中国问题"有着何种关联？或者说，我们的当下问题与晚清以来的中国问题史有着何种关联？

王：不单是你说的这个书目，我们还开设了一门硕/博士生的必修课，课名就叫"现代早期思想与中国革命"。八年前，我曾在一篇检讨文化研究的文章中，解释过为什么这样做：

中国是在遭受西方帝国主义侵略、几乎要被瓜分的情况下开始自己的现代历史、进而形成自己的现代思想的。因此，中国的现代思想从一开始就迸发出总是从被压迫的角度看待世界、不接受弱肉强食的现代秩序、要创造比现代西方更民主的社会结构的理想的光芒。从 19 世纪晚期到 20 世纪中叶，这个广泛意义上的左翼理想一直占据中国现代思想的主流地位，并催生了波及社会各个层面、至少持续半个世纪的社会变革和解放运动：这就是我所说的"中国革命"……这个"中国革命"，无论是作为精神资源，还是作为在现实中并非全然无迹可寻的社会遗产，都是今天中国知识分子最可珍贵的一种传统。最近 20 年来，它好像被压到了地下，但就如鲁迅所说，它其实并未熄灭，而是

① 其中最重要的是如下三项：实现"人民当家做主"的政治理想，建设真正可以持续、有助于培养健康人性的经济系统，发展主要建基于互助而非竞争的人（国）际关系。

如同地火一般，依然在暗中燃烧。实际上，今日中国大陆自命为"文化研究"的思想和学术活动，就是这暗火跃出地面的表现。对我们来说，从马克思到"伯明翰学派"的各种西方批判理论和实践，当然是重要的思想资源，但比较起来，"中国革命"的传统，是更为切实、内在，也更为坚固的精神支柱。

上面这些话，是从如何发展文化研究的"中土特质"这个角度来说的。要谈文化研究的"当下问题"与"晚清以来的中国问题史"之间的关系，我还得多说两句。

在中国，几乎一切都在持续变化。这就决定了这片土地上的文化研究不可能只做事后的分析，它势必要介入许多当下的"事"、参与推动社会的良性变革，我们的网站首页的那句标语"改变文化就是改变世界"，就是在强调这一点。什么是文化研究的"当下问题"？这就是。不过，要真正有效地介入，你必须看清方向：什么样的变化是"良性"的？什么才是中国人应该追求的目标？只是"我们也能像富人那样享受"吗？如果不是这个，那是什么呢？如果你在1980年代问我这个问题，我的视线一定首先投向西方。但今天，目睹了30年匪夷所思的全球巨变，再来考虑这一类问题，我就觉得，现代早期的中国思想，和被这个思想所激发、与之一同壮大的中国革命的历史经验①，是标示了更切身也更富于启发的方向的。

没有篇幅详细解释，只粗糙地说一点：今天大家——不只是中国人——之所以丧失方向，连明天会怎么样都不敢说了，根本的原因之一，就是错看了资本主义②主导的"现代化"。非但不能洞悉它的来龙去脉，在历史长河的视野中衡估其良弊，在很多时候，我们甚至如洞中惰鼠，因为习惯了"现代"式的衣食、节律和空间，即便感觉到事情不大对头，也没

---

① 这里的"经验"一词，并非单指正面的可资继承和借鉴、通常用"成功"来描述的部分，也同时指负面的令人反感、因此常被用"失败"和"教训"来定义的部分。在中国革命的历史经验当中，这后一部分堪称是庞大的。

② 特别说明一点：人类生活中实际存在至今的"资本主义"，并非如某一类教科书所描述的，只是与"市场经济"和建基于这经济及其法则之上的西方式"民主政体"相伴随，而是如许多历史学家所揭示的，资本主义也完全可以——并且在实际历史上是更多地——与各种看起来明显非西方式的专制政体携手前行。从这个角度看，资本主义并非主要只是存在于最近数百年的经济交往中，它至少同样明显地存在于各种实际上与之配合的政治和文化活动中。在不少情况下，资本主义程度最高的空间不是市场，而是官场。

有勇气另寻生路。尽管在 20 世纪里，远远近近的有过不少往资本主义之外方向的努力，但因为眼力不够、缺乏反省，[①] 除了造就若干"非典型"的现代集权和资本主义变种，并无多少真正的突破，反而以自身的变质和失败，强固了"历史终结"、"今后就这么过下去吧"的消极意识。正是在这样的背景下，"现代化"迅速改造了整个世界，将人类推入今天这样四分五裂、在人与人和人与世界的基本关系上都茫然无措的状况。

我们习惯于说，物极必反，人撞了南墙就会回头。但是，如果痛点太低，非要脑壳撞出大洞才回头，很可能就来不及了。今天这个世界上，其实已经——有形无形地——血流满地，痛叫的声音此起彼伏，不算少了，为什么还是聚不成冲天的雷霆、激起良性变革的大动静？在我看来，关键之一，就是精英和民众在日渐小气、埋头于"小确幸"[②] 的方向上，已经形成了循环互动之势。在一个看起来衣食逐渐丰裕、普遍的器识却日趋卑小的社会里，实际存在的不公和不义，很可能多是激发向上爬的欲望，而非对公义——消灭底层——的渴求；即便压迫加重到难以承受的地步，激起的大概也多是夺路逃生、不惜与同类互相踩踏的本能吧。

因此，我们今天迫切需要的，不是更高的 GDP 和更多的条形码，而是大气高远的精神视野，是鄙弃丛林的共同文化，是一切有助于养成这类视野和文化的社会机制。

正是从这个角度，可以看清楚现代早期的中国思想及其革命，为什么对我们更富于启发。这思想知道中国不可能置身于"现代"之外，却并不以为这一定就是世界的正道，因此它发展出多种远比"现代"宽大的时空视野，勾勒出多样应对这"现代"的长远方案，其轮廓虽然都相当粗糙，共享的情怀却堪称大气：它们都不只是关乎中国，有一些甚至不只是关乎人类，大千世界的大同圆满，才是新的中国人为之奋斗的目标所在！

置身于如此现实、认真的奋斗者，当然得不避卑琐、脚踏实地，在许

---

① 补充一下因为篇幅限制在这里无法展开的两个看法：（1）20 世纪的各种社会主义革命的失败和变质，原因当然很多，并不只是这里所说的"眼力不够"这一点，尽管从本文的论述角度看，这是堪称关键的原因，因此特别强调这一点；（2）"眼力不够"主要不是指人类缺乏足够的认识现代化和资本主义的能力，而是指人类的生活中缺乏让有识之士的声音得到广泛传播、引发公众普遍关注的社会机制。

② 在这个意义上，"新富人"的醉生梦死和"新穷人"的各个层次的模仿性消费（即通过对廉价商品的消费来想象性地、片段地体验"成功人士"的生活感受），都是在追求这样的"小确幸"。

多时候，甚至不得不权衡功利、有所妥协。但是，这么做的时候，能不能保持超越功利的宽大视野，坚执高远的价值目标，葆有大体不乱的方向感，却至关重要。这样的视野、目标和方向感，正是鲁迅所寄望的"人"之根本，也是孙中山所寄望的"民族"之根本。"现代化"一面急剧缩小狮虎猿兔的丛林，一面却几乎同样急剧地丛林化①人类的生活：唯其如此，现代早期的中国思想和革命，这革命的"立人"和"大同"理想，才格外有警醒之力，能助人重振大志。

文化研究的"当下问题"，是"晚清以来的中国问题史"的一个新环节，它和之前的大部分环节一起，持续凸显出整个问题史的聚焦之点：中国人如何理解和应对资本主义的"现代"进程？是视其为一道社会和人类的坦途，因此要全力谋占先机，分取更大份额的利益，还是视其为一条长期来看多半是弊大于利的歧途，因此要跳出它所框限的视野，多方探索可以长程前行的新路？理想的中国人，就是一个西式的、在这30年里愈显其短视小气的"现代"人么？如果不是，那如何一面借"现代"之机补治原有的病弱，一面更从其他方面汲取资源，如当年梁启超所言，葆古开新，成就真正阔大的新人格？

由此而言，中国文化研究的兴起，正有几分历史的必然。

熊：在做文化研究的时候，您意识到在"都市文化研究"之外，还存在着一块广袤的、沉默的农村。这两个板块之间的差异迅速拉大并凸显成一个巨大的问题，其实是近30年来中国高速现代化、城市化的产物。在这个过程中，伴随金钱、信息与人力的全球化流动，扎根在传统生活中的人被"连根拔起"，失去了身份的内在性与确定性。今天，如何处理性别、阶级、种族、本土认同与文化身份问题，不仅是一个地方性的微观政治问题，而且是一个全球性的宏观政治问题。您同意这种看法吗？

王：好问题！当今世界，危机触目，一方面政治的维度重新凸显，昔日那种"发展""消费""去政治"的状态，已经不复存在。但另一方面，那些曾经有效的政治分析工具，比如经典的"阶级"和"政治经济学"理论，或者"文化工业"和"意识形态话语"理论，对于我们认识今天的政治问题，又都明显不够用了。社会持续剧变，思想却萎靡乏力：二者之间

---

① 最近这十年，全球经济的竞争和剥削强度的持续加剧，右翼政治和保守主义思想的广泛勃兴，各种准战争形态的社会动荡的日益普遍，都鲜明地表现了这个丛林化的趋势。

的总体失衡，这些年是并无减弱，相反还在增强的。

当然有新的建树：在欧美式都市社会里，发展出了从宗教、族裔和性别的角度去把握新的压迫性社会结构的思想；类似"生命政治"和"生态伦理"这样的论述，也开启了理解人类生活的深层危机的新的角度；在非洲大陆，从殖民主义的角度去分析现代国家、民族和学术体制等的努力，更促成了自觉冲破这些桎梏的多种思想视野，其中类似"泛非主义"那样的政治理想，还形成了超出非洲的全球影响。

但是，相比于现存政治结构——它正日益狰狞——的高度全球性，上述这些思想努力，显然还未能融聚出一种至少是与之旗鼓相当的总体的分量。尽管它们多能从特定的角度，提出宏观的批判论述，但这些论述却无力联手——有时候还互相妨碍——勾勒替代性的全球社会蓝图，以招聚各地人心，为人类解放的新时代创造相应的精神条件。倘说被压迫者的四分五裂从来就是恶性政治的基础之一，那在今天，批判性思想的散乱、全球理想的缺失，正彰显了这四分五裂的深刻程度。

不用说，当代中国思想的孱弱，也对此负有一份不小的责任。这 30 年，中国以出乎几乎所有人意料的方式，快速地成长为当代"世界"的一大关键部分，[①] 但中国的思想界，显然尚未依据这个新状况，向人类贡献解读当代世界的相称的新思路。在许多时候，我们甚至在做相反的事情：不是美化丛林，说以力相争乃人间常道，便是矮化自己，说一百年来中国人图的就是"富裕"二字。全球危机正一步步逼迫资本主义向其野蛮的来路倒退，中国的思想——至少其主流——却非但无力站出来呵斥，反而以自证卑琐的方式，将那倒退正当化了。孱弱的思想后面，必然跟着愚昧的行动，越来越多的官员一开口就是"利益最大化"，各种人我之别——国族、学历、衣领的颜色、房产证的数量……在新规矩的簇拥下日益坚固。如此世风之下，人民要不四分五裂，也不可能了吧。

正是在这样的大背景下，我觉得依你所问，从"身份/认同"困境的角度去梳理今天的政治状况，是一条值得重视的思路。人民之所以四分五裂，一个关键的原因，就在于被搞乱了"我是谁"的判断。倘说在欧美式都市

---

① 这当然不是说，1990 年代之前，"中国"不具有全球影响力，至少从 19 世纪初开始，中国就已经逐渐成为能影响全球格局的因素之一。但是，由于资本主义全球化的程度，在 1970 年代以后加速度地提高，中国恰在大致相同的时间里，通过"改革"而快速加入了全球资本主义体系，由此形成新的全球影响力，是比此前各个时期中国的全球影响力都明显强得多的。

社会里,"中产阶级"的一度膨胀和"美国梦"式的意识形态是搞乱民众的身份认识的两大神器,这30年中国的剧烈变化,对此也有相当的贡献,其中第一个,就是"城乡关系"的全面改造。

熊:最近这几年,"城乡关系"是您关注较多的一个话题。2016年年底,你们还在上海大学组织了一个讨论"城乡文化关系"的研讨会。但我没有看到您从"城乡关系"的角度来讲身份政治的文章,能否在这里就此稍稍展开说一下?

王:对中国这样人多地广的社会来说,城乡关系是关乎根本的事情。在19世纪之前,中国大体维持了一个比较平衡的城乡关系:权力和财富聚集在城里,经济和文化却扎根在乡村,出自"耕读人家"的"士"阶层,更持续往返于城乡之间,维系二者的循环共生。① 但是,进入19世纪后,内外情况持续大变,这样的城乡循环就难以为继了。作为"现代化"的强势代表的西式都市,② 日益凌驾于——往往保持了"前现代"结构的——乡村之上。从1910年代大举展开的资本主义"现代化",到1950年代全面兴起的社会主义建设,再到1980年代延续至今的新一波城市化运动,它们前后相继,不断推高城乡之间力量悬殊的比例。今天,中国城乡关系的失衡,整体上达到了前所未有的严重地步。

这就造成一种极富中国特色的身份的扰乱。一方面,从标明户籍所在地的身份证、户口本和暂住证,到按照不同的城乡人口比例确定编制的"人民代表"的代表证和公务员的花名册,这些白纸黑字的符号,依然共同象征了一套区别城乡人身等级的系统,其清晰和严格的程度,是目前这片土地上的其他同类等级系统——譬如"阶级"和"性别"——都比不上的。可另一方面,几十年乡村人进城的大潮,又以其形式的日渐多样,③ 赋予无数持乡村户籍的年轻人一种"我可以像他们城里人一样"的强烈愿望。城

---

① 说明一句:这是就非战乱状态而言的,如果发生全国性的战乱,这样的城乡循环当然也会被打破。

② 此处的"西式都市"是一个综合的概念,不仅指通常所说的都市空间,还包括首先在这种空间里发展起来的西式的工业、商业、教育和其他文化系统,以及与之配合的政府管制系统。

③ 此处所说的"进城"的形式的"多样",从人身的角度讲,至少有"大学毕业留城就业"和"进城打工"这两大类;从空间的角度讲,则包括了"从乡村进入都市区域(所谓1~3线城市)就业谋生"和"因县乡两级(所谓4~6线城市)城镇化而在这些多半只达到半都市化程度的区域买房安家"这两大类。

里的主流生活越是被改造为只是"赚钱 + 消费"，这愿望似乎越容易实现：
到处都有购物中心，县城和镇上的新楼盘，样式也跟大城市里的差不多……

　　更值得注意的是，上述两种看似矛盾的情形，实际却是互相支援甚至
互为因果的。正因为都市户籍的大门通常关得很紧，乡村户籍又总是与贫
穷和失教相伴，"城里的生活"才对乡村人有这么大的吸引力；唯其在城里
读书就业逛商场，最起码觉得一只脚已经踏进了"城里的生活"，许多人就
容易淡忘昔日对城乡失衡的尖锐感受，不去深究这失衡究竟意味着什么。
至于那些一出生就有城市户口、觉得自己占了好位置的城里人，更是容易
陷入井底蛙式的盲目："农村有问题？跟我不相干！……"

　　当资本主义式的"现代化"将"只有上升才算人生的成功"塑造为社
会的主流意识以后，这社会的多数人是否觉得自己正在上升，就成为决定
现实能否延续的关键，如果越来越多的人确信自己在往下掉，动荡和革命
就不远了。这 30 年，中国除了创造 GDP 高速发展的"奇迹"，也创造了社
会财富分配的严重畸形，而这畸形的一大表现，正是包括级差地租在内的
商品价格体系的城乡不平等。① 就此而言，城乡关系本来是一个火药桶，很
容易激发民众——尤其是占户籍比例大多数的乡村民众——对自己真实的
等级身份的体认。可是，这 30 年巨浪滔天的城市化运动，以及在这个过程
中形成的上述两方面情形的互相支援、互为因果，却为这大桶包上了一层
不薄的毡布：愤恨于剥削太重的都市白领，只要想起遥远故乡的萧条情景，
火气不觉就消了一半；老工业区的失业和退休者牢骚满腹，但看看身边那
些艰难讨生活的农民工，"我混得不算最差啊！"

　　从这个角度看，城乡关系正是一个混合了经济、政治等因素，对当代
中国作用重大的文化现实。几乎从小学低年级阶段开始，整个学校教
育——包括乡镇的学校教育——就持续地怂恿年轻人高看都市、鄙弃乡村；
各类主流或流行媒体，更差不多几十年如一日，渲染西式的"现代化"、
"工业化"和"城市化"的美妙。随着支配性文化生产机制的深刻转变，从
职场和商场到家庭和影院，各种在基本的精神/意识层面做小人心②的文化

---

① 这个不平等并非始于这 30 年，但因为种种如房地产市场的结构性弊病这样新形成的宏观因素
　的综合作用，农民集体拥有的土地因商品化所产生的巨大收益，绝大部分都被城里人（主要
　是各级政府和大小资本家）拿走，这个不平等的程度，在这 30 年里是大幅度提高了。

② 这做小的主要内容是：窄化知识领域，削弱通盘（即将看起来不相干的事情联系起来）思
　考的能力，强化聚焦于眼前的物质利益的习性。

功夫持续配合，令我们即便亲历城乡关系的失衡，身受其日益无情地播弄，也大多不以为怪，甚至还从中觅得上升之感，庆幸自己赶上了好时代。

一个在各方面都应该引人深切不安的社会变动，竟同时发挥出抚慰人心的这么大的力量。就此而言，这些年城乡关系的日趋失衡，大概是最成功的例子吧。唯其在来自市场和政策的支持之外，更得到支配性文化系统的全面配合，这么多明显不公的城乡比例才能继续存在：户籍、平均收入、公共服务、受教育的机会、城乡产品的价格……并且得到近乎全社会的默认。如果把"身份政治"理解为"民众是否承认现实秩序为其安排的社会位置"，我就觉得，这些年中国城乡关系的严重失衡，尤其是这失衡与社会反应的复杂的互动，提出了一个理解当代身份政治的新问题：在怎样的经济、文化和政治条件下，一种趋于恶化的社会状况，能一面给民众安排更为不堪的社会位置，一面却有效地模糊这些位置，令其容易被普遍接受？

我现在还不能充分地回答这个问题，需要进一步思考和研究。但我相信，在20世纪才真正凸显其历史重要性的城乡关系，尤其是这个关系在中国和其他类似地区的日益失衡，呈现了人类政治生活的若干在其他状况——例如野蛮形态的极权专政——中往往被遮蔽的因素，而在这些因素中，"文化"都处于核心的位置。

熊：您提到过"新意识形态"或"新的支配性文化"，并列举了"房产广告"的例子来说明。对于这种"新意识形态"或"新的支配性文化"，您似乎认为这种"新的支配性文化"是"中等收入"阶层的一种自我文化表征？

王：抱歉，可能是我以前对"新的支配性文化"说得不清楚，引起你的误解，现在借这个机会稍稍解释一下。① 自1990年代中期到现在，中国大陆的文化状况明显大变：差不多十年时间，一种新的支配性②文化迅速成形，它不但跟1950～1970年代的支配性文化③截然不同，也跟1970年代末

---

① 关于1990年代至今中国的支配性文化及其生产机制的变迁，我将另写专文来分析，限于篇幅，这里只能简单介绍一下基本的看法。

② 在我的理解里，"支配性"和"主流"是一个意思，但由于中国的社会体制的特点，许多人常常将政府及其媒体倡导和推行的意识形态/文化称为"主流"意识形态/文化，尽管在实际上，这套意识形态/文化并不为社会的多数人所信奉，因而并不真正具有支配性，仅是一种表面文章。为了避免这种混淆，我才使用"占支配地位"和"支配性"这样啰唆拗口的形容词。

③ 那30年间日益流行的"毛泽东思想"，可以被视为这个支配性文化的权威的思想代表。当然，这里的"毛泽东"是一个总名，比"毛泽东本人"的范围要大，此处不赘述。

1980 年代初兴起的新的文化潮流①有很大区别。我最初是从意识形态的角度去理解它的，因此称它为"新意识形态"。但很快就意识到，它已经发展出多个层面的内容，除了世界观和价值观这样的理念的层面，以及人际关系、交往和行动模式这样的比较实际的层面，还有更具"物质性"的社会制度的层面。因此，它不只是一种新的意识形态，而且是一种新的文化，一种强有力地影响多数中国人、为其实际所遵奉的文化。于是，我就改用"支配性文化"这个词了。

一旦注意到这个新文化的社会制度的层面，我很自然会发现，1990 年代初开始勃发的"市场经济改革"②，很快就形成了一套与"毛泽东思想"时代明显不同的新的文化生产体制，正是这套社会体制的有效运行，造就了这个新文化迅猛成形和膨胀的势能。因此，与分析这个新文化的内容相比，描述和把握其得以产生和运行的社会体制及其运行机制，是更重要的工作。在某种意义上，这个文化的"新"，和其"支配"力的来源，大部分都是在于它背后的生产体制和运行机制，而非其内容本身。因为，主要就是经由这套体/机制，新的支配性文化形成了与近 30 年"市场经济改革"的深刻互动：既是这"改革"的产物，也是它的成因。正是这个持续的互动关系，给这个新文化提供了深入人心的宽阔渠道，更为民众安排下这样的人生环境：除了皈依这个文化，别处似乎都无可指望。于是，我在"支配性文化"的后面，又添上"生产机制"③四个字，虽然继续包含指认

---

① 1070 年代末和 1980 年代初，中国开始了一个当时被称为"新时期"以后又被称为"八十年代"的时期，它持续了 10 年左右，在 1980 年代末和 1990 年代初全面终止。在这段时期里，原有的占支配地位的文化受到很大的冲击，但并未完全消退，新的文化潮流迅猛兴起，但还来不及形成一种在全社会的范围内占据支配地位的大致完整的文化，而只是表现为一种"思想文化的新潮"的形态。也因此，我倾向于将它理解为一种文化巨变的过渡状态。1978 年 5 月 11 日《光明日报》发表的署名"特约评论员"的文章《实践是检验真理的唯一标准》，1981 年 6 月中共中央十一届六中全会通过的《关于建国以来党的若干历史问题的决议》和 1988 年 6 月中央电视台播放的 6 集电视政论片《河殇》，可以被看成这个新思潮的代表性的思想和政治文本。

② 1990 年代初勃发的"市场经济改革"，和 1970 年代末开始的"改革"，在基本内容上虽有部分（主要是经济政策方面）延续，但差别堪称巨大。因此，我并不将它们理解为一个过程的两个阶段，而是之间仅有部分延续的两个不同的事情或过程。

③ 在我的理解里，"文化生产机制"是一种类似不成文法的软性但亦有韧性的规则，它并不等同于有明确物质和符号形式，因而刚性较大的"文化生产体制"（"体制"一词也可以换成"制度"），而是在这"体制"——及其他相关因素——的引领和框限下形成，实际承担主要的"文化生产"功能的一套规则。

"支配性文化"的意思，但我更强调的，是那个在整个社会文化的再生产结构中占据支配地位，因此持续地发展支配性文化的生产体制及其运行机制。

在语义上，"支配性文化生产机制"是有歧义的，我用这样的词，其实说明我还没有透彻地把握今日中国的文化状况，无论对新的支配性文化，还是对新的支配性文化生产机制，认识都还相当有限。但在这里，我还是想大略地勾画几道目前我所看到的轮廓线，给愿意接着补充和修正的同道，充作片段的草图。

第一，与譬如1950～1970年代的支配性文化相比，今天的这个支配性文化，明显缺乏清晰、系统和权威的观念性表述，它的核心概念，如"小康"、"发展"、"现代化"和"与世界接轨"，含义都模糊空洞，不大像是称职的概念。当然，它有一些虽无权威阐述却普遍深入人心的观念，"生存是第一位的""物质利益最重要""竞争是社会关系的准则""上升才是人生的成功""财富和经济都是应该持续发展的""欧美式的社会是现代化的榜样""都市是先进的，乡村是落后的"，诸如此类；在这些堪称高调的正面判断底下，它更有一些消极低调但似乎入人更深的观念："理想有什么用？没用的！""将来关我什么事？现在过得好就行了""别去关心那些大的事情，跟我没关系""这世上没好人，都不能相信的"……在这些低调观念当中，最核心的一项是："现实太强大，我们不可能改变它，只能去适应它。"即便20来岁、血气方刚的大学生，也有极多是明确地服膺此道的。

因此，新的支配性文化——其意识形态部分尤其明显——有很强的复调性质，其中的低调部分，正构成其高调部分——至少是其中很大一部分——的基石：唯其丧失了改变世界的信心，看人看世就不免消极，也唯其难以体会理想的魅力，就更觉得只有物质利益才真实。最近一二十年来，这个低调部分的实际影响力，明显形成了超过高调部分的趋势，这文化的整体的消极和阴暗意蕴，是更显触目了。

这似乎从另一面解释了为什么新的支配性文化缺乏称职的核心概念：当社会巨变是往做小人心的方向伸展的时候，这巨变对于支配性文化的首要需求，就势必是鼓励人的消极心理，引导人放弃深思、顺利地接受和跟随现实。不用心、不持久甚至不聚焦，稀里糊涂、不求甚解：这样的疲沓散乱的思维状态，正是滋养上述那些流行观念的合适的温床。只有坚持理想、决意奋斗的人，才不得不展开严肃紧张的思考，随大流、混日子的人，不需要这么做。

第二，倘说 1950～1970 年代的支配性文化生产体制，是以国家机器[①]为中枢的，其运行机制纵横的范围，也主要是文化和政治领域，大约在 1990 年代中期开始成形的新的支配性文化生产体制，它的基本结构和其机制的主要运行领域，却都与前者明显不同。1990 年代社会变动的一大特点，是政治领域沉闷寡言、文化系统茫然无措、经济生活异常活跃，前二者和后者的对比非常显眼。几乎所有新的事物，都是在经济领域里先生成雏形，然后或快或慢地壮大，逐渐被官方认可，进而得到传媒和学校教育的拥戴。整体来说，这样的状态一直延续到今天，而且可能在一段不短的时间里继续存在。正是这个在 1950～1980 年代的映衬下显得格外特别的社会态势，给了持续变动的经济系统一种远远超出狭义经济范围的能量，许多新的经济规则、模式和制度，常常兼具明显的文化和政治功能，甚至直接发挥巨大的意识形态影响。1990 年代迅速在全国城市里重建的房地产市场及其广告工业，就是这方面一个突出的例子，在塑造人的价值观、商业头脑、生活方式、婚姻和家庭模式、代际交往关系、空间习性和就业意识……几乎所有这些方面，它的广泛和持久的影响力，是今天任何一个文化——甚至政治——系统都比不上的。至于它在改造社会阶层结构和官场政治生态方面的巨大作用，更是众所周知，无须赘述了。

正因为这几十年来，"文化"的事情几乎都是由"经济"来规划的，当勾勒新的支配性文化生产体制轮廓的时候，类似房地产市场和广告工业这样的系统，就理当被置于中心的位置：它们已经不只是经济机器[②]，同时也是文化机器了。实际上，类似这样一身兼多任的情形，最近 20 年日益普遍，不仅是经济部门来做文化和政治的事，文化——甚至相当多的政治——部门也越来越普遍地做经济的事。报纸、杂志、电视台、出版社……实际上

---

① 此处的国家机器主要指各级党的部门（尤其是其宣传部门）、所有媒体和学校（1950 年代中期以后，大陆的所有媒体和绝大多数学校均为政府机构的一部分）、所有文化机构（如各级作家协会、文艺家联合会和社会科学研究院所，这些机构无一例外均为政府机构，尽管作协和文联名义上是"群众团体"）和共青团系统（其机构性质与作协、文联相同）。

② 此处的"机器"一词，借用了阿尔都塞的"意识形态国家机器"这个概念里的"机器"的意思。

不都是首先自视为商业机构的吗?① 在所谓"产学研结合"的旗号下,大学的科研活动,不也正日益深刻地向"企业研发"转型么?修公路、办医院、发证件、追疑犯……种种将公共服务当成生意来做的行径,我们见得还少吗?网络世界里各类文化活动的"被商业",② 更是方兴未艾。正是在这样的趋势中,"经济"与"文化"日益全面地互相渗透、深刻融汇,随着其程度的持续提高,"市场经济"——即资本增值——的逻辑③日益压倒"文化"和其他逻辑,成为这类混合系统/机器的主宰。④

从这个角度看,新的支配性文化生产体制,主要由一些以不同的方式日趋混合的系统/机器——从房地产市场到传媒业——所构成,⑤ 是必然的事。这个体制的运行机制,也势必以上述那样的混合性,为自己最重要的特征。作为支配性的文化生产机制,它当然以生产支配性的文化为主要任务,但它的偏重混合的特性,决定了这项任务,势必与另一项任务日益紧密地结合在一起:促进"文化"和"经济"的混同。当然,这混同并非随意组合,而是像我前面说的,有其不容偏离的方向:依循资本增值的逻辑,将各种昔日自有经络甚至彼此不大相干的事物,重组为一个整体。

这也就可以理解,为什么新的支配性文化生产机制,并不仅仅运行于一般的所谓"文化"领域。在某种意义上,它其实和譬如杠杆化资本博弈那样貌似纯经济的"潜规则"差不多,是主要——因此首先——因为经济

---

① 当"不能违规"的坚持主要是出于具体利益(乌纱帽和经济处罚)的计较的时候,这实际上就已经是一种类商业化的意识了。

② 最明显的例子是文学创作/阅读和一般社会交往(如聊天)的生产资料化。

③ 可以如此概括资本增值的逻辑的基本内涵:(1)世界上的所有——无论虚实——事物,都可以——也应该——被用来赚钱;(2)兑换成货币财富的数量和直接程度,是衡量所有事物之价值高低的第一标准;(3)投入和产出的比例,是人选择做什么事、怎么做事的首要标准。GDP挂帅的社会发展观念,收入第一的人生思路,都是这一逻辑的体现。

④ 但是否可以由此判定,这类一身兼多任的系统或机器的"混合"性,其实只是表层的,是一种看上去具有文化或其他功能和意味、实质却依然是经济性的系统或机器,仍然需要斟酌。这牵涉到如何理解当代全球"经济"本身的成分、性质和功能的蜕变,以及在此大背景下中国经济状况的特性,在目前研究不足的情况下,不宜骤下判断。

⑤ 以各级党的宣传部门为核心的政府文化管制部门,当然也是这个支配性的文化生产体制的重要环节(这是这个新体制从1950~1970年代的旧体制中继承下来的主要部分),但在整个体制的运行中,政府管制部门的作用主要是限定性的,即确定和坚持政治禁忌的范围,而很少有能力参与——更不要说如在1950~1970年代那样指导和组织——社会文化的生产过程,因此,其重要性是明显下降的。

领域里的体制重组①而形成其基本轮廓的。倘依文化经济二分的表述习惯，你甚至可以说，在许多时候，它像是跟在新的"市场经济"身后，随着经济对于其他非经济事务的渗透蚕食，一步步扩大其运行领域的。这方面的典型例子，是城市居民的日常生活。由于对历史的承续，这生活本来有极大一个部分，是无关经济、不受资本逻辑的统辖的，但随着这些年"中国特色的市场经济"的迅猛扩展，城市居民首当其冲，其日常生活中的消费部分日趋膨胀，大有要一口吞掉其余部分的气势：正是在这个过程中，新的支配性文化生产机制逐步完成了对于城市居民日常生活的改造，将它变成了新的支配性文化的主产区。②

可以说，新的支配性文化生产机制运行得越顺畅，新的文化和经济的混同就越普遍、越深刻，它们非但不再是分立的，也越来越少是携手的，而是从一开始，就大多混同一物、难分彼此了。随着这混同之势的日趋强劲，资本逻辑对于社会文化和人民精神生活的全面引领，自然日益深刻。在前面的答问中，我屡屡提及人心的日渐卑小，在这里，造成这卑小之势的一大深层原因，就相当清楚了吧。

当然，世界这么大，中国这么大，上面讲的这一股人心卑小的趋势，虽然浊浪蒸腾，毕竟还不能一手遮天。人类到底是有了至少几千年的文明历史，即便现实强有力地逼迫人精神返祖，这逼迫本身，也会激起人的反感和忧虑，激发相反的意愿。在中国，昔日那样赤裸裸的物质匮乏的状况，正在根本改变，因那匮乏而形成的贪嗜物质享受的冲动，势必随之消退。尽管像我前面讲的，支配性的社会力量正利用这个改变，营造一个"利"字当先的时代，要把我们继续淹在贪嗜物质的冲动里，尽管中国和整个世界的形势，正在造就新式的、更为严酷的物质的匮乏，③ 更强有力地逼人返祖，这毕竟是一盘未定之局，我们向上进步还是向下沉沦，能不能打破这

---

① 说到 1990 年代经济领域里的体制重组，我们首先想到的大概是股市、房市、分税制，等等，但我要说，新的支配性文化生产体制，同样是这体制重组的重要成果之一。

② 我在《什么是今天中国的住房问题？》（《探索与争鸣》2016 年第 9 期）一文中对此有初步的讨论；刊发于《探索与争鸣》2016 年特刊的调查报告《1990 年代以来上海都市青年的"居家生活"》（王晓明、罗小茗、郭春林、朱善杰和高明撰稿），则提供了这方面的较为细致的数据分析，可以参看。另外还要说明一点：实际上，城市居民日常生活的这个改变，也在稍后扩展到了越来越广阔的乡村地区，限于篇幅，这里就不展开介绍了。

③ 城市里新建的住宅楼密集如同森林，昔日水网密布的地区却普遍缺水，这个对比再清楚不过地说明了，目前这样的经济发展是如何一面消除过去那样的物质匮乏，一面又制造新的可能更难消除的物质匮乏的。

"利"字当先的潮流，至少很大一部分局面，是取决于我们自己怎么想、怎么做的。在这个意义上，我觉得文化研究或类似这样的思想和知识活动，有很重要的价值，因为它是建立在对人的期盼之上的，它相信人应该有比在猪舍里满意地咂嘴——或者在丛林里惊惧地互相咆哮——体面得多的生活。

2017 年 2 月　上海

其他来稿

1990 年代大众文化研究的现代化
理论范式再考察*

肖明华**

摘要 在社会文化语境由"呼唤现代化"转向"反思现代性"的 1990 年代，形构大众文化研究的现代化理论范式弥足珍贵。简而言之，其可贵之处乃在于它能够对大众文化的现代化意识形态及其文化逻辑有历史理性的认同与宽容，并且能对大众文化做具体化与语境化的分析等。对这一范式的再考察可以为依然处在转型中的当代社会及其文学/文化理论的建设与发展提供重要参考。

关键词 大众文化 现代化理论 范式

Abstract The theoretical paradigm of modernization theory which constructed popular culture research was precious during the transformation of social cultural context from the "calling for modernization" to "reflection of modernit" in the 1990s. In short, the modernization ideology of popular culture and its cultural logic could be recognized and tolerated in a historical sense. Besides, popular culture could also be analyzed in context in a concrete way. The re-examination of this paradigm can provide an important reference for the contemporary society and its literary and cultural theory, which are still in transition.

Key words popular culture; modernization theory; paradigm

---

* 2015 年度国家社科基金项目（15BZW009）、2016 年度江西省高校人文社会科学重点研究基地招标项目（JD16099）。
** 肖明华，文学博士，江西师范大学当代形态文艺学研究中心副教授、硕士生导师，研究方向为文学基础理论、大众文化研究。

一

改革开放伊始，大众文化便在中华大地出现，至今已有 30 多年的历史。[1] 但对大众文化的研究，在 1980 年代却并没有 "浮出水面"。[2] 进入 1990 年代，尤其是 1993 年以后，随着市场经济体制的逐渐落实、知识分子出现身份的惶惑以及大众文化自身的社会功能已然呈现，大众文化才被切实地重视起来，关于它的研究也逐一展开。在此过程中，出现了现代化理论范式的大众文化研究。我们认为，此一研究范式值得再考察，其原因之一便是现代化理论话语在当前多种社会思潮下似乎不很 "正确"，以至于当前活跃的大众文化研究越来越向左转，[3] 这是值得重视的事情。[4]

其实，在 1990 年代的大众文化研究中，要生发出一种现代化的研究范式来，并不是一件容易的事情。一个重要的原因在于，1990 年代最初几年，是现代化出现反思的时刻，它突出地表现在 "民族主义" 的诉求上，诸如激进与保守之争、国学热、后殖民兴起等多少有一点 "民族主义" 的影子。虽然这种反思并非要完全否定现代化本身，但至少也表现出了对它的压抑。加之 1980 年代呼唤现代化的知识分子，进入 1990 年代后，对 20 世纪末的事件尚未释怀，便要应付 1990 年代尤其是 1993 年以来的市场经济体制对他们的去精英化 "贬损"，这无论如何也是有难度的。换言之，人文知识分子按理来说难以保持清明的 "历史理性"，更难以认同由主导意识形态推动而兴起的大众文化。

然而，现代化理论范式的大众文化研究毕竟发生了。为此，我们有必要予以追问，其原因何在？不妨说，它和两个契机相关。

其一，市民社会的讨论在 1993 年前后的兴起，它为人文知识分子从事大众文化研究提供了一个社会科学的知识语境。这种语境对于激发人们对大众文化持一种较为冷静的社会理论分析，无疑起到了重要的作用，甚至对于思考大众文化的复杂性都有一定的功效。这一点，陶东风先生曾回忆

---

① 谢轶群：《流光如梦：大众文化热潮三十年》，广西师范大学出版社，2008。
② 赵勇：《透视大众文化》，中国文史出版社，2004，第 18 页。
③ 肖明华：《大众文化研究的批判理论范式再考察》，《中国文学研究》2014 年第 3 期。
④ 本文称之为 "再考察" 的主要缘由是在学界已有陶东风先生做了相关研究工作。本文对陶东风先生的成果有自觉吸收。

道:"我把市民社会理论引入大众文化研究,摆脱了单一的法兰克福立场,也在很大程度上改变了原先那种简单化的精英主义立场和单一的人文科学视角(市民社会理论属于一种社会理论)。"① 在 1990 年代那个精英文化衰落的年代,人文知识分子主动使用社会理论,直接来讲是为了取得阐释的有效性,但同时也是为了维护知识分子的地位。正如有学人所指出的:"精英文化的失落并不完全等于全部知识分子的失落。人文知识精英依靠政权用意识形态主导社会的时代结束了,但是知识分子的整体地位并没有动摇。科学技术专家仍是受尊敬的权威,社会科学家也在逐渐形成一个相对独立的群体,对社会和经济的实际运行发挥着越来越重要的作用。"② 如果我们有根据认为这样的判断在 1990 年代具有真实性的话,那么我们也可以认为,现代化的理论范式的发生与时代对社会科学知识的诉求不无关系。历经那个年代的学人后来有大量而专门的相关回忆。比如陶东风先生就曾回忆自己在 1993 年后有意识地调整知识结构,加强了对社会理论的研习,以至于都在社会理论视野中观照文化/文学问题;③ 蔡翔先生也曾指出,20 世纪八九十年代的问题差异导致了文学研究的知识资源诉求的转型,80 年代围绕在哲学、美学、心理学周围,90 年代则凸显了以社会学、经济学、政治学为代表的社会科学对文学研究的重要性。④ 这些都证明了人文科学"跨学科"地吸收社会科学的阐释效能,几近成为一种必要的选择。有学人曾以佛道学说为例,指出"我们用佛教的语言或者道教的语言讨论当代社会问题,那么,这种讨论至多被理解为个别人的意见。作为一种解释社会的系统知识则是无效的"。⑤ 为此之故,要阐释大众文化,并在阐释中达到对一个更大的社会文本的较为有效的理解,即要把大众文化"放在中国社会转型的历史进程中来把握",⑥ 那么无疑需要一种社会科学的视野。不妨说,从这个阐释的有效性方面,我们都可以看到"从道德主义、审美主义或宗教性价值的尺度完全否定世俗化与大众文化是不可取的"。⑦

---

① 陶东风:《文化研究在中国——一个非常个人化的思考》,《湖北大学学报》2008 年第 4 期。
② 高丙中:《中国文化的群体差异及其变异》,《社会科学战线》1996 年第 2 期。
③ 陶东风:《社会理论视野中的文学与文化·自序》,暨南大学出版社,2002,第 1~6 页。
④ 王晓明、蔡翔:《美和诗意如何产生——有关一个栏目的设想和对话》,《当代作家评论》2003 年第 4 期。
⑤ 汪晖:《死火重温》,人民文学出版社,2000,第 493 页。
⑥ 陶东风:《大众消费文化研究的三种范式及其西方资源》,《文艺争鸣》2004 年第 5 期。
⑦ 陶东风:《大众消费文化研究的三种范式及其西方资源》,《文艺争鸣》2004 年第 5 期。

其二，现代化理论范式的大众文化研究与人文精神讨论有一定的关联，甚至可以认为它是在人文精神讨论的过程中发展起来的。

先以王蒙先生为例。1993 年前后，王蒙在《躲避崇高》中对王朔那甚为畅销的"痞子文学"表达了相当的认同，认为它一改百年来的主流文学和精英文学的风貌，"撕破了伪崇高的假面具"，把文学"玩"了起来，并很适应市场经济体制。更为关键的是，它还对旧有的意识形态有一定的冲击力，对高调、"大话"，对专制体制都有颠覆意义，所谓"多几个王朔也许能少几个高喊着'捍卫江青同志'去杀人与被杀的红卫兵。王朔的玩世言论尤其是红卫兵精神与样板戏精神的反动"。① 应该说，王蒙对王朔的"痞子文学"所表达的宽容乃至激赏的态度，虽然并不能直接就认为这是在自觉地建构一种现代化的大众文化研究范式。但是，他的这种思维方式，这种对市场经济语境中的大众文化的理性看法却起到了建构现代化理论研究范式的效果。王蒙的这篇《躲避崇高》无疑是人文精神讨论的一个"潜文本"，它甚至是引发人文精神讨论的一个导火索。正如有学者所言，它"实际上已拉开有关'人文精神'讨论的帷幕"。② 这种说法的确有些道理。因为标志"人文精神讨论"发生的《旷野上的废墟》一文，明显针对了王蒙在《躲避崇高》中关于王朔也即关于大众文化的看法，王蒙因此成为人文精神倡导者所批评的对象。③

此后，王蒙在《躲避崇高》一文中所表达出的批评观念，还在其后继的一些文章中得以贯彻，甚至表达得更为鲜明、自觉。比如在《人文精神问题偶感》中，他对市场经济取认同的姿态，认为市场包括文化市场也是人的需要，在市场经济条件下，人文精神才更容易寻找得到，因为它有一个产生人文精神的社会基础。王蒙把这个社会表述成："一个人人靠正直的劳动与奋斗获得发展的机会的更加公平也更加有章可循的社会。"④ 在他看来，王朔的痞子文学即使不能促成这样的社会建构，也无疑与这样的社会相契合。因此，力挺王朔也就有了他的理由。

总之，王蒙在讨论人文精神的过程中自觉不自觉地就建立了一种大众

---

① 王蒙：《躲避崇高》，《读书》1993 年第 1 期。
② 董之林：《近期有关"人文精神"讨论述略》，《当代文学研究资料与信息》1995 年第 4 期。
③ 王晓明等：《旷野上的废墟——文学和人文精神的危机》，《上海文学》1993 年第 6 期。
④ 王蒙：《人文精神问题偶感》，《上海文学》1993 年第 6 期。

文化的批评形态，那就是以清明的历史理性，承认市场经济对社会文化的现代化世俗化进程的推动作用，同时也认同在此一进程中所产生的文化。换言之，也就是能够结合语境来理解文化。这对此后社会理论的大众文化研究范式的形成起到了重要作用。

在王蒙之后，以自觉或不自觉的现代化视角对大众文化进行言说者还有李泽厚先生。在一次访谈中他不经意地表达了一些可名之为现代化理论范式的大众文化观。他认为应该"正视大众文化在当前的积极性、正面性的功能"；"当前知识分子要与大众文化相联系……它们的联盟有两个作用：一是消解正统意识形态，二是引导大众文化走向一个健康的方向"；"大众文化不考虑文化批判，唱卡拉 OK 的人根本不去考虑要改变什么东西，但这种态度却反而能改变一些东西，这就是……对正统体制、对政教合一的中心体制的有效的侵蚀和解构"。① 由此可见，李泽厚对大众文化的判断主要依据其在社会历史进程中的功能来定，这无疑透露了其研究旨趣。他的这种看似不经意的言说，有才情也很敏锐，具有很大的启发性，不可谓不是一种有效的知识生产乃至学术创新的方式。但不可否认，李泽厚，同时也包括王蒙，毕竟没有直接而学理地进行大众文化研究的理论建构，并未在学术史的意义上有意识地"接着说"，或者"对着说"，他不是在学术论文中表达的，而是在随感、访谈中完成的。因此，现代化理论的大众文化研究范式并未建构完成。②

---

① 李泽厚等：《关于文化现状与道德重建的对话》，《东方》1994 年第 5 期。

② 不妨说，现代化大众文化理论范式的建构还与个体经验有关。持此范式的人，往往对极左意识形态有切身的"创伤记忆"。即使在 20 世纪八九十年代之交的语境下，王蒙、李泽厚都遭遇过一定的"麻烦"。有论者称王蒙的《坚硬的稀粥》是一篇政治倾向有严重错误的作品，将这样的作品加以表彰，确实是很不妥当的"（山人：《〈坚硬的稀粥〉是一篇什么作品》，《文艺理论与批评》1991 年第 6 期）；而对李泽厚的批评就更是直接："李泽厚把五四新文化运动加以旧民主主义化、非政治化和非群众化，这是对五四新文化运动的全面曲解，是很不符合五四新文化运动的历史实际。他的目的是要将五四新文化运动与共产党领导的整个中国人民革命割裂和对立起来，与社会主义道路对立起来，与马列主义、毛泽东思想对立起来，从而很方便地去宣扬所谓'救亡压倒启蒙'和所谓转换性的创造（即'西体中用'）的观点。这是不能不予以揭露和批判的。"（蒋茂礼：《李泽厚同志是怎样曲解五四新文化运动的？》，《高校社会科学》1990 年第 5 期）这样的经历，就使得他们较为敏感并认同于世俗化/现代化，因为世俗化/现代化在中国语境下，"所消解的不是典型的宗教神权，而是准宗教性的集政治权威与道德权威于一身的专制王权"。（金元浦、陶东风：《阐释中国的焦虑——转型时代的文化解读》，中国国际广播出版社，1999，第335 页）

二

现代化理论范式的自觉建构，大致朝着两个相互关联的方面进行。一是受人文精神讨论的影响，主动反思法兰克福学派"批判理论"的局限性，借此建构现代化理论范式的大众文化研究。陶东风先生曾回忆道："正是在与'人文精神'与'道德理想主义'的论争中，我逐渐修正了前期机械搬用批判理论的做法，形成了我的大众文化观点。"[①] 不妨说，陶东风主要就是回到中国本土的社会语境来理解大众文化，并且主要以是否有助于推动中国社会各个方面的现代化进程为标准来言说大众文化的是与非。二是学理化地建构现代化理论范式的大众文化观。相关的重要文章大致包括《超越历史主义与道德主义的二元对立：论对于大众的第三种立场》[②]《人文精神与世俗化》[③]《无确定性的解放——大众文化与中国社会的现代转型》[④]《社会转型期的大众文化定位》[⑤]《重新审视大众文化》[⑥]，等等。[⑦] 这些文献关于大众文化的批评，相对而言不再局限于大众文化文本本身，而是把大众文化文本视为某一社会文本的表征，因此只有分析到社会文本，或者说结合社会文本来分析大众文化文本，才有可能解释清楚某一大众文化文本

---

① 陶东风：《大众消费文化研究的三种范式及其西方资源》，《文艺争鸣》2004 年第 5 期。

② 陶东风：《超越历史主义与道德主义的二元对立：论对于大众的第三种立场》，《上海文化》1996 年第 3 期。

③ 陶东风、金元浦：《人文精神与世俗化》，《社会科学战线》1996 年第 2 期。

④ 尹权宇：《无确定性的解放——大众文化与中国社会的现代转型》，《社会科学辑刊》1996 年第 1 期。

⑤ 邹广文：《社会转型期的大众文化定位》，《吉林大学社会科学学报》1998 年第 6 期。

⑥ 金元浦：《重新审视大众文化》，《中国社会科学》2000 年第 6 期。

⑦ 需要说明的是，还有一些相关文献未列入进来，这主要是出于两种考虑：第一，我们关注的文献主要以 1990 年代的为主；第二，这种文献没有丰富此一范式，甚至只是自觉不自觉地受此一范式影响而已。比如有论者的如下观点恐怕就可如是看待："中国的大众文化有力地冲击和消解了改革开放前的那种专制和单一的意识形态，它打破了所谓神圣的主流权力话语一统天下的局面，使得我国的文化从单一的革命教化的文化向多元的大众文化的发展。文化的世俗化就是对教条和空洞的理想主义的反叛，它使审美和艺术脱离了专制的政治文化，更多地介入人们的日常生活，注重大众生活的经验和体验。大众文化改变了中国当代的意识形态，成为作用于意识形态的合力中一股不可忽视的力量，它在主流权力话语之外建立了公共文化空间，给个人的情感和文化要求提供了场域。"（贾明：《现代性语境中的大众文化》，上海人民出版社，2007，第 7 页）另外需要说明的是，现代化理论的大众文化研究范式内部也有差异。具体可参陶东风的相关论述。（陶东风等：《当代中国的文化批评》，北京大学出版社，2006，第 88 ~ 98 页）

的内在特点，才能理解其文化逻辑。由是，研究者对于如何看待与大众文化相关联的社会的性质、大众文化对于社会发展的意义等问题表现出了极大的兴趣。

　　具体来说，在现代化理论范式看来，大众文化是 1990 年代社会的文化形态，而 1990 年代的社会是一个世俗化的社会，世俗化的社会也即一个现代化的社会。它与 1980 年代或说改革开放以来的社会及其文化在性质上具有一致之处，如有学者所言："如果我们不否定中国的改革开放与现代化运动具有不可否认的历史合理性与进步性，那么，我们就必须承认：当今社会的世俗化过程及其文化伴生物——世俗文化，具有正面的历史意义，因为它是中国现代化与社会转型的必要前提，如果没有 80 年代文化界与知识界对于准宗教化的政治文化、个人迷信的神圣光环的充分解除，改革开放的历史成果是不可思议的。"① 1990 年代的世俗社会虽然也可能存在一些问题，但毕竟与"文革"时代甚至几千年以来的"旧社会"迥然不同。"世俗化无论有多少负面后果，它仍具有消解一元的意识形态与一元的文化专制主义，推进政治与文化的多元化、民主化进程的积极历史意义。"② 认识到这一点，是有清明历史理性的表现。我们可以认为，现代性的发生，在晚清民初已然萌动，到 1980 年代还主要留在思想层面，如有学人所言，"当时是在思想上追求现代社会，追求个性解放、个体自由，但还没有真正落实到个人利益"。③ 而到了 1990 年代则落实在日常生活的层面，几近让每个普通百姓都有现代性的生活想象及其实践。这种现代性的生活，意味着过一种参与感、世俗化的生活。大众文化是这种生活的一个重要表征。为此，1990 年代需要继续沿着 1980 年代乃至晚清民初所开启的现代化道路前行，而绝对不能远离更不能背叛。即使 1990 年代的社会有诸多的不足之处，也不能成为我们遗弃现代化的理由。为此，对 1990 年代的盲目批判更多的可能是一个误区。④

　　同时，现代化还是判断大众文化是否具有合法性的一个指标，只要大众文化在主导的方面，对于社会的现代化建设有益，特别是"具有消解政

---

①　陶东风：《超越历史主义与道德主义的二元对立：论对于大众的第三种立场》，《上海文化》1996 年第 3 期。

②　陶东风：《社会转型与当代知识分子》，上海三联书店，2001，第 170～171 页。

③　李泽厚：《李泽厚近年答问录》，天津社会科学院出版社，2006，第 164 页。

④　金元浦、陶东风：《阐释中国的焦虑——转型时代的文化解读》，第 36 页。

治文化与正统意识形态的功能"，① 那就应该积极肯定它的社会历史意义。发生于 1990 年代的大众文化，与市场经济体制有内在的关联，这就使得这种文化具有了现代化的意义，"是一场解构神圣的世俗化运动"，因为它的确"提供了文化的个人空间和个性表达方式"，"创建了适应各种不同层次和等级的文化消费空间和消费方式，使大多数人可以更自由、方便、快捷地获得自己喜爱的文化资源"。② 有学人还曾指出，1990 年代的大众文化起到了转换主流意识形态的积极功能，"使主流意识形态很大程度地世俗化、柔媚化甚至商品化了"。③ 这既抚平了 20 世纪八九十年代之交的事件所留下的裂痕，又提供了契合于现代化的新征程的一种"新意识形态"。对于这种表征了新意识形态的大众文化，现代化理论范式主要持肯定的态度："从历史主义的价值立场出发，我们应该对当代中国的大众文化实践给予一种基本肯定，即应该看到大众文化对当代中国市场经济的发展，对中国文化的真正现代化所起的不可替代的历史作用。"④ 也正是在这里，现代化理论范式对法兰克福学派的批判理论范式主要指陈大众文化的局限性，以及力主否定 1990 年代大众文化的做法不甚赞同，并予以反思，认为这是一种不切合语境的做法，因此要"慎用"。⑤ 其实，最为关键的倒不是批判理论对大众文化本身的态度，而是它的这种态度有可能在实践中危及 1990 年代依然未曾完成的现代化转型。在现代化理论范式看来，在 1990 年代以来的现代化过程中的确有不少问题存在，作为其表征的大众文化的局限性也的确是有，但是对于这些问题和局限，要持一种历史理性优先的态度，"在肯定其历史意义的前提下对之加以优化"。⑥ 有学者也正是在此基础上立论的，认为"大众文化作为我国社会由旧体制、旧传统向现代社会转型时期的文化，固然有它不成熟，甚至浮浅、混杂的缺点，但它毕竟带有背叛旧传统，从旧传统中挣脱出来，解放出来的时代痕迹……尽管它扮演得不是那么像，

---

① 陶东风：《社会转型与当代知识分子》，第 170 ~ 171 页。

② 金元浦：《重新审视大众文化》，《中国社会科学》2000 年第 6 期。

③ 赵勇：《意象形态与 90 年代中国文学》，《文艺争鸣》2000 年第 6 期。

④ 邹广文：《社会转型期的大众文化定位》，《吉林大学社会科学学报》1998 年第 6 期。

⑤ 陶东风：《超越历史主义与道德主义的二元对立：论对于大众的第三种立场》，《上海文化》1996 年第 3 期。

⑥ 陶东风、金元浦：《人文精神与世俗化》，《社会科学战线》1996 年第 2 期。

那么有力量。但导演者并不是它本身，而是时代，是历史"。① 对于人文精神一派的批判理论，在现代化理论范式看来，并没有与其有本质的差异，因为人文精神一派并非认同"文革"，并非要回到专制体制，为此，在现代化理论范式这里，历史主义和道德主义可以"握手言和"。②

总之，现代化理论范式的大众文化研究认同现代化理论，③ 并且将大众文化视为现代化进程的推动力量甚至内在构成要素。正因此他们才会认为，1990 年代的社会"尽管处于前现代、现代与后现代的交叉路口，但它的主导趋势无疑是从前现代走向现代的转型，因而现代化是我们的主要历史使命，现代性是我们所要建构的价值系统的核心。我们的文化发展战略，包括我们对于世俗文化、大众文化的态度、立场，都应当以此为轴心而加以建构"。④ 多年以后，现代化理论范式的代表人物陶东风先生，依然难能可贵地坚持并发展了这种观点，认为"是否具有抵抗全权主义、推进民主化的政治功能是我评价大众文化与消费主义的最主要的尺度。这个立场与尺度迄今未变"。⑤

三

1990 年代的现代化理论范式的大众文化研究，的确抓住了 20 世纪八九十年代之交的核心问题，那就是大众文化自身以及与之相关的社会政治环境的"现代化"问题。陶东风先生曾敏锐地指出，大众文化"必须在与官方主流文化不正面冲突的前提下才能生存，无论多么突出市民文化的娱乐功能，消闲功能，煽情功能，宣泄功能，它都谨慎地回避与官方文化的冲突（主要是在政治观念和道德观念上的冲突）以求得官方文化的认可甚至赞赏"。⑥ 持现代

---

① 尹权宇：《无确定性的解放——大众文化与中国社会的现代转型》，《社会科学辑刊》1996 年第 1 期。
② 陶东风：《社会转型与当代知识分子》，第 201 页。
③ 现代化理论无疑是差异的存在，但其共享理性化、个性化、市场化、城市化、民主化、世俗化等基本观念。参见罗荣渠《现代化新论》，北京大学出版社，1993；周穗明等：《现代化：历史、理论与反思》，中国广播电视出版社，2002。
④ 陶东风：《超越历史主义与道德主义的二元对立：论对于大众的第三种立场》，《上海文化》1996 年第 3 期。
⑤ 陶东风：《大众消费文化研究的三种范式及其西方资源》，《文艺争鸣》2004 年第 5 期。
⑥ 陶东风于 1993 年 5 月在北京雁栖湖"通俗剧研讨会"上的发言，参见解玺璋《百家争鸣说"通俗"》，《中国电视》1993 年第 10 期。

化理论范式者有一个开放、民主、自由、宽容、活得有尊严的世俗化社会愿景。它不希望再看到一个在集权中丧失人性、人人自危的社会，也不愿意看到整个社会在左冲右突中贻误建设和发展的良好时机，它希望看到的是经济文化政治乃至个体的心性结构，都能够渐渐地实现现代转型。

就学术研究而言，此一范式的研究有一个重要特点，即注重沟通大众文化文本与社会政治语境这个大文本之间的关联，并试图透过大众文化文本来表达一种关于社会政治的学术关切。而且，它的研究往往较为具体有效，因为它不设定一个规范性的大众文化法则，并对大众文化本身提出应该性的要求。依其之见，这种研究不能理解某一大众文化之为某一大众文化的具体的社会语境，因此难以见效。而且，即使大众文化有诸多的局限性，那也应该去寻找这种局限性之所以产生的体制性和结构性的原因。这样就可以让人们对于某一大众文化文本的社会生产机制有较为清晰而理性的认识。比如有论者对大众文化进行批评时指出："'大众文化'平庸的生产者，在努力制造着平庸的受众，平庸的受众再鼓励着更为平庸的文化生产，从而形成恶性循环，这就是当下一些电视剧、小说总是表现没完没了的清宫秘事，相互仿效的感情纠葛，大同小异的男欢女爱的根本原因。"[1]这种分析当然有一定的道理，但是在现代化理论范式看来，这种分析的结论是不准确的，因为根本原因不在生产与消费的恶性循环。只有通过追问这样生产与消费的具体的体制性原因，才有可能挖掘到根本原因。不妨说，正因为坚持现代化理论范式的此一重要特点及其旨趣，我们才会坚持认为，不能因为大众文化在此后的发展中表现出了诸如物质主义与消费主义的问题，便完全否定大众文化及其所表征的世俗社会，甚至还做起回归宗教文化与社会的美梦，或者企图退回到去大众文化的极端时代。合理的做法也许是，继续以现代化理论范式的大众文化批评为旨趣，合乎语境地分析大众文化是在怎样的社会条件下出现诸如物质主义、消费主义之类问题的，既而有针对性地展开相应的社会文化批评，并建构大众文化和世俗社会的公共价值认同和公共交往方式，[2]乃至建构公共批评的大众文化研究范式，这当是一条可行之路。[3]

---

① 盖生：《价值焦虑：新时期以来文学理论热点反思》，上海三联书店，2008，第215页。
② 陶东风：《畸变的世俗化与当代大众文化》，《文学评论》2015年第4期。
③ 肖明华：《走向公共批评的大众文化研究》，《山西师大学报》（社会科学版）2010年第5期。

　　不可否认，由于持现代化理论范式的学人对 1990 年代社会性质的判断和诉求，以及其历史理性优先的思维逻辑和研究方法等原因，他们往往看到的是大众文化的优点，并认同这样一种大众文化观，即大众文化"抹平了文化特权、垄断、偶像，大大推动了文化的多元化和民主化进程；'大众文化'的开放性、宽容性及丰富多彩的文化产品创造了一种共享的文化空间"。① 就此说来，现代化理论范式也就对大众文化持认同的态度更多一点，但也正是这种认同，使得它既能走进大众文化，又能拉开一个知识论的距离，从而有效地阐释大众文化。

　　同时，现代化理论范式的大众文化研究放弃了自己的精英主义立场，因为研究者意识到，"如果斤斤于政治一体化时代那种可怜的精英意识与中心地位，缺乏历史发展进程的深刻洞察，就必然会无视历史提供给我们的重要机遇……应看到世俗化带来的文化民主与文化自由，世俗化的平民性本来就是当代知识分子 80 年代精神诉求的合理延伸与结果。我们绝不是为媚俗主义辩护，问题是，当代文化的新机制，当代文化的更大的更快的发展，当代文化艺术的新的保护方式，只能从市场经济这一起点开始，只能从世俗化现实开始。我们别无选择"。② 这种有意识地从精英主义中走出来，更多地表现出了对 1990 年代大众文化的积极认同。这种认同才使得它有可能将大众文化作为研究对象，才有可能在研究中勾连起学术与日常生活的真实关系，从而语境化地看到大众文化的性质、特点和功能，并改变那种"集体无意识"般地使用域外理论来批判大众文化的做法。③

　　至此，我们可以看到现代化理论范式的大众文化研究，它有较多的文化研究特质，诸如"去精英化"的认同、语境化的方法、关注社会政治问题的旨趣等。这种大众文化研究范式的践行，已然悄悄地走向了自觉的文化研究。如果我们承认 1990 年代以来的文学无论是在生产、传播还是在接受上都已然大众文化化了，那么这种具有较多文化研究意味的大众文化研究恐怕是一个有效应对这种变化的研究方案。正因如此，它值得我们予以回望。

①　朱立元：《精英文化的困顿》，《上海文化》1994 年第 3 期。
②　金元浦、陶东风：《阐释中国的焦虑——转型时代的文化解读》，第 47 页。
③　陶东风：《文化研究：西方与中国》，北京师范大学出版社，2002，第 38～43 页。

文化危机与现代焦虑：
一种批判理论视角[*]

辛　楠[**]

摘要　文化危机与现代焦虑问题是现代社会发展中的一种普遍现象和文化问题。批判理论为深入分析文化危机和现代人的焦虑提供了一种新的视角。恐惧、焦虑体验是启蒙自身的产物，是启蒙吊诡式存在的情感根基，与启蒙以来的文化危机形影相随。一方面，它是在文化工业的迷雾中自我主体的反思形式，是主体渴望逃离文化危机的征兆，另一方面是现代人解决生存危机和寻找审美启蒙的内在驱力，是审美乌托邦世界的建构性力量，也是应对工具理性对人的压制的渴望性和反抗性力量。

关键词　文化危机　焦虑体验　批判理论　审美乌托邦

Abstract　The problem of cultural crisis and modern anxiety is a common phenomenon in the development of modern society. Critical theory provides a new perspective for analyzing the cultural crisis and the anxiety of modern men further. Fear and experience of anxiety are products of enlightenment, the emotional foundation of the enlightment paradox which has coexisted with the cultural crisis like its shadow since the enlightenment. On the one hand, it is the reflection of self in the context of the perplexing cultural industry, a symptom that the subject is eager to escape from the cultural cri-

---

[*]　本论文为国家社科基金项目"现代焦虑体验的美学研究"（11CZW011）和江苏省教育厅社科项目"文学与空间关系研究"（2014SJD416）阶段性成果之一。

[**]　辛楠，文学博士，中国矿业大学文法学院讲师，主要从事文学理论与文化研究。

sis. On the other hand, it is the inner drive that modern men applies to solve the survival crisis and find the aesthetic enlightenment, the constructivism strength of the aesthetic utopia world, and the desire and the resistance force that responds to the repression of the instrumental reason.

Key words cultural crisis; experience of anxiety; critical theory; aesthetic utopia

进入现代以来，人们凭借理性获得了巨大的物质成功，但并没有增强他们希望获得的幸福感。同时，随着持续发展的工具理性的合理化和各种机构科层化，个体遭受前所未有的压抑而陷入精神焦虑之中，生活在"牢笼"里无法寻找自己的未来。这也就意味着现代人开始质疑现代文化的根基，文化忧思和危机感愈演愈烈，正缘于此，笼罩在人们心头的这种文化危机与现代焦虑问题成为现代社会发展中的一种普遍现象和文化问题。

在这样的文化背景中，霍克海默等人对此提出了自己的理论追思，以"批判理论"这一理论范式将现代文化问题进行话语建构。批判理论建立在马克思的政治经济学批判基础之上，吸收韦伯的社会合理化理论的精髓，在更加激进的立场上对资本主义文化进行彻底的批判。研究者也大都沿着这些理论脉络来读解批判理论的思想内涵和理论主题。然而，我们忽视了批判理论背后沉潜的心理和情感根基，那就是资本主义文化发展所带来的新的焦虑和恐惧及其背后所蕴含的精神与文化危机。换句话说，批判理论对西方现代社会进行了一种心理诊断，为我们深入分析资本主义文化危机和现代人的焦虑提供了一种新的视角。在现代社会合理化语境中，现代人表现出的最明显的精神症状和生存情绪就是日益加剧的恐惧和焦虑。而作为一种情感和心理机制，焦虑体验在文化批判中被赋予新的内涵。我们在批判理论家的片段化和构想性的书写中挖掘和诠释焦虑、恐惧与工具理性、文化批判、主体确立和审美救赎等方面之间的关联，集中探讨现代焦虑体验在面对和解决文化危机过程中所承担和发挥的重要作用。我们认为恐惧、焦虑体验是启蒙自身的产物，是启蒙吊诡式存在的情感根基，与启蒙以来的文化危机形影相随，不可分割。一方面，它是在文化工业的迷雾中自我主体的反思形式，是主体渴望逃离文化危机的征兆；另一方面，它是现代人解决生存危机和寻找审美启蒙的内在驱力，是审美乌托邦世界的建构性力量，也是应对工具理性对人的压制的渴望性和反抗性力量。

一 恐惧、焦虑与启蒙理性

批判理论的根本目的就是竭力保留和挖掘哲学的批判潜力，这是法兰克福学派以及后学以理论方式干预和批判现实的自觉诉求。在反思和批判的层面上，法兰克福学派颠覆性地将批判的目光瞄准在启蒙身上，揭示其背后所笼罩和纠缠着人类的神秘、虚假、恐惧和焦虑的真相，这些在某种意义上牵制、规定、建构了人们的情感根基和主体性思维。只有理解这些规定和建构人的情感世界的关键性因子，我们才能理解批判理论的美学以及在这一情感根基事实之上的现代性批判的审美语境。

霍克海默指出："就进步思想的最一般意义而言，启蒙自始至终的目标就是使人们摆脱恐惧，树立自主。但是，这个彻底启蒙了的世界却笼罩在一片因胜利而招致的灾难之中。启蒙的纲领是要唤醒世界，祛除神话，用知识来替代幻想。"① 在这一表述中，我们能够理解到霍克海默对启蒙的辩证思考。启蒙运动的目标在于从根本上摆脱人们生活在神话、迷信中而导致的恐惧和焦虑，让人们成为一个具有自主意识的主体，但事实恰恰相反，启蒙所建立的丰功伟绩重新构造了一个让现代人恐惧和焦虑的文化陷阱。

需要强调的是，进步也是启蒙的同义词，它为人们制造了一种虚假的幻觉，启蒙的开拓者是逐渐强势的资产阶级，当他们掌握了经济和政治话语权之后，必然在意识形态上要求人们摆脱对神的盲目崇拜，在构建社会结构的意识层面上对人的心智进行理性的建构，不断强加给人们一种虚假的意识。这种进步的虚幻似乎在解除焦虑和恐惧，破除迷信和神话，但事实上，这又将人们拖入一个更加迷惘、无奈和神话般的世界中。人们生活在这样一个世界却又感觉到这是一个合理化的社会。在韦伯的认识层面上，这种合理化就是现代社会生活的矛盾、恐惧和焦虑的基本困境。启蒙所开创的事业和勾画的宏伟蓝图并不简单地意味着现代世界就是无限美好的，也并不意味着现代人可以过着宁静、和谐、自由和博爱的生活。现代社会是一个遭遇祛魅之后的危机重重、起伏不定的时代，一切神圣的东西在这个时代都会被亵渎。"没人知道将来会是谁在这铁笼里生活；没人知道在这惊人的大发展的终点会不会又有全新的先知出现；没人知道会不会有一个

---

① 〔德〕霍克海默：《霍克海默集》，渠东、付德根等译，上海远东出版社，2004，第 43 页。

老观念和旧思想的伟大再生；如果不会，那么会不会在某种骤发的妄自尊大情绪的掩饰下产生一种机械的麻木僵化呢，也没有人知道。因为完全可以，而且不无道理地，这样来评说这个文化的发展的最后阶段：专家没有灵魂，纵欲者没有心肝。"① 韦伯充分认识到现代人的现实与未来，为人们勾勒的生活的"铁笼"其实就是形象地反思启蒙所倡导和坚持的工具理性原则的"吊诡"式存在。批判理论除了对启蒙本身进行辩证的思考，还期望从启蒙与恐惧、焦虑之间的隐秘关系中对启蒙进行一次彻底的批判，将恐惧与焦虑的特殊状态重新呈现出来。

除此之外，霍克海默等人将批判的触角伸向启蒙力量的精神根源，那就是对古希腊哲人思想的挖掘和清理。"启蒙运动从柏拉图和亚里士多德形而上学遗产中发现了某种古老力量，并且对普遍的真理要求顶礼膜拜。启蒙运动认为，在一般概念的权威下，仍存在着对神灵鬼怪的恐惧，也正是在这种恐惧中，人们试图通过巫术仪式的描绘活动来对自然发生作用。从那时起，物质便摆脱了任何统治或固有权势的幻觉，摆脱了某种潜在属性的幻觉，而最终得到控制。对启蒙运动而言，任何不符合算计与实用规则的东西都是值得怀疑的。一旦它摆脱了任何外在压迫的阻挠，便会生长发展，一往无前。在这一过程中，启蒙运动始终将其自身的人权观念看成是更为古老的普遍概念。因此，启蒙运动每一次所遭遇到的精神抵抗，都恰恰为它增添了无穷的力量。这是因为，启蒙始终在神话中确认自身。任何抵抗所诉诸的神话，都通过作为反证之论据的极端事实，承认了它所要谴责的启蒙运动的解析理性原则。启蒙是总体性的。"② 在此，霍克海默试图对支持启蒙运动的工具理性进行历史溯源式的批判，从根本上揭示工具理性在将现代社会合理化的同时，却被赋予了古希腊哲人所描述的神秘的自然发生的力量，而这种力量能左右和控制人们的思想和价值观念。换句话说，工具理性置换掉古老神话在人们心中的位置成为主宰人们情感世界的新主人，它指引人们走向进步，同时将人们引向堕落。在工具理性的强制下，人们总是不断落入神话的魔力中，反过来，人们又对工具理性怀有恐惧和敬畏。因此，现代人的焦虑是一种无从逃避的痛苦体验和紧张状态，它能折射出现代人在生存上的隐忍和残酷，它能将计算理性所压抑的非理

① 〔德〕马克斯·韦伯：《新教伦理与资本主义精神》，于晓等译，三联书店，1987，第143页。
② 〔德〕霍克海默：《霍克海默集》，渠东、付德根等译，第46页。

性情绪释放出来，还原真正自我的存在状态。理解了这一点，我们才能懂得现代艺术的真正价值，才能感受审美在焦虑的时代所具有的拯救功能。进一步说，现代艺术在极力表现痛苦和被压抑的焦虑体验，并承认其否定和反抗的审美价值，更为重要的是，它能无情地拉下现实的神秘面纱，将现代人非理性的真实面相呈现出来，解决理性认知所无法面对和遮蔽的问题。

通过以上分析，我们发现，在工具理性或者启蒙理性的宰制之下，现代人并不是文明的人，并不是正常的人，而是尼采所说的"是一种病态的人"，是马尔库塞所说的"单向度的人"，是弗洛伊德意义上具有明显神经症状的人。启蒙并没有摆脱和消灭恐惧与焦虑，相反它们换装后潜伏和隐匿在更深的文化肌理里面，成为一种虚无的力量，随时因外界的威胁而引发一种震撼性的情绪状态，并且在现代社会弥漫开来。同时，我们也应该注意到，对于批判理论，我们更多的是对启蒙和理性主义的辩证思考，而忽略了启蒙本身所具有的恐惧和焦虑的情感因子，忽略了批判理论对焦虑成为现代哲学和社会心理学问题所做出的重要贡献。"启蒙就是彻底而神秘的焦虑"。焦虑与启蒙理性形影相随。启蒙恰恰开始于一种深层的焦虑和恐惧，焦虑和恐惧也必将不断反思和推进启蒙事业。

二　焦虑、恐惧与文化工业

如果说在启蒙批判的语境中，焦虑和恐惧的内涵和功能还停留在理论思辨的层面上的话，那么，针对资本主义社会的具体文化现象，批判理论则将焦虑和恐惧放在文化工业中进一步揭示其中生成的内在机制。在《启蒙辩证法》一书题为"文化工业：作为大众欺骗的启蒙"的专节中，霍克海默和阿多诺认为，支撑前资本主义社会基础的宗教形而上学的总体性世界观已被文化工业所取代，文化工业依靠技术和社会层面上的分化和专业化将一切事物同质化，并且造成了整个文化的混乱。在这个意义上，霍克海默和阿多诺否定了韦伯对现代文化的理解。如果说，韦伯认为现代社会的规则是依靠工具理性造成价值出现分化，而价值领域的分化能够体现出文化中的积极成分，那么，在文化工业批判中，霍克海默和阿多诺看不到积极的因素，因为在垄断的情况下，所有的一切都是一致性和虚假性的，现代社会就是在这种虚假的欺骗中运行和发展的。现代社会中的主体都是消费大众，是技术理性算计的对象，是机器的附属品。因此，这就必然触及人们对现代主体的深入思考。在批判理论视野中，现代主体并不具有自立自足性，并不能依据理性的力量来把握自己的命运，相反，在文化工业生产和编织的以笑和幽默为主的娱乐生活中，主体丧失了自我，陷入了一种无法逃避的文化陷阱中，这也就成为我们重新思考与理解恐惧和焦虑的一个重要起点。换句话说，主体在文化工业的过滤和锻造过程中呈现出的并不是启蒙精神所要达到的理想状态，而是自身重新被披上一层层神秘的面纱，隐匿着自我的恐惧和焦虑。

这首先表现在主体和客体、异在他者之间的关系上，文化工业以虚假的形式制造的客体、他者遮蔽了主体的存在，依靠技术统治愚昧和欺骗大众，并且以集体无意识的方式束缚自觉意识。霍克海默和阿多诺分析了电影酷似现实的外表常常让人将之等同于现实世界，这种经验又会成为制片人的准则。电影对现实的复制技术越精确，人们就越容易产生这种错觉。因此，电影将主体与现时客体对象之间的距离消除，在某种意义上将真实生活的情绪和感受阻挡在主体积极主动探寻自我本真之外，进而将一些令人难以抗拒的观念和习俗灌输给人们，操纵着人们的思想，让观众无法看清楚其欺骗性。人们将电影等文化工业生产出来的产品及其信念当作一种生活方式。而文化工业生产出来的异在他者掏空了主体自我的生活价值和方向感，这也正是焦虑所关心的重要问题。根据文化工业生产出来的标准化和瞬间性的娱乐消费品将价值立场和情感认同放在当下和现时的境地，这让主体丧失了精神生活中最严肃和最关切的东西，主体放弃最牵挂之物，自然跌入无意义的焦虑深渊。主体内在的精神丢失成为文化工业通过生产娱乐和信息所揭示出来的严重后果。从另一个角度看，主体适应或舒服地生活在文化工业产品所编制的现时生活中，将其视为一种所谓生活方式。主体与那些异在的客体之间达成一种完美的和解，而异在他者和客体对象总是依靠制造谎言和距离来诱惑主体；当异在他者无法达到和满足主体的需要时，焦虑便成为主体内在的伤害，并且这种焦虑会被不断地积累和转化。这正是蒂利希所言的"无意义和空虚的焦虑"。再从时间的维度看，电影、广告和电视文化产品所精心塑造的虚幻世界是现时世界，华丽和斑斓的图像中的一切都是以现时为中心，这也必然导致人们对历史变得漠不关心。美国当代媒体文化批评家尼尔·波兹曼在论及西方电视文化时借用电视业人士比尔·莫耶斯的话说："我担心我的这个行业……推波助澜地会使这个时代成为充满遗忘症患者的焦虑时代……我们美国人似乎知道过去 24 小时里发生的任何事情，而对过去 60 个世纪或 60 年里发生的事情却知之甚少"，"因为有了电视，我们便纵身跃入了一个与过去毫无关联的现时世界"。① 从这个意义上说，电视产业拒绝记忆，隔断主体与过去的连接，不断将主体拖入历史感的缺失中，从而在无意识层面上产生"本体的安全和存在性焦虑"。

其次，文化工业带给人们娱乐却以压抑的方式隐匿着主体的恐惧和焦虑。如果说，弗洛伊德认为，文学艺术所引起的快感来源于被压抑愿望的转移实现，那么，文化工业引发的主体自我的快感则裹挟着分裂性和张力性的恐惧和焦虑体验。"自我的锻造就是一个解放和压抑共存的矛盾事件；而且无意识也由相似的二重性打上了烙印，一方面确保我们获得某种感性的快乐，另一方面在每一个恐惧的瞬间又把我们推回到古朴的、没有差别的状态之中去，在这种状态中，我们不再渴望主体，而让孤独去解放他。法西斯给予我们的世界是所有可能的世界中最坏的世界：伤痕累累的自然，一种野蛮的理性以血亲复仇、掠夺、污秽来对它备加蹂躏，但是，最残酷的讽刺是，现在工具理性自己套住了自己，陷入了返祖现象和未来主义、野蛮的非理性和技术统治的荒谬的混合之中。"② 按批判理论的逻辑，这种痛苦的自我体验也往往发生在笑声背后，笑声代表的不是幸福，而是包含着个体自我的恐惧和焦虑体验，它并没有完全代替现代主体被压抑的痛苦。正如霍克海默认为的那样，人们的个性是种伪个性，无论精英还是普通大众，他们真正的本性因素都无法得到相应的表现，"在他们有组织的市民生活的背后，在他们的乐观主义和巨大热情的背后，人们充满疑惧，困惑不解，过着悲惨的、近乎史前的生活。最近的艺术品表现了这种情况，并揭开了掩饰一切人际关系的理性的虚饰外表。它们消解了所有实际上模糊不清、混乱无序的表面一致和冲突……艺术作品充分表现了个体的被遗弃状态和绝望"。③ 可以看出，面对工具理性对现代主体的压抑和施暴，面对不确定性的外在世界，主体感觉一切都神秘莫测、捉摸不定，感觉像是回到原始神秘之时。个体的生存无法规避和逃离工具理性设计的决定性力量，

① 〔美〕尼尔·波兹曼：《娱乐至死》，章艳译，广西师范大学出版社，2004，第 178 页。
② 〔英〕伊格尔顿：《审美意识形态》，王杰等译，广西师范大学出版社，2001，第 354～355 页。
③ 〔德〕霍克海默：《霍克海默集》，渠东、付德根等译，第 218 页。

但又无法完全把握和认识它们，于是主体必然处在恐惧和焦虑中。从这个意义上说，在文化工业的语境中，现代主体的焦虑体验被看作对人的欺骗、规训和压抑的社会表达，也是逃离文化危机的痛苦征兆。

再次，无论是在主体与客体之间关系上，还是主体的被压抑，恐惧和焦虑都是在文化工业编造的虚假意识形态中沉潜和呈现，也试图唤醒沉默的大众，揭示和警惕文化工业的欺骗性。虚假的东西往往具有神秘性和神圣性，往往在生活的过程中影响甚至左右和主宰人们的观念和行动。这必然产生了与恐惧、焦虑之间的内在关联逻辑：文化工业依靠虚假性和欺骗性高高树立的神圣碑碣以及自身确立的先知地位，构成了现代主体恐惧和焦虑的重要根源之一。因此恐惧和焦虑也必然导致现代主体在文化工业编造的神性面前表现出屈服、软弱和怯懦的姿态。就此而言，批判理论对文化工业的批判是对工具理性批判的延伸、深入和具体化，也是对工具理性带给人们的心理后果的诊断，并将工具理性批判推向务实和具体的实践领域。在对文化工业的批判中，霍克海默和阿多诺等理论家也为解除人们的恐惧和焦虑埋下了伏笔，那就是试图通过审美救赎的方式来解除文化工业带给人们的不安和隐忧。

三　审美乌托邦与焦虑、恐惧的解除尝试

启蒙是消除和克服恐惧和焦虑的手段，而事实上，启蒙也走向了反面，给现代人带来了新的恐惧和焦虑体验，那就是时刻困扰着人们的形形色色的困境和危机。正如沃林批判工业资本主义社会时所总结的那样：简言之，这就是韦伯在其《新教伦理与资本主义精神》一书结论部分中生动描述过的机械死板的铁笼。现代性和现代化所导致的巨大社会变迁遭到了抵触，一代德国学者以一种激烈的方式对这样的混乱做出了反应，那就是灵魂丧失的现时代之幽灵，开始萦绕在他们所说所写的一切事物之中，无论其主题是什么。到了1920年代早期，他们已完全相信自己正在经历一场深刻的危机，一场文化危机、学术危机、价值危机，或者是精神危机。① 从这个意义上说，启蒙理性将人们带入了新的灾难和危机中，使人们普遍感受到自

① 〔美〕理查德·沃林：《存在的政治——海德格尔的政治理想》，周宪等译，商务印书馆，2000，第27页。

我存在的恐惧和焦虑。从生存的状态来看，人的本真性存在开始在重重危机中被围攻和消解，丧失灵魂的生存成为人的日常存在。这种生存方式倾向于流动性、瞬间性和无序性，它一方面表明社会结构和精神价值开始面临解体，出现以空虚和无意义为特征的社会反常状态，个体生命活动在很大程度上失去了意义和价值，这也必然成为现代人恐惧和焦虑的原因所在；另一方面，这也预示着现代人深陷危机之中容易激发自觉地寻找克服焦虑和恐惧方法的策略，以此走出危机和困境。

如此这般，现代人该如何消除恐惧和焦虑？阿多诺认为，面对这种恐惧，只有伟大的宗教才含有真理的成分。阿拉普拉认为，宗教能使人倾向于一种平静和安宁，是消除焦虑的重要方式之一。对于批判理论而言，宗教和神话等方式对于消解和克服恐惧和焦虑有重要的价值和启示，他们没有完全否定宗教和神话的方案。但是，面对这个莫名恐惧和不安的时代，许多批判理论家都不约而同地将拯救现代人走出恐惧和焦虑困境的方式调整到审美乌托邦领域。他们深信不疑：只有在艺术的世界，才能寻找到改变这一切的文化力量。对此解决方案，批判理论家认为，自主性地位的确立是实现现代艺术解放和拯救功能的基本前提。霍克海默指出："自从艺术变得自律以来，艺术就一直保留着从宗教中升华出来的乌托邦因素。"① 阿多诺则认为："对于艺术来讲，艺术作品之所以成为艺术作品，是靠否定其起源的说法是完全正确的。只是到了最近，即艺术彻底变成世俗之物并受技术演进过程左右之后，也就是在世俗化牢牢支配艺术之后，艺术方获得另一重要特征：一种内在的发展逻辑。艺术并应该因其与巫术符箓、人类劳役与娱乐有过不光彩的关系而受到指责，因为艺术终究消除摆脱了这些连同其不光彩的记忆在内的从属物。"② 而马尔库塞更是形象地表达出了自己的审美乌托邦情结："艺术不能改变世界，但是，它能够致力于变革男人和女人的意识和冲动，而这些男人和女人是能够改变世界的。"③ 虽然，从他们的表述中，我们无法直接把审美乌托邦的建构与消除现代人的恐惧和焦虑联系起来，但是，从乌托邦理论本身出发，我们不难发现，批判理论用心良苦地营建艺术世界的乌托邦就是积极回应现代社会的弊病，寻找解救心灵焦虑的良方，以此重新确定现代主体存在的价值和意义。

---

① 〔德〕霍克海默：《霍克海默集》，渠东、付德根等译，第 214 页。
② 〔德〕阿多诺：《美学理论》，王柯平译，四川人民出版社，1998，第 5 页。
③ 〔美〕马尔库塞：《审美之维》，李小兵译，广西师范大学出版社，2001，第 212 页。

具体来说，首先，审美乌托邦是一项创造性活动，能够抑制现代人对空虚和意义的焦虑。按照曼海姆的理解，"一种思想状况如果与它所处的现实状况不一致，则这种思想状况就是乌托邦。这种不一致常常在以下事实中很明显：这种思想状况在经验上、思想上和实践上都朝向于在实际环境中并不存在的目标"。① 朝向现实环境不存在的目标也意味着乌托邦必须具有超越现实的取向。针对资本主义社会现实而言，也就是超越建立在工具理性基础上的"牢笼"世界，超越资本逻辑控制下的"风险"世界。虽然阿多诺提出"奥斯维辛之后写诗是野蛮的"命题，深刻反思"奥斯维辛"出现之后现代道德伦理的无力和生命价值的虚无，这无疑对于建构审美乌托邦是一种致命的打击，但是，假如"奥斯维辛"之后，现代人不去写诗，同样也是野蛮的，现代人必将跌入空虚和意义焦虑的深渊。因此，要想走出精神焦虑的困境，现代人需要依靠艺术作品中审美乌托邦的创造性力量，在表现主义、立体主义和未来主义艺术所自由创造的超越社会现实的震惊体验中，理解生活的本质和意义，把自己作为意义的创造者和参与者加以肯定，在发现感中获得满足，这也就是蒂利希称之为"精神上的自我肯定的东西"。这种精神上的自我肯定就是自觉摆脱空虚和无意义焦虑的束缚，对未来生活提供一种承诺和希望。按照沃林的理解，"艺术作品是对于必然性的乌托邦建构。社会生活正处于某种不可救药的'堕落的'状态之中。它的诸要素都要服从于诸如商品经济的普遍等价交换法则之类他律的和异己的原则的统治。在现象世界之无处不在的堕落中，艺术作品拥有一种独一无二的拯救力量：它们把这些现象置于某个自由塑造的、非强制的整体的处境中，借此把它们从其残缺的日常状态中拯救出来"。② 就此而言，艺术作品中的乌托邦能够依靠自由和非强制的创造性力量，以具体的形式拯救和调和工具理性给现代人的日常生活所带来的琐碎、无聊和空虚。

其次，审美乌托邦通过呈现和对抗的能力，释放同一性原则所控制的恐惧和焦虑体验，让其在感性艺术中获得呈现和拯救。面对工具理性世界对人的压制，具有乌托邦主义色彩的艺术作品，一方面要揭示和呈现当下社会现实中的贫乏、无聊和焦虑，让人们看清楚现实中的这些情感，比如

① 〔德〕卡尔·曼海姆：《意识形态与乌托邦》，黎鸣、李书崇译，商务印书馆，2002，第198页。
② 〔美〕理查德·沃林：《文化批评的观念——法兰克福学派、存在主义和后结构主义》，张国清译，商务印书馆，2001，第121页。

乔伊斯的作品、毕加索的《格尔尼卡》、卡夫卡的小说和蒙克的绘画等。这些作品以怪诞和不和谐的形式将潜藏在现代人中的非同一性意识和原则呈现出来，而恐惧和焦虑恰恰正是非同一性意识和形式，与此同时恐惧和焦虑在现代艺术的呈现中获得澄明。而让人看清楚就能消除焦虑。进一步说，现代人加深对恐惧和焦虑的认识和理解，也必将为主体走出焦虑的困境提供一种审美认知意义上的方法，启示人们高度重视人的各种情绪。另一方面，要想克服焦虑和恐惧必须实现对现实的对抗和否定，这也是乌托邦产生的根本原因之一，即乌托邦就是混乱不安的产物，也是解决种种危机的重要力量，具体来说，也就是艺术借助对抗和否定的力量，迫使人们去改正习以为常的知觉形式和思维方式。"艺术只有作为一种否定的力量才发挥其魔力。它只有在拒绝和否定现存秩序的意向生气勃勃时，才能叙说它自身的语言。"① 因此艺术依靠自身的自主性与现实的紧张对立关系，形成对既定秩序的否定，达到对同一性原则的拒斥，让人们得以在空虚、无聊和贫乏的世界中存有反抗的力量和希望，"为通往某个遥遥无期的将来指明一条道路"。在抗争和希冀中，人们能够体现出一种言说和把握世界的力量，从而获得自我的确定感和归属感。

至此，我们不难发现，审美乌托邦承担着主体的再启蒙的功能和价值。我们知道，启蒙就是要祛除恐惧和焦虑，让大众从愚昧和黑暗的世界中苏醒过来。在某种意义上，审美乌托邦作为一种启蒙的形式，形成对启蒙理性的激烈抗争，以此对抗理性精神对现代人的支配，在遥远的乌有之乡的想象世界中安放主体的灵魂，最终达到解除现代人的不安和焦虑的目的。虽然这种应对焦虑的策略在力量层面上很微弱，甚至在许多人看来存在幼稚和不合理的成分，但是，我们必须承认审美乌托邦是一种积极应对以焦虑和恐惧为主要弊病的现代社会的方式，它并不是逃避生活的幻象，而是"与当代现实的引力保持距离的批判的源泉"，是通过感性的形式来表达理性内容的审美工程，为未来社会的建构提供一种可能性。

由此可见，现代人的恐惧和焦虑是启蒙的产物，它们产生的内在机制存在于工具理性在社会各领域的渗透和广泛运用及其造成的对现代人的控制中。具体到文化语境中，恐惧和焦虑隐匿在文化工业生产的娱乐产品中，成为迫使人们反思自我的征兆，变成与现代人的切身实在密切关联的心理

---

① 〔美〕赫伯特·马尔库塞：《审美之维》，李小兵译，第 65 页。

感知。批判理论家并未拘囿于对它们存在机制的暗示和分析，而是进一步在审美乌托邦的层面上指引个体投入到现代艺术活动，在对焦虑体验的审美显现中，寻找克服焦虑和恐惧的途径。我们也必须看到，在主体和客体之间的关系层面上理解，恐惧和焦虑不可能得到消除，主体与客体之间的复杂关系本身蕴含着冲突和危机，也就是孕育着不同类型的焦虑。所以，在批判理论视野中，恐惧和焦虑牵动着启蒙、主体、客体、工具理性、艺术、审美等反思现代性的关键词，不断激发人们思考的潜能和批判性力量。

从艺术史学到视觉研究的嬗变

刘　毅[*]

摘要　艺术史学发展的各个阶段都具有鲜明特征：瓦萨里以艺术家为叙事中心建构出理性的迪塞诺系统；温克尔曼以时代精神为中心开启艺术史与历史叙事以及文化史研究交互影响的模式；维也纳学派将焦点转向艺术形式本身并开始强调眼睛、视觉以及与形式构成的视觉机制等问题；视觉研究将注意力瞄准视觉及其运作机制，在反思艺术史的基础上建构视觉研究范式；等等。而在进阶式发展脉络之下也存在一条隐性线索，从《名人传》对艺术家的种种描述到艺术作品的形式分析以及对观者目光的强调，再到当下以视觉及其运作机制对文化建构的主导作用为研究主旨，艺术史研究也分别经历以艺术家、艺术作品、艺术观者与视觉机制为研究对象的这四个阶段。依此背景，本文将从宏观视野讨论艺术史学现代范式在欧洲向全球、德语向英语、历史阐释向视觉研究的转渡；从微观视野分析与讨论艺术诸要素以及结构关联性在宏观转向过程中所形成的种种结构性调整；进而，展现出艺术史学诸转向的学理性以及从叙事性的艺术史研究到建构性的视觉研究的发展脉络。

关键词　艺术史学　视觉化　视觉机制

Abstract　Art historiography in different stages of development has distinct characteristics，such as Vasari's Designo system，Winckelmann's re-

---

*　刘毅，艺术学博士，南京大学艺术研究院助理研究员，研究方向为西方艺术史论。

search mode centered on historical narrative and cultural history, Vienna Art History School's stressing visual principle consisting of form and visual perception, and so on. In this development process, Art historiography has gone through four phases in which artist, work, beholder and visual principle are taken as the research object respectively. Against this background, this article discusses the transformation of these research paradigms from Europe to globe, from German to English, and from historical narrative to visual research, and shows theoretical clue and historical development of the transformation from Art historiography to Visual Research.

Key words　art historiography；visualization；visual research

艺术史研究工作在当今时代遭遇到巨大挑战。伴随图像转向与视觉文化的到来，以往极具效力的艺术史话语持续减弱，研究领域也逐渐缩减。由瓦萨里开创的理性的迪塞诺（Designo）体系逐渐崩塌，温克尔曼对久远时代的历史性想象近乎破灭，甚至维也纳艺术史学派那种整合历史学、考古学、古物研究、哲学、美学、心理学的跨界式研究也已成为历史。可是，作为认知视觉现象或视觉性社会建构秩序的路径，并对视觉机制及其内涵进行阐释的艺术史则表现出强大生命力。进入社会实践，从关注经典作品转向视觉机制，从对物品的阐述到对视觉性的讨论，从强调艺术家创造力转向社会对主体的塑形，艺术史实现了自反性重构。进言之，从艺术史的史学叙事到视觉研究的方法导向，并非如埃尔金斯或科比特所言具有对立性与异质性，而是艺术史内部调节与适应、差异与同一不断反复的过程。本文将集中阐述这一转变的历史进程，从宏观视野讨论艺术史学在欧洲向全球、德语向英语世界的转渡中，所实现的视觉研究转向；同时，从微观视野分析艺术诸要素以及结构关联性在宏观转向过程中所形成的种种结构性调整与衍化；进而，展现出艺术史学诸转向的内在逻辑以及从叙事性的艺术史研究到建构性的视觉研究的发展脉络。

一　奠基传统：传记、历史维度与理论想象

艺术是否拥有历史？就历史学而言，艺术史可以被理解为世界史的一环，艺术也理应以典型人物或代表性事件作为基本要素形成历史蓝图。然

而，在艺术史家看来，艺术史本身是值得讨论与反思的。考察艺术的"历史"的合法性、历史的"艺术"的真实性以及艺术史结构的逻辑性，这些是艺术史研究的必要前提。换言之，艺术史并非自为的存在，而是在某种观念支撑下使艺术与历史共同构成具有合法性、真实性与逻辑性的论域。贝尔廷如是说："任何艺术史的历史性描述历来都与某种艺术观念联系在一起，这种艺术观念恰恰是借助于艺术的历史性描述而证明自己是有效的。"①可以发现，从瓦萨里到温克尔曼再到黑格尔，他们对艺术史学的奠基，便是以建构有效的论域为中心不断发展与完善的。

1546 年枢机主教法内赛尔、艺术爱好者乔维奥同瓦萨里商议撰写意大利艺术史的可能性，三年后《著名画家、雕刻家、建筑家传》于佛罗伦萨问世。这部著作不仅成为后人窥见文艺复兴伟大时代的重要入口，而且也为后世艺术史研究奠定了基调。瓦萨里曾明确说明撰写艺术史的目的：

> 目睹许许多多建筑师、雕塑家和画家的名字，连同他们制作的无数精美绝伦的作品，正在被遗忘、遭损毁；希望竭尽绵薄之力使之免遭再度湮灭，使之尽可能长久地存留在活着的人们的记忆之中；花费大量时间，不辞辛劳地考察他们的出生地、来龙去脉和生平事迹，从仗着前辈的叙说中、从他们的子孙后代遗下的尘封虫啮的各种记录和著述中，大海捞针般地觅取材料；最后，从中得到教益和乐趣，我暂做评价，不，以我微薄的才力和不足道的看法使之流芳百世，于我责无旁贷。于是为纪念死者、为对三种最卓越的艺术——建筑、雕塑和绘画——的追随者有所裨益，我将依照年代的先后撰写他们的传记。②

瓦萨里并未直指艺术的历史性叙述，而是接续普鲁塔克的传记写作传统，如肖像画一般，深入到细微之处进行精心描画，并尽力"捕捉最能表现性格的面容与眼神"。③ 在这里，瓦萨里给予艺术家传记三个基本观念，即撰写对象、方法与目的。首先，艺术家是主要研究对象。艺术家身份与传记体例决定着

---

① 〔德〕贝尔廷：《现代主义之后的艺术史》，洪天富译，南京大学出版社，2014，第 247～248 页。

② 〔意〕瓦萨里：《著名画家、雕刻家、建筑家传》，刘明毅译，中国人民大学出版社，2004，第 1 页。

③ 〔希〕普鲁塔克：《希腊罗马名人传》，席代岳译，吉林出版集团，2009，第 224 页。

艺术史书写的总体面貌，它自然不会被描述为抽象概念的集合，而理应是艺术创作者及其作品的真实呈现。这一观念对艺术史学的影响极为深远，甚至在四个世纪之后，贡布里希仍旧坚持艺术家与艺术作品构成艺术史研究的主旨。其次，以探寻艺术家生平资料为基础，依据时间顺序铺展。承接传记传统，瓦萨里将眼光瞄向他所生活的时代并按照时间先后对艺术家展开论说。与后世艺术史研究依据不同观念形成的颇具戏剧性的历史秩序相区别，这里仅依据艺术家生活的时间序列。瓦萨里所注重的当下性与生物学模式正是以这种朴素的时间观为基础。最后，艺术史家必将给出美学判断并以此影响后世艺术家的创作。瓦萨里将盛期文艺复兴视为规范，并赋予艺术发展永恒的价值与评判标准。总体上，这部传记在贴合现实情境的维度中，以艺术家为载体精心勾画出文艺复兴艺术发展的粗略轮廓，并为艺术史学确立最初的模态：在朴素时间秩序的引导下，总述艺术家的存在状况，确立艺术典范，并为后世艺术创作确立典范、评判标准与历史依据。正是从瓦萨里的艺术史叙事开始，艺术史初步形成自己的话语体系，使艺术从一般意义的"制作"转化成理性的、系统的、结构性的智力活动。[①]

历史地看，瓦萨里的传记虽未成为真正的历史著述，却带来一种规范：艺术家成为创作、评判与研究的主旨。艺术家对生命气息与时代精神具有敏锐的眼光，[②] 瓦萨里将记录当下具有典范意义与示范效应的艺术家视作艺术史主旨，并努力将当下的艺术家塑造为典范。这种以当下为基础，以艺术家及其作品为核心，以建构未来的艺术发展为导向的目的论模式，直接催生了古典艺术。然而，这是一种缺乏历史感的艺术史书写方法。如温克尔曼所言："如果你想评价艺术品，应该从开头起就不要去注意那创造的耐心和劳作，而要去注意用理智所进行的创造。因为，才能缺乏也可以表现于热爱劳动，而才能甚至可以在缺乏热爱劳动的地方表现出来。"[③]

温克尔曼在继承瓦萨里理性系统的基础上，跨越当下性体验与艺术家传记的藩篱，使艺术与历史叙述首次相遇。他延续了艺术史的生物学模式，

---

① 〔德〕贝尔廷等：《艺术史的终结？》，常宁生编译，中国人民大学出版社，2004，第78～79页。

② 尼采将艺术家视为典型的强者，在他看来，如果艺术是"生命的伟大的诱惑者，是生命的伟大兴奋剂"，那么艺术家就是生命的实践者。强健的艺术家使得艺术作品不会反映其他，而只是真实显现艺术家的态度。——尼采：《权力意志》，孙周兴译，商务印书馆，2014，第1026、1284页。

③ 〔德〕温克尔曼：《论古代艺术》，邵大箴译，中国人民大学出版社，1989，第92页。

并且以理智、理性与创造力作为艺术评价和艺术创作的标准。然而，令人玩味的是，他有意避开当下而将眼光瞄向古希腊。因为古希腊代表了艺术的真理，"研究希腊人的艺术则应该把我们引向统一，引向真理，并以此作为我们在判断和实践中的指南"。① 瓦萨里的朴素时间观应声进入历史回廊，原本对艺术家及其生平的细微刻画以及充分表现艺术家品格的传记体叙述模式遭到历史秩序的解构。在温克尔曼看来，无论描述艺术家的日常生活还是展现艺术家的创作，都不能在根本上达至艺术的内在本质与真理，而只能在"讲故事"的层面徘徊。因此，逃离当下性体验与艺术家典范的纠葛，转而在当代与历史构成的时间秩序的对照中把握艺术真理，成为温克尔曼的中心主旨。由此，艺术本质与历史眼光相融合，② 艺术家与艺术作品在历史中找到确切位置，并被历史地归于时代精神，进而转化为整体的风格发展线索。从钱币与铭文论说远古风格的刚健雄伟但有失优雅的特征，从菲迪亚斯、伯利克列托斯、米隆等艺术家的作品中论说崇高风格精确的比例尺度与直线构成的宏伟特征，从普拉克西特列斯和留西帕斯的作品中论说典雅风格的优雅，这些分析都表现了温克尔曼建构风格历史的愿望。艺术作品及其内部的形式特征得到历史的描述，依据温克尔曼所言，这正是基于艺术本质而得出的结论。与瓦萨里梳理艺术家线索以及树立典范不同，他致力于探索艺术的内在规律与逻辑，并在此之上探寻属于艺术的真理。艺术与历史的结合最为关键，在艺术中发现历史演进脉络，在历史中发现艺术衍变逻辑，这使得温克尔曼获得了更加广阔的历史维度以及更加深入的艺术理解，并用真理替代典范，用艺术史替代"艺术的故事"。对此，贝尔廷总结道："他的艺术学说的价值观念依旧对他关于'真正的'艺术史进程的书写产生深刻影响，他在古代的艺术作品里面重新发现了真正的艺术史进程。"③

艺术以其内部特征迎接历史检验，一般性或普遍性的艺术概念和历史概念得以实现，温克尔曼将艺术史带入历史想象的崭新层面。在此基础上，黑格尔则为艺术史带来哲学依据。绝对精神作为艺术史发展与艺术风格变迁的推动力，使艺术成为理性的感性表征。这使得艺术与人类社会形成紧密关系，抽象的世界观在艺术中得到形象的表达。逻辑推理上的自给自足，经由理性

---

① 〔德〕温克尔曼：《论古代艺术》，邵大箴译，第 133 页。
② Vernon Huge Minor, *Art History's History*, Prentice Hall, 1994, p. 109.
③ 〔德〕贝尔廷：《现代主义之后的艺术史》，洪天富译，第 252 页。

与抽象的推动，使艺术史实现了完美的理论想象。如果说瓦萨里的传记描述和温克尔曼的历史想象分别拥有意大利艺术家和古希腊艺术作为现实载体，那么黑格尔的逻辑推演则成为超越时代、地域与民族的一般意义的理论想象。艺术的历史合法性与历史的艺术真实性均被感性与理性、表象与本质的逻辑关系所替换，艺术不再以自身为合法性依据，而只能寄居于理念。黑格尔将艺术从艺术领域抽拔出来而抛入哲学领域。艺术已经无法与朴素时间或历史秩序相互贴合，而是永久固定在时间的过去形式之中。瓦萨里笔下的艺术家于时间序列中存在，温克尔曼笔下的古希腊艺术在当代与历史的交互辉映中存在，艺术可以通过自己的过去来理解和领悟自我。而在黑格尔这里，艺术受制于时间摆置并被历史地归于某个特定位置。进言之，艺术从提出历史诉求到受制于历史，正是艺术终结论的理论入口——"艺术继续活着，但它同时是一种业已过去的现象"。① 按照黑格尔的说法，正因艺术作品在现实中失去先前存在的必要性，原先同艺术家、艺术创造活动以及承载艺术的完整文化、宗教、历史背景被去除，艺术作品转而凸显出来并成为艺术的代言人。艺术"独立地成为艺术作品，而且是绝对的"。②

在瓦萨里的传记中，每位艺术家皆具有一种迪塞诺，这既是艺术家风格的写真也是其作品所显现的艺术家创造的根据。在温克尔曼的历史想象中，古希腊艺术展现出整体的时代风格，从而产生崇高、宏伟与典雅风格的类型划分。在黑格尔的理论推演中，历史从原始、古典到浪漫，艺术依据时代精神的理念表达不同类型的感性形象。可以发现，从瓦萨里的艺术家到黑格尔的感性形象，艺术史重心已经转移。感性形象以艺术作品为媒介脱颖而出，独立地存在于博物馆，接受当代审美观念的注视。最终，恰恰是这个艺术作品与当代眼光联合打造的去历史性的情境成为19世纪末艺术史学者的重要起点。

二　引发激变：形式、风格与视觉逻辑

艺术需要怎样的历史？这是后黑格尔时代普遍关注的问题。历史必然与艺术相伴，但站在何种立场上历史地看待艺术，搭建何种历史框架来理

---

① 〔德〕贝尔廷：《现代主义之后的艺术史》，洪天富译，第252页。
② 〔德〕贝尔廷：《现代主义之后的艺术史》，洪天富译，第252页。

解艺术成为关键。伴随 1830 年代德国史学的经验主义转向，库格勒率先将经验观察纳入艺术风格辨析，将当代艺术视为从文艺复兴以来不断更迭与衍化的产物。施纳泽分享这一观点，并指认艺术与时代、地域、民族的独特需求紧密相关。而桑佩尔则更进一步地将艺术创造力提炼为艺术史的核心问题，从装饰与实用艺术入手，将艺术史发展的动力之源归于技术能力。这些观点均促成不同的艺术史框架，但仍未逃离黑格尔的理论想象与逻辑推演，始终恪守理论想象的界限与维度。这种状况直到 19 世纪末才有所改观，在维也纳、巴塞尔和汉堡，操持激进话语的新一代学者开始挑战传统。

　　维也纳艺术史学派重要奠基人陶辛实施的是从形式到考古学的研究路径，力图将艺术史塑造为具有科学性的学科。原先"艺术需要怎样的历史"的论题也逐渐转变为"艺术怎样历史地发展"。在这里，形式问题得以凸显，艺术史学正是在此基础上转向讨论艺术的科学研究范式。与导师陶辛相似，维克霍夫也认同"形式解剖"的说法，反对哲学式与理论化的推想，否定艺术家的主观想象与审美趣味，而是在艺术形式演变进程中寻求艺术本质规律与历史发展脉络。意大利鉴定学家莫雷里在这里备受推崇，根本原因便在于他将眼光瞄向那些画面之中的细节。换言之，艺术作品被拆解为平面与形式，艺术的概念以自身特有的实在为媒介得到重新认识。李格尔便在此之上突破过往时代以艺术家、艺术作品以及民族性、地域性与时代性为蓝图的艺术史范式，而追寻形式因素之间的普遍联系。[1] 在他看来，整合艺术史线索的中心环节是"艺术冲动"，是使艺术的平面与形式成功结合为一体的创造性冲动。埃及人、希腊人、阿基坦人、毛利人等民族的装饰图案，均在这种艺术冲动中得到统一。依据艺术家的民族、时代与地域背景，平面与形式必然存在不同组合方式，但这种组合方式本身不会改变。基于这种理解，李格尔将历时性发展的艺术史共时化了。艺术发展不是从一个民族到另一个民族、从一个时代到另一个时代、从一个地域到另一个地域，而是以解决平面与形式的对立为方式，基于人类的情感本能与生活情境创造出适合于自我的艺术。在此基础上，李格尔将艺术冲动延伸为创造艺术的"意志"，并将艺术史研究推向全新的理解层面：艺术意志的历史。

　　艺术意志有着哲学化或美学化的表达方式，似乎艺术发展背后的动力

---

① Alois Riegl, *Problem of Style*: *Foundations for a History Ornament.* trans. Evelyn Kain. Princeton, New Jersey: Princeton University Press, 1992, pp. 1 - 4.

是虚无缥缈的意志，这在夏皮罗和贡布里希那里均遭到批判。其实，这是一种误解。因为，李格尔通过艺术意志所解答的是自瓦萨里以来便已存在的问题，即艺术与艺术史的关系。具体地说，艺术史家是应该站在艺术家立场上来阐述艺术创造的历史，还是站在历史学家的立场上阐述他所看到的艺术作品的历史？如前所述，瓦萨里的迪塞诺理念建构的是历史记述、艺术评判与艺术创造相统一的系统。温克尔曼的历史想象是将艺术史家的眼光投向艺术作品，在历史阐释之中形成评判准则并影响艺术创作。库格勒、施纳泽和桑佩尔延续着黑格尔的艺术史建构方式，只是将言说语境分别放置于不同领域。以上观念均表明艺术史与艺术创作之间存在紧密关系，艺术史将指导艺术实践，而实践自然成为历史的主体。李格尔却将历史阐述与艺术创作明确划分。如果说艺术冲动所指向的是艺术家的创作根源，那么，艺术意志就是艺术史家的阐释根源。进言之，艺术意志并非专属艺术家，而是扩展到社会生活整体；它所面临的问题不是平面与形式的组合方式，而是一种弥散于现实之中的气氛或心境。艺术史家只有将艺术家与艺术作品从朴素时间顺序与历史想象的秩序中抽离出来，并放置于其诞生的真实生活情境，与那些艺术的观者融合为整体才能真正呈现艺术发展状况。对此，李格尔指出："美学。部分与整体的关系。部分与部分之间的关系。但从没有将观者纳入思考之中。观者的关系建构了艺术史。"[1] 艺术意志成为艺术史家介入历史叙述的唯一路径，并成为检验艺术史家工作的唯一准则，因而艺术史也就成为艺术意志的历史。在著名的《罗马晚期的工艺美术》中，李格尔将古代观者、现代观者、研究者、参观者的不同视线引入对艺术创造的分析中，建构出以观者与视觉分析为核心的艺术史研究范式。

沃尔夫林也关注视觉问题，但与李格尔有所不同，他更倾向于形式传统，期望在一般意义的"人类感知"基础上考察艺术形式与其风格特征的衍化规律。虽然五组二元对立概念具有形式与视觉的双重意向，但不甚完善。[2] 按照

---

① 转引自 Margret Olin, *Forms of Representation in Alois Riegl's Theory of Art*, Pennsylvania：The Pennsylvania State University Press，1922，p. 224。

② 沃尔夫林的五组二元对立概念一直以来都是形式分析最为有效的工具，《艺术史原理》也成为艺术史研究的基本教材，并且影响十分广泛。按照范景中的说法，"从第一版印刷于1915 年，此后在西方产生了广泛的影响，从美术界到音乐界到文学界，二十世纪的哪部美术史著作都难以望其项背（只有贡氏《艺术的故事》例外）"。参见〔瑞〕沃尔夫林《美术史的基本概念：后期艺术风格发展的问题》，洪天富、范景中译，中国美术学院出版社，2015，第 5～6 页。

沃尔夫林的说法，这些概念不是通过思辨得来，而是在形式与视觉的分析过程中显现出来，只有这种艺术自身显现的规律才能使艺术史学走向"科学"范畴。因而，所谓"视觉的历史"不过是抽象的视觉概念与视觉准则。一般的人类感知模式成为理解再现形式及其内在含义的主要方式。沃尔夫林认为，视觉本身不仅应该成为艺术史的主旨，同时也是最为突出的表征。因为艺术不仅在于形式塑造，同时也在于想象的形式。在他看来，艺术史依据视觉规律的变化而呈现出不同面貌，那么研究也要普遍关涉到促成这些规律生成、转化的诸多因素。不论美感与价值判断如何，艺术史研究就是要在精神史与文化史的观照下，总结和归纳艺术作品中显现的创作个性并通过民族特性与心理特性来全面分析艺术作品得以形成的因素。可以发现，问题的关键在于沃尔夫林并未区分艺术史的主旨，即应以艺术创造还是历史呈现作为研究主旨，而仅仅期望从艺术形式及其构成的风格特征中确定艺术史发展的规律所在。这种方式必然将回归到黑格尔那种完美的理论想象和温克尔曼那种完美的历史想象的原点。所以，本雅明曾猛烈批判沃尔夫林的艺术史方法，认为他总是强迫人们以五组二元对立概念的路径观看艺术作品，这种"原理式的形式主义方法"才是真正阻碍艺术史研究健康发展的绊脚石。①

　　20 世纪初，以图像学、记忆研究与历史图像研究为主题的学派在汉堡逐渐形成。"记忆"成为该学派的核心，瓦尔堡借生理学概念将问题引向图像记忆，讨论感知模式如何被刻入人类的记忆之中。与形式传统有所差别，这里所讨论的是视觉感知的历史呈象方式。他认为，呈象是以"激情公式"实现的，人类情感在图像中得到形象化表达并作为一种公式存留于记忆之中，伴随公式的积累，人类记忆大厦便逐步建立起来。艺术家和艺术史家均如"地震仪"一样会感受到来自记忆大厦的震波，只不过前者是接受震波用于艺术创作，而后者是单纯的记载。② 可以发现，瓦尔堡的取向是跨越学科间的壁垒，在艺术的形象构成公式中发掘具有普遍社会性的人类记忆。艺术成为透镜，研究者可以从艺术中开启文化之窗。由此，艺术史被置入社会与文化建构的视野中，这成为图像学后辈研究的逻辑起点。帕诺夫斯

---

① Walter Benjamin, *Rigorous Study of Art History*, trans. Thomas Y. Levin. October, Vol. 47（Winter, 1988）, p. 79.

② 〔德〕弗莱克纳：《政治图像学的历史、现状和未来——汉堡瓦尔堡图书馆的艺术理论研究》，李双志译，《世界美术》2007 年第 3 期。

基便努力从透视文化的立场上将艺术理解为一种符号生产。

　　总体上，19 世纪末的学者将大而化之的艺术与历史问题、艺术与美学问题、艺术与哲学问题，细化为形式、风格与视觉问题。艺术史也收获了独立的时间系统，它不再紧贴朴素时间序列也不再顺从地被历史秩序摆置，而是在不同观念引领下形成各种阐释系统。此外，艺术史研究不仅进入到艺术的形式范畴，而且创造性地将观看产生的视觉问题纳入整体考察之中。艺术史研究趋于完善，艺术的现实整体——艺术家、艺术作品与观者——得到系统讨论，社会记忆与文化建构也得到详细论述。对于 20 世纪后期的艺术史研究而言，这将构成推动学科发展的巨大动力。

三　建构当下：视觉机制的外化

　　伴随战后德语学者移民以及德语著作的引入，艺术史学术中心转向英美世界。以泽德尔迈尔与帕赫特为代表的新维也纳艺术史学派与以帕诺夫斯基为代表的图像学对英美国家的理解艺术史产生引导作用，而后串联艺术与社会、政治、文化的新艺术史在英美学者中被提出，并为最终的视觉文化与视觉研究在英美国家的兴起以及向全球化语境的进发铺平道路。

　　泽德尔迈尔与帕赫特的研究方法集中于"结构"。泽德尔迈尔认为，决定艺术发展方向的不是艺术家的灵感与特殊的审美眼光，而是一种客观精神。这种精神在人群中产生，作为一种实际的力量推动艺术发展，它不仅决定形式表达的方式，而且也是决定风格转化的变数所在。进言之，艺术史总体上是由风格构成的，艺术史的任务在于透过风格探寻具有决定意义的推动力量。这种力量不是虚无缥缈、空洞抽象的，而是作为整体结构对艺术创作施力，因此，把握风格发展的规律就需要通过这个结构反向把捉推动力以及风格的必然性。帕赫特保持相同立场，他以"常数"为支点探讨形式原理与历史发展的原因，并视其为艺术中最基本的结构和最稳定的性质。帕赫特特别强调艺术与其发展具有内在的自律性，而常数便可以解释艺术风格的发展与演变。结构分析与常数分析有赖于视觉基础。新维也纳艺术史学派继承传统衣钵，从李格尔那里借用观者这一角色并将其放置于显著位置，用以完善结构与常数的内在机制。但是，他们的研究却在最大程度上将观者理论化。特别是泽德尔迈尔遭到战后学术界的集体反对，其中的关键便是他并非将观者作为现实来呈现形式与风格，而是作为概念进行阐释。贝尔廷便指出，泽德尔迈尔有关"观看的创造性活动"的分析无疑是在艺术作品之上的新型阐释，特别强调这种"再创造者"自我言说的历史或者"复制"作品的历史严重阻碍了学术发展。进言之，观者与视觉机制被绝对化为形式风格的阐释方法。与此相对应，帕诺夫斯基的图像学研究则是对瓦尔堡社会与文化记忆的强化。他认为艺术使材料得以成型，而不是将艺术创作的主体性镌刻在作品上，所以对这个"型"的解释与理解必须依照于一般性原则，"凭借这一基本原则，不仅可以通过进一步参照其历史范围内的其他现象来认识艺术现象，也可以通过其经验存在领域的某种意识来认识艺术现象"。① 与瓦尔堡的"激情公式"相比，帕诺夫斯基避开艺术与其他领域的平行关系，而是在形式表征与内容表达的绝对对应中寻求公式。波德罗将其称为"视觉典型"，即形象与概念的对应，通过这种对应便可理解形象如何组织、情节如何构成。因此，艺术整体地生产一种内涵，而艺术史就是对内含于其中的意义进行阐释。与帕诺夫斯基一致，温德也将形式与内容的对应关系视为艺术的"元问题"，并认为，只有如此才能避免主观偏好与审美趣味的影响，进而切实观察艺术作品的内在意义。可以发现，这些学者的共通之处在于两个方面，其一是经由不同角度来探寻艺术的视觉机制，其二是经由视觉机制来阐释艺术作品。这便构成从原则到现象、从结构到阐释的艺术史研究方法。而这正是战后一代艺术史学者所反思的问题。

英美国家的新生力量不再信任以科学为借口的智力实验，而是普遍关注艺术史的意识形态与其在当代社会中所扮演的角色，强调对晚期资本主义社会政治危机的批判。艺术史不再像以往那样仅仅存在于历史或被种种观念结构牵制，日常生活进入研究视野，形式上的审美与内容上的意义被引向社会与文化视角。这种对建构当下具有激进性与对传统具有批判性的研究范式被定义为艺术的社会史，马克思主义、女性主义、心理分析等不断拓展艺术史疆域。他们认为，德语传统治理下的艺术史并非人文科学的讨论场所，而是科学主义的实验室。这种立场只能在知觉感知与类型学划分上展现得淋漓尽致。进言之，形式分析、风格与图像学虽然将艺术史归置于艺术本体范畴并成功将视觉机制引入对作品的历史学考察中，但殊途

---

① 〔奥〕施洛塞尔等：《维也纳美术史学派》，陈平编译，北京大学出版社，2013，第111～112页。

同归的结构性规范使艺术史遭到孤立，并且在种种研究方式不断深化的过程中，结构超越艺术和理论超越历史的状况十分突出。

作为新马克思主义的代表，克拉克反对风格学或图像学模式的艺术史研究，而是提出艺术与现代社会、日常生活以及政治环境的关联语境。与艺术社会学集大成者豪泽尔有所不同，克拉克更为谨慎地剔除传统研究中的僵化思想，并从细微之处把捉特定公众对艺术的态度。他的立场是反对艺术作品反映意识形态、社会关系与历史观念，反对孤立地将艺术家与艺术作品视为艺术世界的全部，反对艺术史研究依据形式与内容的对应原则，而期望打通严格的界限使研究形成更广泛的讨论语境。① 与克拉克相同，布列逊认为传统艺术史以形式和风格将自身严格地限制在线性发展的脉络中。艺术家承前地获得"记忆公式"，艺术作品或清晰或模糊地显现这一公式。因此，从中世纪到文艺复兴是跨越性发展，从巴洛克到罗可可是保守的形式认同。然而，严苛的界限往往忽略那些比形式风格更加重要的视角。他指出，如何表明社会对阶级、性别、经济、政治等的态度以及做出的评价才是艺术表征的核心任务。② 这种理念强调艺术与社会之间的平行关系，艺术并非自顾自地发展，社会文化也不是将艺术作品纳入其阐释语境，两者本就是一体的。可以发现，布列逊与李格尔的思想不谋而合。他们都强调艺术家、艺术作品与艺术接受者或体验者的总体，并试图将艺术放回其存在的现实境遇之中，来感受其中的"恰如其分"。进言之，布列逊所主张的也就是以此为支点将艺术与社会充分融合起来。那么，这种"恰如其分"是什么？最简明地回答就是："视觉机制。"艺术与不同社会、阶级、性别、经济等，会形成不同的恰如其分。这就像克拉克所说的艺术、社会与历史在结构上所达成的稳定关系。

新艺术史着眼于视觉机制成为可读解的显性因素。具体地说，艺术拥有决定自身命运的手段，即使不可见者成为可见，这使艺术在不同时代、地域与民族中间繁衍生息。从一般事物的形象描绘到内心世界的情感表达，艺术总是将那些被视线错过的场景或被目光略过的事件提升至显著层面。可是，在表象诸事的过程中，艺术本身却变得不可见。传统上，艺术就是将《马可福音》以可见方式描绘在圣玛利亚德尔格契修道院的墙壁上，就

---

① 〔英〕克拉克：《论艺术社会史》，张茜译，《新美术》2012 年第 2 期。
② 〔美〕查普曼：《重写艺术史——布列逊及其新艺术史观》，丁宁译，《世界美术》1991 年第 3 期。

是将日月星辰幻化为可见形象雕刻在梅迪奇陵墓前。出于认知艺术作品的目的，艺术史将这种僭越纳入作品的阐释系统。而以"视觉机制"为中心的研究则认为，崇尚形式风格的传统往往只能到达可见者层面，只能考察在场的艺术形式与形象，而无法将眼光投向不可见者。就是说，艺术作品以色彩、线条、体块为媒材被视线捕捉，但形式作为现实涌向观者之看并非毫无条件，而是以视觉机制为基础。马里翁曾强调，只有在不可见者得到增强的情况下，种种可见者才能得到显现。[1] 进言之，视觉机制得到增强便意味着自身的消失与形式的凸显。克拉克与布列逊的研究正是致力于使不可见提升到可见层面的内在逻辑。在这里，艺术史研究迎来彻底的变革，视觉机制作为艺术与社会、当下与历史、可见与不可见的内在逻辑促成艺术史研究的新形态。并非因着力讨论社会、文化、政治、经济等，而是新一代学者将维系艺术家、艺术作品与观者的艺术现实性整体（海德格尔语）的机制作为研究主旨，这样才会逐步形成全新的艺术史话语体系。

新体系包含两个不同走向。其一，是艺术社会史所带来的马克思主义、女性主义、批评理论、心理分析、符号学等。图像，撬动艺术史严苛的界限，"艺术作品"移向日常生活，电视、电影、广告以及"我们所看到的一切"都与传统精英艺术具有同等价值。其二，是现代艺术与现代艺术理论带来的抽象传统。根据传统——从瓦萨里到 19 世纪末，抽象艺术便是走向衰落的死亡阶段，是由过往时代发展而来的一种新型艺术风格，是形式范畴内部的自爆。但根据新体系，抽象艺术则是从艺术创作上对视觉机制的讨论与反思。从印象派的最初实验到立体派、未来派、至上主义再到抽象表现主义和极少主义，其中所昭示的正是视觉机制不断外化为可见要素的过程。两个走向最终汇合，将李格尔明确划分的创造性的艺术冲动与阐释性的艺术意志重新化为一体，这所引发的直接结果便是视觉文化的到来以及视觉研究的展开。

结　论

艺术史发展的每一阶段都具有鲜明的特征：瓦萨里将艺术家作为叙事中心，建构出以理性为核心的迪塞诺系统；在温克尔曼那里，艺术家的核

---

[1] 〔法〕马里翁：《可见者的交错》，张建华译，漓江出版社，2015，第 9～11 页。

心地位让与时代精神，艺术广泛与政治、文化发生联系，开启了艺术史与历史叙事以及文化史研究交互影响的模式，并赋予艺术史以现代眼光与历史想象；维也纳学派将焦点从文化史意义上的艺术史转向艺术形式本身，眼睛、视觉以及与形式构成的视觉机制等问题首次得到讨论；视觉文化与视觉研究将注意力瞄准视觉及其运作机制，打破传统艺术史的界限，进入大众文化视野，在反思艺术史的基础上建构视觉研究范式。可以看到，在研究对象、方法论以及研究主旨等方面，各阶段形成进阶式发展态势，从历史叙事、时代精神以及风格等宏观问题层面逐步转向对形式、目光以及心理的细致讨论。然而，进阶式发展脉络之下也存在一条隐性线索，从《名人传》对艺术家的种种描述到沃尔夫林对艺术作品的形式分析和李格尔对观者目光及其心理的关注再到当下以视觉及其运作机制对文化建构的主导作用为研究主旨，艺术史研究也分别经历了以艺术家、艺术作品、艺术观者与视觉机制为研究对象的这四个阶段。如果说前三个阶段是对研究对象的横向延展，那么，当下的视觉文化与视觉研究就是对艺术创作、形式与接受的纵向深入。

艺术的"去人性化"与现代人的危机

张伟劼[*]

摘要 西班牙思想家奥尔特加·伊·加塞特发表于 1925 年的《艺术的去人性化》提出了与审美现代性密切相关的一些问题，历来被视为关于现代主义艺术的最重要的理论文献之一。本文试图从奥尔特加的西班牙背景出发，围绕奥尔特加思想体系中的"危机"概念，重新审视他独特的艺术"去人性化"概念，揭示艺术的去人性化与现代人的危机之间的深层关系，从而更深入地思考审美现代性批判的问题。

关键词 奥尔特加 去人性化 现代性

Abstract *The Dehumanization of the Arte*, published by the Spanish philosopher Ortega y Gasset in 1925, proposed some questions with relation to the aesthetic modernity, and has been considered as one of the most important theory documents about the modernist art. This essay would review the concept of "the dehumanization of the art" in the context of the Spanish nationality of Ortega, and reveal the deep relationships between the dehumanization of the art and the modern humanity's crisis by focusing on the concept of "crisis" in the system of Ortega's thoughts, and thus to go further in the research of the critic of the aesthetic modernity.

Key words Ortega; dehumanization; modernity

---

* 张伟劼，南京大学外国语学院西班牙语系讲师，研究方向为西语国家文学、西班牙艺术理论。

　　1925 年，西班牙思想家何塞·奥尔特加·伊·加塞特（José Ortega y Gasset）发表了美学论文《艺术的去人性化》，对当时西方世界方兴未艾而不为大多数人所理解和接受的新的艺术运动做了总结和思考。他在文中所提出的 "去人性化"（deshumanización）观点成为理解 20 世纪现代主义艺术运动最著名的理论之一，不仅准确地预言了艺术的走向，也相当深刻地影响了同时代青年艺术家的创作。周宪认为，对审美现代性特征最早进行理论上系统表述的，可能就是奥尔特加。① 今天当我们思考现代性问题时，艺术去人性化理论连同其背后的整个奥尔特加思想体系仍不显过时。多年来，围绕这一现代主义艺术的认知范式，有各种不同角度的解读，也有不少误读。本文试图从奥尔特加的西班牙背景出发，联系他的哲学思想体系，揭示艺术的去人性化与现代人的危机之间的深层关系。

一　从西班牙的危机到艺术的危机

　　尽管在《艺术的去人性化》中，奥尔特加并没有把目光局限在西班牙艺术之上，而是将整个欧洲的新艺术（El arte nuevo）运动纳入考虑范围，但不可否认的是，奥尔特加的西班牙背景与其独特的艺术去人性化观点之间存在着深层联系。事实上，从他早期发表的如《吉诃德之思》《无脊椎骨的西班牙》等著作开始，西班牙就一直是奥尔特加思考的核心问题之一。他把自己对西班牙历史和现实所做的思考延伸到对整个欧洲的前途所做的思考中去。尽管奥尔特加对艺术、对文明所做的思考看似是普适性的，但在这种普适性的背后，却跳动着一个不安的西班牙灵魂。

　　奥尔特加与西班牙 "九八代" 作家群体有着紧密的联系。1898 年战争的惨败催生了西班牙文学与思想界的一场影响深远的运动，目睹西班牙帝国灾难的作家们在笼罩全国的危机气氛里开始积极思考西班牙的历史与前途，就是否保持传统的价值观、是否走向全盘欧化展开论战。马达里亚加（Salvador de Madariaga）在他的《西班牙现代史论》一书中将奥尔特加视为 "九八代" 运动的四位主要领导人之一：奥尔特加代表了 "用欧洲的影响和榜样来改造西班牙" 的思潮，与乌纳穆诺（Miguel de Unamuno）所引导的 "用西班牙自身的东西来解救西班牙" 的思潮相对抗。总体上看，"九八代"

---

　　① 周宪：《审美现代性批判》，商务印书馆，2005，第 416 页。

诞生于西班牙的失败之中，根源于一种对一个世纪以来的经验和错误的批评态度，而奥尔特加则对那些纯粹西班牙人的价值观采取了一种批评的倾向。① 在《艺术的去人性化》中，我们或可看出，在危机意识的笼罩下，奥尔特加将他对传统西班牙的批判延伸为对现代社会的批判，并在反思西班牙现实主义美学的基础上提出了新的艺术认知范式。

如果说在欧陆其他思想家眼里，现代社会秉承启蒙现代性的理想，展现为一个从野蛮到文明、从不合理走向合理的发展进程，并与审美现代性相抵牾，奥尔特加则提出了一种在当时看来极为独特的见解：现代社会不是在由野蛮走向文明，而是在由文明走向野蛮——西方文明面临着由野蛮的大众全盘掌控的危险。在他早年发表的《无脊椎骨的西班牙》一文中，奥尔特加指出，西班牙历史的巨大不幸就在于杰出的少数人的缺失和大众的帝国的长存；西班牙的每个时代都缺乏脊椎骨——一个强有力的精英集团的领导，以至于这个民族松松垮垮，积贫积弱，到了 20 世纪面临分崩离析的危险。由此开始，奥尔特加在他思想体系的建构中一直保持着贵族—少数人—精英与大众—多数人—庸众的分野。在《艺术的去人性化》中，他的目光从西班牙扩展到整个西方，在论述的一开始即指出：新艺术的出现将导致社会的重新分化。在奥尔特加看来，新艺术注定是不能流行的，它只能为少数人所理解。非但如此，新艺术还起到社会分化剂的作用："新艺术的一个特点，'从社会学的视角来看'，就是把公众分为两种人：理解新艺术的人和不理解新艺术的人。"② 由此出发，奥尔特加做了大胆的预言："一个这样的时代正在迫近：整个社会从政治到艺术都将重新组织，按其应有之义分化为两个秩序、两种等级：优秀的人和庸俗的人。"③ 他坚持认为，在历史上，优秀精英和庸俗公众的对立一直存在，这一现实不可能改变。"在全部的当代生活中跳动着一种深刻的、令人恼怒的不公：对人与人之间存在着真正平等的虚假设想。"④ 这种追求平等的"虚假设想"，是 19 世纪文明的发展所催生的，与 19 世纪艺术表现出的公众性、普适性紧密相关，

---

① 〔西〕萨尔瓦多·德·马达里亚加：《西班牙现代史论》，朱伦译，中国社会科学出版社，1998，第 106 ~ 107 页。

② José Ortega y Gasset, *La deshumanización del arte y otros ensayos de estética*, Madrid：Alianza Editorial, 2006, p. 14.

③ José Ortega y Gasset, *La deshumanización del arte y otros ensayos de estética*, p. 15.

④ José Ortega y Gasset, *La deshumanización del arte y otros ensayos de estética*, p. 15.

隐含了这样一个危机：当人杰与庸人的差异消失，所有人都变成庸众时，整个现代社会将如同一盘散沙似的西班牙一样堕入无序与野蛮中。奥尔特加或许是在时兴于西班牙的无政府主义运动和西班牙屡屡爆发的罢工潮的血腥味中预见到整个西方文明的危机的。在 1930 年发表的《大众的反叛》一书中，他全面深化了对这种危机的思考，创造了"平均的人"即"大众人"的观念。在《艺术的去人性化》中因看不懂新艺术而恼怒的庸人，成为这种平均的人——他们是均质的、无差异的，为 19 世纪的自由民主和科学技术所造就，在享受文明成果的同时却要摧毁这个文明赖以生存的根基。与之相对的是构成社会精英的少数人，只有他们才有能力领导文明的进步。从这个意义上说，新艺术——现代主义艺术的社会功能不在于煽动群众造反，而在于促成一个精英引领大众的新的稳定社会的形成，不让"大众的反叛"摧毁那好不容易达到繁荣昌盛的西方现代文明。

　　不过，奥尔特加并没有把对新艺术的见解发展为一条艺术社会学的思路，而是坚持回到艺术自身来看艺术的发展。在他看来，新艺术是对 19 世纪艺术的否定和超越。在对新艺术做细致分析之前，他对 19 世纪的"非纯粹的"、取悦"大多数人的"艺术做了批判。不论是贝多芬还是瓦格纳，或是佐拉，都落进了现实主义的深渊，他们过于注重刻画人的现实，忽略了美学元素自身。到了 20 世纪初，艺术遇到了危机，因为传统艺术已经不再让年轻艺术家们感兴趣，他们甚至对此感到厌恶，开始共同挑战陈腐的艺术观。"重要的是，一种新的美学感知已经出现，这是确定无疑的事实。"[1]尽管新艺术的出现有诸多因素，奥尔特加首先是站在反现实主义的立场上来为新艺术开具合法证明的。20 世纪初西班牙的文艺精英对现实主义的拒斥，在绘画上有毕加索，在理论上有奥尔特加，都在各自的领域引欧洲之先并启发新艺术、新思想，不能不引起我们的注意。这或许与西班牙艺术强大的现实主义传统有关。西班牙艺术史论家拉富恩特·费拉里（Lafuente Ferrari）就曾指出，"现实主义是一个必定困扰西班牙人问题；我国的艺术常常落入这种美学形式的轨道中"。[2] 费拉里援引了奥尔特加的哲学观点，指出西班牙——地中海艺术传统倾向于偏好对事物外形的感知，漠视事物

①　José Ortega y Gasset, *La deshumanización del arte y otros ensayos de estética*, p. 26.

②　Enrique Lafuente Ferrari, *Ortega y las artes visuales*, Madrid: Revista de Occidente, 1970, p. 55.

的本质。① 现实主义在奥尔特加那里受到了最为尖锐的批判，仿佛现实主义艺术不配被称为艺术而仅仅是对现实生活的矫揉造作的模仿而已。奥尔特加对新艺术概括出来的七个特征之一，就是"拒绝一切伪造，因此也拒绝那种刻意的现实化"。② 这种对现实主义的强烈拒斥，是与奥尔特加对西班牙传统的批判相呼应的。西班牙的危机也意味着西班牙艺术的危机，在奥尔特加的阐释下，马德里的青年艺术家与伦敦、巴黎、柏林的青年艺术家面对着共同的艺术危机问题，给出了表面不一、实则一致的解决方案。

社会的危机与艺术的危机哪个在先呢？在这方面，奥尔特加的观点也是独特的。他曾在《我们时代的主题》一书中指出，"工业和政治秩序方面的变化是浅薄的，它们依赖于同时代人在观念上、在道德和美学喜好方面的变化"。③ 也就是说，思想和艺术品位方面的变化在先，社会和经济层面的变化在后，这与我们所熟知的马克思主义"经济基础决定上层建筑"或是李泽厚的"积淀说"是相抵触的，不过，这种唯心主义思想对"艺术反映现实"的机械观点有一定的纠偏作用。按照奥尔特加的观点，艺术的危机预示了社会的危机，艺术的去人性化预示了一个新的社会形态的出现。不过，历史并没有完全像奥尔特加所设想的那样发展。

二 是危机，不是颓废

如上所述，在奥尔特加看来，19 世纪的文明，以其现实主义艺术为代表，造就了一个空前庞大、自以为拥有了和贵族一样的品位的大众群体，这必然会衍化为一场庸众欲将精英取而代之的危机，当时的西方人就身处这样的危机之中，而新艺术的出现则意味着一种新的社会秩序的到来。在同时代的另一些艺术批评范式中，关键词不是"危机"（crisis），而是"颓废"（decadencia，或译为"没落"）。其中最有名的当属斯宾格勒的"西方没落说"。根据这位德国思想家的历史形态学，19 世纪以来的西方艺术已经失去了古典时代艺术的活力和风格，是一种没落衰败的艺术，正在同西方文明一起走向灭亡。④ 在西班牙语世界内，秘鲁思想家何塞·卡洛斯·马里

---

① Enrique Lafuente Ferrari, *Ortega y las artes visuales*, p. 55

② José Ortega y Gasset, *La deshumanización del arte y otros ensayos de estética*, p. 20.

③ José Ortega y Gasset, *Obras completas III*, Madrid：Revista de Occidente, 1966, p. 146.

④ 周宪：《20 世纪西方美学》，南京大学出版社，1997，第 33 页。

亚特吉（José Carlos Mariátegui）于 1926 年发表的《艺术、革命与颓废》
（*Arte，revolución y decadencia*）一文也使用"新艺术"（El arte nuevo）一词
来探讨当时的西方艺术现象，却把新艺术的出现归因于资本主义的没落。
在马里亚特吉看来，新艺术呈现出的流派众多、百家争鸣的纷繁复杂的状
况，是资本主义文明堕落以至分崩离析的反映；在新艺术中有两种倾向，
一种是颓废的倾向，预示着资本主义的衰亡，另一种则是革命的倾向，预
示着社会的重建，但这种重建指向的并不是奥尔特加的精英重新领导大众
的新社会，而是社会主义的新社会。马里亚特吉特别批判了奥尔特加的艺
术去人性化观点。在对当时的欧洲艺术家以及旅欧拉美艺术家秉持的艺术
独立于政治的观点进行了驳斥，指出那些企图逃避政治的艺术家最终误入
歧途、沦为反动派之后，马里亚特吉写道："在西班牙语世界，奥尔特加·
伊·加塞特应该对这种关于新艺术的误解负有部分责任。他的目光并没有
区分清楚不同的流派和不同的倾向，也没有把现代艺术中革命的成分和颓
废的成分区分清楚……他把典型的颓废的特征当成了革命的特征。"① 马里
亚特吉的观点代表了当时相当一部分思想左倾的理论家和艺术家所持有的
资本主义文明衰落论。卡林内斯库（Matei Calinescu）在探讨作为现代性核
心问题之一的颓废概念时指出："在各种各样的革命和乌托邦学说中，可以
明显看到一种现代的、世俗化的千禧年主义的活力……（颓废的观念——
有关当代资本主义极度腐朽的观念，有关资本主义垂死文化的观念——在
马克思主义中如此重要实非偶然）。"② 颓废与再生是一枚钱币的两面，与资
本主义毁灭相连的是乌托邦的出现，革命的新艺术就指向地平线上的乌托
邦。尽管奥尔特加也认识到当时的西方文明存在危机，但在他看来，这种
危机并不意味着西方文明的没落。为了看清这一点，我们有必要回顾一下
奥尔特加的历史哲学。

　　在《无脊椎骨的西班牙》中，从审视西班牙历史出发，奥尔特加提出
了这样一个历史哲学的观点："在历史上，总是有两种时代在交替轮回：一
种是贵族得以形成、社会随之得以形成的时代，另一种是贵族衰落、社会

---

① José Carlos Mariátegui，"Arte，revolución y decadencia，" in Celina Manzoni ed. *Vanguardistas en
su tinta：documentos de la vanguardia en América Latina*，Buenos Aires：Ediciones Corregidor，
2008，pp. 157 – 158.

② 〔美〕马泰·卡林内斯库：《现代性的五副面孔》，顾爱彬、李瑞华译，商务印书馆，2002，
第 163 页。

也随之解体的时代。"① 以这种循环论的模式来看，新艺术出现的时代对应的就是后一种时代，在这样的一种时代里，精英被庸众淹没，没有自控力的乌合之众要主导所有人的命运，社会出现失序、动荡，笼罩在分崩离析的危机中。新艺术的崭露头角，预示着精英的回归，预示着社会重建时代的到来。在《艺术的去人性化》一文中，奥尔特加没有点出新艺术对现有社会的批判功能，而是抓住艺术纯化的趋势做文章，得出新艺术倾向于拒绝承载宏大主题、以嘲讽色彩代替严肃语调、缺乏深远意义的结论。他非但没有预言西方的没落，反而发出这样的论断："毫无疑问，欧洲正在进入稚气时代。"② 在他看来，年轻艺术家们是在一个老旧的世界里尝试天真的游戏，这与体育和电影的勃兴紧密相关——后两者都倾向于展示身体，而"对身体的崇拜是稚气未脱的表征，因为身体只有在青少年时期才是美的和灵活的，而对精神的崇拜则意味着衰老的意志，因为只有在身体衰颓时精神才达到完满"。③

在五年之后发表的《大众的反叛》中，奥尔特加进一步思考了欧洲的命运。他以人口的增长和生活条件的巨大改善来驳斥斯宾格勒的西方没落说，并将现代欧洲人比作从学校里逃出来的学童，应感到欢欣才是："现在我们不知道明天世界上会发生什么了，这让我们暗喜不已；因为正是无法预知未来，正是成为一个向一切可能性敞开的时空，才是真正的生活，才是生命的真正完满。"④ 奥尔特加道出了现代性的一大特征所在，即主体性的自由。然而，众多主体的自由和解放，如果不能得到积极的导引，必然会酿成无政府主义的灾难，奥尔特加因此提出了"欧罗巴合众国"的解决方案，这也呼应了他在《无脊椎骨的西班牙》中提出的"两种时代"论：当精英领导的"欧罗巴合众国"建立起来时，欧洲将告别一战后的混乱无序，恢复稳定的秩序。

无论如何，相对于斯宾格勒的悲观，奥尔特加是对现代欧洲的未来持乐观态度的。这种乐观或许也与西班牙与欧洲保持一定的距离有关：西班牙没有被直接卷入第一次世界大战，反而因向交战国出售军需而在一定程度上加快了现代化进程，使得现代文明的各种新事物在这个长期落后于欧

① José Ortega y Gasset, *España invertebrada*, Madrid：Alianza Editorial, 2006, p.32.
② José Ortega y Gasset, *La deshumanización del arte y otros ensayos de estética*, p.51.
③ José Ortega y Gasset, *La deshumanización del arte y otros ensayos de estética*, p.51.
④ José Ortega y Gasset, *La rebelión de las masas*, Madrid：Editorial Castalia, 1998, p.150.

洲中心的古老国家不断涌现。西班牙思想家在哀叹西班牙落后的同时，又对西班牙能融入欧洲发展步伐的未来做积极的观望，尽管在两败俱伤的法国和德国的思想家那里，欧洲的未来并不那么乐观。另一方面，如何塞－卡洛斯·麦纳（José-Carlos Mainer）所言，奥尔特加是一个代表了西班牙大资产阶级的思想家，① 他反对群众运动、维护既有秩序的立场，必然会得出与"颓废—革命"的左翼艺术批评范式相对的艺术观。他不同意"颓废"，更不同意"革命"。这种政治观体现在他的艺术观中：在《艺术的去人性化》里，他并没有把新艺术运动看成翻天覆地的革命，而是试图从艺术自身发展的规律来理解这些新现象并给予统一的合法化的证明，而这正成为马里亚特吉批判的焦点。

三 "去人性化"与人生

在马里亚特吉看来，《艺术的去人性化》成了对当时一些年轻艺术家的误导；在另一些人看来，《艺术的去人性化》向当时的年轻艺术家指出了合乎历史逻辑的道路。如沈石岩就在《西班牙文学史》中指出，奥尔特加指导了西班牙"27 年一代"诗人的创作，从而促成了西班牙文学新的高峰的出现。② 但如果我们细读原文可以看出，奥尔特加并没有表现出为年轻艺术家充当理论导师的意愿，他的目光始终是审慎的、冷静的，他的描述始终是解释性而非规范性的。对于他定义的"去人性化"的艺术，他既不表示赞赏也不表示反对，只是试图去理解。如他在原文中所述："现在我并不想称颂这种新的艺术形式……对于这些年轻人来说，可以做两样事情：或者枪毙他们，或者努力去理解他们。我果断地选择了后一种方案。"③ 在《艺术的去人性化》的结论部分，他为对新艺术的分析留下了一个开放的结尾："推动我这么做的仅仅是试图理解的乐趣——不带狂怒也不带兴奋……谁知道这种新生的风格将会派生出什么来呢！"④

拉富恩特·费拉里认为，奥尔特加非但不赞同艺术的去人性化，而且

---

① José-Carlos Mainer, *La edad de plata（1902 - 1939）：Ensayo de interpretación de un proceso cultural*, Madrid：Ediciones Cátedra, 1987, p.142.

② 沈石岩：《西班牙文学史》，北京大学出版社，2006，第 280 页。

③ José Ortega y Gasset, *La deshumanización del arte y otros ensayos de estética*, p.20.

④ José Ortega y Gasset, *La deshumanización del arte y otros ensayos de estética*, p.53.

在后来的岁月里认识到"去人性化"与现代人遭受的灾难之间的联系。他引用了奥尔特加于"二战"结束后的 1946 年重返西班牙发表的讲话：奥尔特加指出，新的一代人有一项迫切的任务，就是重建一个废墟中的世界、被摧毁的文化以及"废墟中的绘画"。① 费拉里据此推断，奥尔特加想说的是，艺术的去人性化预示了世界历史上最恐怖的暴力灾难的到来，这种艺术运动已经到达了它的极限，应当往回走了。紧接着，费拉里以艺术史上旧石器时代和新石器时代的对比试图证明，抽象的、图式化的、去人性化的艺术，对应的是技术文明勃兴的时代，因此，现代主义艺术与现代技术的迅猛发展互为印证，而技术的高度发达也意味着人类以高效的手段大规模毁灭人类的惨剧。② 作为奥尔特加思想的捍卫者，费拉里在新的历史维度上指出了艺术的去人性化思想与现代人危机的联系。

费拉里对奥尔特加 1946 年讲话的阐释，实与《艺术的去人性化》的本意有所偏离。原本在奥尔特加看来预示着世界新秩序的新艺术，转而成了新的世界大战的预言。艺术的去人性化便在这个意义上与现代人的危机相关联。1925 年之后，新艺术究竟有没有催生一个新秩序呢？新的世界大战真的是与新艺术内在呼应的吗？新艺术的发展并没有按照奥尔特加所设想的那样是抛弃掉现实的重负、独立于政治的轨道之外的，也不全然如费拉里所说是与技术文明相应的。奥尔特加对西方文明的乐观首先被西班牙内战、其后被第二次世界大战所打破。去人性化的艺术理想在极权主义国家化为泡影：不论是在以高度发达的技术戕害人类的纳粹德国，还是在内战后陷入独裁统治的西班牙，先锋艺术不仅没有得到发展，而且遭到打压和禁止，而得到官方提倡的反而是回归现实主义传统表现形式的艺术，这种艺术是为现政权服务的。事实上，所谓"去人性化"的艺术一直没有摆脱掉艺术与社会政治的联系。"为艺术而艺术"的宣言被证明是虚伪的。布勒东、里维拉和托洛茨基发表于 1938 年的《自由革命艺术宣言》就指出，所谓纯艺术是服务于反动派的极为不纯的目的的。③ 抽象艺术看似独立于政治，却也难免被体制化、政治化，在冷战中成为西方国家标榜自由、对抗社会主义意识形态的工具。归根结底，"去人性化"只是一种理想的模型，现代主义

① Enrique Lafuente Ferrari, *Ortega y las artes visuales*, p. 103.
② Enrique Lafuente Ferrari, *Ortega y las artes visuales*, p. 103.
③ Paul Wood, "Modernism and the Idea of the Avant-Garde," in Paul Smith & Carolyn Wilde eds. *A Companion to Art Theory*, Oxford: Blackwell Publishers, 2002, p. 224.

艺术从没有达到真正的"去人性化",没有实现真正的"纯粹"和独立。从这个意义上说,现代主义艺术的命运印证了现代性的一大危机所在:不论是艺术,还是作为自由主体的人,一方面宣告自己的独立和解放,一方面却身不由己地被卷入国家政治的机器之中,如卡夫卡式的人物那样置身于一个不可见的体制里而往往不自知,不同程度地服务于宏大叙事的目标。

"艺术的去人性化",从字面上看,似是意味着艺术与人的脱离,艺术与生活不再发生联系。艺术家应当无视生活的意义和价值吗?我们很容易从"去人性化"的表述中得出肯定的看法。细读原文我们可以看出,这绝非奥尔特加的本意。他的重点在于强调艺术的自主性,并没有因此否定人的价值、生活的价值。他在文中写道:"这种对艺术中的人性的厌恶意味着什么呢?这究竟是厌恶人性、厌恶现实、厌恶人生,还是正相反:这是对人生的尊重,他们不愿看到人生与艺术这么次要的东西相混淆?"① 这段话是发人深省的。在奥尔特加的整个思想体系中,对人生的思考恰恰占据了极为重要的地位,"生命理性"(razón vital)就是奥尔特加哲学的核心概念之一。在对西方哲学史的审视中,奥尔特加发现,为启蒙思想家所鼓吹的理性并不适用于所有的时代和所有的人,理性的普适性忽略了每个个人的视角,忽视了每个生命的个体性、特殊性。因此,"纯粹理性应当为生命理性所取代,使理性找到自己的位置,得到运动和变化的力量"。② 奥尔特加将思考生命视为哲学的一大基本任务,而这与他的艺术去人性化思想并不矛盾:让艺术的归艺术、人生的归人生。

因此,"艺术的去人性化"并不意味着艺术家无须生活体验、厌恶和拒斥人生。从对这一艺术批评范式的思考出发来看中国当代艺术,一些行为艺术家或是以残害自己的身体为表现手段,或是无视公众道德而做出反人性的举动,凡此种种不能不说是误入了艺术"去人性化"的歧途。在普通公众大呼"看不懂"的种种当代艺术表现中,既有严肃的、探讨社会变革时代人的生存困境的艺术,也有看似严肃、实则媚俗的艺术。90 年前奥尔特加对"新艺术"的描述和思考虽不能与今天的中国当代艺术完全契合,却也能为我们看清艺术现状提供有益的启示,并促使我们不断思考审美现代性批判的问题。

---

① José Ortega y Gasset, *La deshumanización del arte y otros ensayos de estética*, p. 33.

② José Ortega y Gasset, *Obras completas III*, p. 200.

当代新疆屯垦口述史的边缘话语、
性别政治与身份认同[*]

邹　赞^{**}

摘要　世纪之交，新疆生产建设兵团的文化认同遭遇危机，屯垦戍边事业面临新的挑战。因此，如何借助于尚健在的军垦老战士的口述实录，重新激活兵团初创时期和黄金时期的历史记忆，在新的历史情境下唤起人们对于兵团屯垦戍边精神的强烈认同，就显得尤为重要。论文以几部代表性的新疆屯垦口述史为文本对象，分析当年西上天山的军垦女性、"九二五起义"官兵等边缘群落与当代新疆屯垦历史建构之间的内在张力，重视发掘并呈现差异性的边缘话语，凸显叙述主体的身份和立场。

关键词　新疆生产建设兵团　边缘话语　性别政治　身份认同

Abstract　At the turn of the new century, the cultural identity of Xinjiang Production and Construction Corps（XPCC）is confronted with great hardship and new challenges. How to reactivate the historical memory of the golden age when XPCC was established by means of the oral history of those soldiers alive so as to arouse peoples' strong identification with XPCC spirits, therefore, seems to be extremely vital. This paper mainly discusses the marginal groups such as the first generation of female soldiers who volunteered to come to Xinjiang during the 1950s and 1960s, and tries to explain the inter-

---

*　本文为国家社会科学基金项目"新疆兵团屯垦戍边的历史记忆与当代文化生产研究"（13CZW006）阶段性成果。

**　邹赞，文学博士，新疆大学人文学院副教授，研究方向为文化研究、文艺理论。

nal tension between those marginal groups and the historical construction of XPCC. It also values the differences within marginal discourse, and the narrative subjects' identity and standing-point.

Key words Xinjiang Production and Construction Corps (XPCC); marginal discourse; gendering politics; identity construction

新疆生产建设兵团（以下简称"兵团"）是一个国家内部的移民社会，它一方面与秦汉以来的西域屯田历史相勾连，另一方面又是新中国成立前后各种复杂政治因素耦合的结果。作为世界上独一无二的特殊建制，兵团自成立以来就履行着"战斗队、工作队、生产队"的重要使命，在新的历史时期又发挥了"稳定器、大熔炉、示范区"的中坚作用。兵团的建立是一项契合时局、极具政治智慧的制度性革新，可以理解为"一种现代意义上的屯垦戍边事业"（王震语），它集党政军企职能于一体，大致可以分为四个阶段：1949 年 10 月到 1957 年底的"奠基时期"；1958 年 1 月到 1966 年 5 月的"黄金时期"；1966 年 5 月到 1981 年 12 月的"严重挫折时期"；1981 年 12 月 3 日至今的"振兴时期"。[1]

世纪之交，伴随着市场经济体制的建立，高度计划管理模式下的兵团陷入了发展的困境。一方面，兵团经济发展不仅滞后于上海、山东、广东等内地省市，也不及新疆一些地州县，兵团丧失了五六十年代的吸引力；另一方面，兵团人口结构发生了重大变化，一些老战士退休后选择返回内地养老，兵团第二代和新生代有的通过考学、参军、经商等途径离开兵团农场，有的选择到大中城市购房定居。而 20 世纪 90 年代以来兵团接收的新移民之所以选择背井离乡到新疆谋生，大多是为了承包土地种植棉花，他们以获取利润为诉求，缺乏对屯垦戍边事业的关注和了解。与此同时，大众文化和消费主义意识形态的勃兴，也使人们愈发容易对艰苦奋斗的屯垦戍边精神产生隔阂。从这一意义上说，世纪之交的兵团文化认同遭遇危机，屯垦戍边事业面临新的挑战。因此，如何借助于尚健在的军垦老战士的口述实录，重新激活兵团初创时期和黄金时期的历史记忆，以那个特定年代的屯垦戍边经验为导引，尝试构建一种新形势下的兵团文化认同，就显得

---

[1] 李福生主编、方英楷撰著《新疆兵团屯垦戍边史》（上卷），新疆科技卫生出版社，1997，第 2~11 页。

尤为重要。

如果说，档案文献和史志机构编纂的各类兵团发展史已经收入大量屯垦戍边英雄业绩，绝大多数叱咤风云或官居要职的"精英人物"都已经在史册里留下痕迹。那么，口述史坚持"自下而上"的关注视角为那些兵团屯垦史上的边缘声音创造了显影的契机，"通过曾经创造过和经历过历史的人们自己的语言，重新赋予他们在历史中的中心地位"。① 口述史借助对文献档案等背景信息的大量参阅以及现场寻访等方式，将潜藏在受访者心灵深处的如烟往事一点点激活。如此一来，曾经被压抑的边缘话语在口述文本中复苏绽放，成为构建当代新疆屯垦历史、重塑兵团文化认同的有效路径。

一

自古以来，在西域和中原的政治交往与文化交流过程中，女性始终扮演着至关重要的角色。对于历代中原王朝而言，僻处西域大漠的少数民族政权往往成为撼动其封建统治秩序的严重威胁。为了平息边患，中原王朝或派遣使者远赴西域外交斡旋，或调动精兵铁骑决战沙场，或以"和亲"名义建立"舅甥之好"。每遇皇帝老迈昏聩、朝政摇摇欲坠之时，过度内耗导致中原王朝羸弱空虚，无力抵抗西域诸邦的凶猛进犯，女性在这样的关键时刻更是被从屏风背后召唤到历史的前台，担负起"和亲"重任，以个体命运为赌注，在异域他乡北望中原。

回顾中原王朝与西域诸邦的交流互动，我们可以清楚地察知女性和历史之间的悖论关系。一方面，女性在历史的长河中始终充当着遭受父权制权力结构压抑和遮蔽的客体，尽管偶有花木兰、梁红玉、秦良玉等女英雄浮现在历史和文学的版图中，但她们基本上都被有意剔除女性气质，以"代父从军"或"不爱红妆爱武装"之名，进行着一次次的跨性别表演，"在她们真实地参与历史的同时，女性的主体身份消失在一个非性别化的（确切地说，是男性的）假面背后"。② 另一方面，虽然历史为女人镌刻的"第二性"标签从来没有被彻底移除过，女性的主体性也常常处于虚弱中空

---

① 〔英〕保尔 · 汤普逊：《过去的声音——口述史》，覃方明等译，辽宁教育出版社，2000，第 3 页。
② 戴锦华：《涉渡之舟——新时期中国女性写作与女性文化》，北京大学出版社，2007，第 6 页。

状态，但是在历代封建秩序的调整和现代民族国家建构的过程中，女性往往被整合于强有力的主流话语之中，父权制赋予她们一套用于伪装的精致面具，以自我牺牲或献祭的形象参与历史的进程，她们表面上成了历史发展的推动者，实际上仍然身处"家国以内"："以爱情、分工、责任及义务的话语建构起来的核心家庭，取代了父权制的封建家庭；而强大的民族国家的呼唤，则更为经常而有力地作用于女性的主体意识。"①

　　从某种意义上说，兵团的发展史也是一部西部女性史诗。伴随着解放军进疆和新疆和平解放，部队面临的主要任务也由剿匪肃特逐渐转向生产建设，部队十几万官兵就地整编，身份由"兵"变"民"，从浴血疆场的战斗部队转变为"不穿军装，不拿军饷，永不转业"的生产部队。与此同时，一系列现实问题凸显出来，其中最为棘手的就是生产部队的婚姻问题。为了响应"安下心、扎下根，长期建设新新疆"的号召，新疆军区政治部在王震将军的直接关怀下上书中央军委总政治部和西北军区政治部，请求"输送妇女入疆"。这份报告言辞恳切、有理有据，它首先提到了兵团当时存在的"性别失衡"问题："生产专业部队共十三万五千余人，现有家属小孩一万九千五百人，未婚妇女六千二百余人，因此要完全解决生产部队的婚姻，尚缺十万人左右。"② 为了安定军心，新疆军区专门致信湖南、山东等内地省份人民政府，以"招聘专业技术人才、文艺工作者、女学生"等名义招募女性进疆。1951年2月10日，《新湖南报》（现《湖南日报》）刊登《新疆省人民政府、军区司令部湖南招聘团启事》，详细提到了招聘范围及应聘手续，在抵达新疆后的待遇方面明确规定"女学生及女实习生限于供给制"。③ 为了尽快解决生产部队的婚姻问题，新疆军区多次提交申请报告，历陈该问题的紧迫性，并且结合实际情况，不断调整招收对象，"因此动员妇女，最好是年龄大些或寡妇较宜，如只动员青年学生，恐不能适当

① 戴锦华：《涉渡之舟——新时期中国女性写作与女性文化》，第9页。
② 新疆生产建设兵团史志编纂委员会：《新疆生产建设兵团史料选辑·兵团早期女兵与妇女专辑》，新疆人民出版社，2003，第19页。生产部队存在婚姻难、成家难的现实困境，主要原因有三：一是当时新疆的汉族人口基数小；二是解放军进疆部队绝大部分都是男战士，女性所占比例很低；三是新疆军区明文规定"汉族男人不得与少数民族妇女结婚，以利民族团结"。（参见上书，第10页）
③ 新疆生产建设兵团史志编纂委员会：《新疆生产建设兵团史料选辑·兵团早期女兵与妇女专辑》，第4页。

解决问题"。① 在后勤保障方面做到细致有序，"所招收之妇女一切经费、路费由国库支付，入疆后，仍请继续供给，或由部队上缴国家生产果实中扣除"。② 在上述政策感召和内地省份地方政府的大力支持下，一批批女性以各种名义从湖南、山东等地远赴新疆，成为荒原上的第一代"戈壁母亲"。由于兵团屯垦戍边历史的特殊性，这些女性的声音常常在历史叙述中被冲淡甚至彻底湮没，成为现代民族国家建构话语体系中被忽略的部分，但她们所做出的巨大贡献和牺牲又真真切切发生过，因此我们有必要借助正史以外的口述史，探析这些个体讲述的内在张力及其现实意义。

首先，以女性为对象的当代新疆屯垦口述史涉及这些女性选择来疆的各种原因。一部分人受到家庭进步思想的影响，比如湘籍女兵文汇娟这样回顾母亲对她的指引作用，"她（母亲）年轻时，还去听过毛泽东的秘密讲座，那时她们是一些思想比较进步的，放了脚，喜欢去接触一些新的东西……母亲就特别希望我能成为一名真正的'新女性'"。③ 一部分人是因为家庭出身不好（地主成分、有海外关系等），或者家庭遭遇变故，为了谋生和寻找出路主动报名到新疆。还有一部分人是怀着对边塞诗派的美好想象与投身祖国边疆建设的满腔热忱来到天山脚下和伊犁河谷。当然还有个别人并没有清晰的来疆动机，"你问我是咋来新疆的，为啥新疆，这很难说清楚"。④

其次，虽然我们可以从各类文献档案和史料选辑获悉新疆军区赴内地省市招募女性来疆的文件政策，比如 1951～1954 年，新疆省人民政府和新疆军区先后颁发《新疆军区政治部关于保障革命军人婚姻的通知》《关于生产部队妇女工作和婚姻问题的意见》《军委关于输送妇女入疆的五年计划之初步意见》《关于妇女工作待遇等问题的意见》等数十个政策法规，内容涉及部队婚姻问题、女性进疆途径及其进疆后的工作待遇等诸多方面。这些由官方制定发布的法律文件无疑具有总体指导和规约作用。但不容忽视的是，执行者对文件精神的领悟程度及工作方法会导致政策文件在具体执行过程中发生局部移位。因此，我们有必要引入当事人的讲述，让当事人的

---

① 新疆生产建设兵团史志编纂委员会：《新疆生产建设兵团史料选辑·兵团早期女兵与妇女专辑》，第 19 页。

② 新疆生产建设兵团史志编纂委员会：《新疆生产建设兵团史料选辑·兵团早期女兵与妇女专辑》，第 19 页。

③ 张吕、朱秋德：《西部女人事情——赴新疆女兵人生命运故事口述实录》，解放军文艺出版社，2001，第 2 页。

④ 张吕、朱秋德：《西部女人事情——赴新疆女兵人生命运故事口述实录》，第 66 页。

声音与官方文献形成一种对话，这样不仅有望为还原历史增添丰富的细部，还可以为学界纠偏坊间流传的种种戏说谬论、合理评价新疆"军垦第一代女性"的历史贡献提供重要参证。在现有发行的几部兵团（准）口述史著作中，受访女性普遍谈到了当年新疆军区招聘团的一些情况：有关女性进疆后的去向问题，大多承诺"当工人、护士、学俄语、开拖拉机"；招聘团的宣传存在夸大失实之处，所谓"楼上楼下，电灯电话"。据受访者李翠花回忆："光是听团长说，新疆可好了，吃得好，睡得好，姑娘们用牛奶洗脸，皮肤白又漂亮。最重要的是那里的姑娘可以自己找人家。"① 原兵团工会女工部部长魏玉英回忆："还有一种宣传说新疆的金子多得很，在地上随便捡。"② 张美玲在接受笔者访谈时也专门提到新疆军区的动员工作，"说新疆怎么怎么好，这个好，那个好，电话电灯，楼上楼下，房子地面铺的都是毡……"③

再次，进疆女兵的婚姻问题一直广受关注，考虑到特定的政治性因素，官方文献有关这方面的记载相对较少，这在某种程度上助长了坊间对女兵婚恋经历的故意歪曲、以讹传讹。当年进疆女兵如今大多已过耄耋之年，她们重启记忆之门的口述史为我们了解20世纪五六十年代生产部队的婚恋状况打开了一扇重要窗口。当时的婚姻模式大致可以分为两类。一种模式是"组织婚姻"，女兵在报名参军时并不真正了解来疆的主要目的，部队领导负责做狂轰滥炸的思想说服工作，并以掌握女兵档案和工作分配等作为施压的砝码。有的女兵来到新疆就是为了谋生，她们在苦口婆心的劝说之下答应结婚。在当时人们的婚恋意识里，家庭出身和政治背景这两个因素显得特别重要，贫下中农与共产党员成为备受敬重的身份符号。受访人李文丽这样回顾她的"相亲经历"："我硬着头皮问，'你，你，是不是共产党员？''是共产党员，16岁参军，现在年龄25岁，连长职务。'"④ 事实上，

---

① 张吕、朱秋德：《西部女人事情——赴新疆女兵人生命运故事口述实录》，第16~17页。
② 王小平主编《当代新疆屯垦口述史》，新疆人民出版社，2012，第75页。
③ 邹赞：《穿过历史的尘烟——新疆军垦第一代口述史》（一），暨南大学出版社，2016，第263页。
④ 张吕、朱秋德：《西部女人事情——赴新疆女兵人生命运故事口述实录》，第113页。这段口述史提到了准许结婚的条件，我们可以引用《新疆军区政治部关于生产部队婚姻条例暂行规定》相关内容，以资佐证，"一、男方凡具备下列条件之一者准予结婚。1. 现任连、排干部年满二十岁，并有五年革命斗争历史者；2. 具有六年革命斗争历史，年满二十岁的班以下人员；年满二十八岁的指战员。二、女方必须年满十八岁者始能结婚"。参见新疆生产建设兵团史志编纂委员会《新疆生产建设兵团史料选辑·兵团早期女兵与妇女专辑》，第15页。

这种特定历史条件下的"组织婚姻"并不像有些人所主观臆断的"拉郎配"，尽管年龄悬殊是客观存在的问题，但由于生产部队的战士大多出身贫寒，在战火中历经生死，思想政治素质普遍过硬，再加上女兵们的英雄情结，所以尽管很多婚姻都是在领导的"牵线搭桥"甚至"威逼利诱"之下仓促达成，结局却并非都是悲剧。很多夫妻在岁月的磨砺中慢慢培养感情，比如湘妹子文汇娟被组织上以"军人必须服从命令"的理由安排和比她大十岁的老八路成皓生结婚，几十年后她这样评价自己的婚姻，"我有幸嫁给了让我记挂一辈子的人"。① 还有一些女兵强烈反对"组织婚姻"，抵触情绪很大，"那时有的不同意结婚，也有闹得特别厉害的，有一个不同意，警卫班的人硬是把她拉去结婚。还有的想不通得了神经病的"。② 口述史还载有"逼婚现象"，最典型的当属 1952 年进疆的山东姑娘孙某，"被拜城县的一个姓董的组织部长看上了，那家伙四十多岁了，河北的，据说还给朱总司令当过通信员呢。他为了把小孙骗到手，想尽了办法……"③ 这个组织部长未能所愿，最终狗急跳墙，杀了孙某，他本人也被判了死刑。类似的悲剧事件不在少数，它印证了兵团屯垦戍边历史不仅是一部由男人谱写的现代传奇，同时也是一部荒原上第一代军垦女性爱与恨、血与泪的西部史诗。第二类是"准自主婚姻"模式。众所周知，新中国成立之初就颁布了《婚姻法》，以法律形式明确规定"男女平等、婚姻自由"。20 世纪 50 年代招募进疆的内地女兵中，很多人都曾在家乡接受过一定程度的教育，部分人还受过现代民主思想的熏陶，从思想上向往两性平等，追求两情相悦的婚恋模式。男女双方在劳动学习中萌发"革命情谊"，最终通过向组织上积极争取赢得幸福的婚姻。兵团劳模金茂芳的跨民族婚姻就是这方面的典型案例：她和老伴都是拖拉机手，两人在劳动中相识相知相恋，"我们不敢手拉着手，不敢挎着，不敢抱着，就这样走啊走，一直走到现在周总理纪念碑那个地方，大门边有条水渠，水流得哗啦哗啦响，我俩就坐在那里谈恋爱"。④ 尽管过程充满艰难曲折，但是结局很圆满。

最后，"军垦第一代女性"的人生命运故事不仅呈现了她们和男性并肩参加垦荒种地、兴修水渠、戍守边陲的艰辛历程，还极为真切地反映了她

---

① 姚勇：《湘鲁女兵在新疆》，光明日报出版社，2012，第 122～123 页。
② 王小平主编《当代新疆屯垦口述史》，第 73 页。
③ 张吕、朱秋德：《西部女人事情——赴新疆女兵人生命运故事口述实录》，第 139～140 页。
④ 邹赞：《穿过历史的尘烟——新疆军垦第一代口述史》（一），第 161 页。

们"生为女人"的性别指认与现实情境之间的严重错位。一方面，她们背井离乡、西上天山，在这荒凉的戈壁滩上成家立业，既要履行一名军垦战士的繁重劳动职责，还必须承担为人妻为人母的家庭重任。20 世纪 50 年代，新疆兵团屯垦事业方兴未艾，急需大量劳动力投身生产建设，这些内地女兵进疆后经过短期培训，就被分配到散落在天山南北的兵团农场，在各行各业贡献力量。受访人蒋玉英对当年参加生产劳动的艰苦体验记忆犹新，"风又大，沙又大，冬天零下四十摄氏度还要上班。我们都穿着厚厚的棉衣棉裤，还穿着重重的、厚厚的毡筒，走路都困难。就这样'全副武装'，我的脚还是冻烂掉了。鼻尖和耳朵更难逃脱，特别是耳朵上的冻疮，就像生根一样，怎么都好不了，一到冬天，两只耳朵又红又肿"。[1] 随着屯垦事业的稳步推进，尤其是专业技术人才队伍的扩大[2]和机械化程度的提高，兵团对劳动力的需求总量开始减少，再加上国家当时进入暂时性的经济困难时期，兵团各机构响应国家号召，以"勤俭持家"的名义，动员女性离开劳动岗位，回归家庭做好后勤保障工作。从此很多已婚生育妇女离开工作岗位，开启另一种生活模式。她们的身份从兵团职工转变为家属，这段特殊的历史导致了遗留问题，以致个别女兵晚年沦落到老无所依的尴尬境地。湘女张美玲就是"勤俭持家"的典型个案，她从机务连退下来，回到家里做家务，后来又参加了"五七排"，她声泪俱下诉说自己的退休待遇："最开始我们响应'勤俭持家'号召退下来的那一批人每月一百多块钱，后来国家下了文件，恢复'五七工'的一些待遇，这个比'勤俭持家'那一批要高一些，但是你只能拿其中一样，这样我把原先那一百块钱的待遇丢掉了，就拿'五七工'待遇，每月一百五十块钱，就这样不知道拿了多长时间……我老头子死了以后呢，我每月领五百块钱，也不知拿了多长时间，后来又不行了。团里来动员大家，要我们参加养老保险，养老保险要交钱。"[3] 近年来国家和自治区相继出台有关解决"五七工"退休待遇的政策文件，张美玲也成了直接的受惠者，老人现在每月可领取 1400 元左右

---

[1]　张吕、朱秋德：《西部女人事情——赴新疆女兵人生命运故事口述实录》，第 297 页。

[2]　"1957 年末，兵团总人口为 31.15 万人，比 1954 年增长 77%。职工 17.87 万人，比 1954 年增长 69%……年龄结构和文化程度有了明显变化，35 岁以下的青壮年 15 万多人，占职工总数的 84.1%（其中半数未婚），具有初中以上文化程度者近 3 万人。"参见新疆生产建设兵团史志编纂委员会《新疆生产建设兵团发展史》，第 81～82 页。

[3]　邹赞：《穿过历史的尘烟——新疆军垦第一代口述史》（一），第 271 页。

的退休金，但由于其家庭多次遭遇变故且暂时没有获得廉租房名额，老人至今处于居无定所的漂泊状态。

另一方面，20 世纪 50 年代的进疆女性长期生活在男性占据绝对主导地位的环境中，历史赋予她们承载与男人同等分量的重担，但是在主流政治话语的规训下，她们的性别特征常常被生产建设、保家卫国的宏大主题所湮没，成为身处家国以内的异质性存在。受访人蒋玉英曾回顾女性生理期遇到的尴尬："指导员是个年轻小伙子，他还嫌我们这些女兵麻烦，不想带我们，他给上级领导反映，说女同志麻烦得很，解个手还要卫生纸，男兵们随手拿个烟纸盒就解决问题了。那领导就专门找他谈，给他讲妇女的特殊情况，他这才知道女兵们要卫生纸的理由。"① 更有甚者，在那个政治话语和生产劳动被神圣化的年代，一切关乎成功与价值的评价标准都指向冷冰冰的数字，劳动绩效成为衡量个体所做社会贡献的核心标尺。这种社会语境无疑在很大程度上封闭了女性气质自然伸展的空间，并导致了"假小子""铁姑娘"等性别认知错位现象的出现。《西部女人事情》讲述了受访人关丽奇的"假小子"经历，她身强力壮、食量惊人，外形打扮不同寻常，"学着男人那样走路，学着男人骂，想象着自己像男人那样有劲，什么都干得了，什么也不怕"。② 她的男性化举止和着装招来了一位山东姑娘的情有独钟。尽管她并不是同性恋者，但这种性别角色的错置直接影响到个体的人生命运：她既无法像男性那样分享同等的社会空间和认同指数，也未能遵循父权制的预设规范扮演好家庭内部角色，最终导致婚姻家庭频频遭受挫折。

二

就目前已公开出版的新疆兵团屯垦口述史论著而言，口述对象大多以王震率领的解放军部队、进疆内地女兵及支边妇女③、知识分子和支边青年

① 张吕、朱秋德：《西部女人事情——赴新疆女兵人生命运故事口述实录》，第 298 页。
② 张吕、朱秋德：《西部女人事情——赴新疆女兵人生命运故事口述实录》，第 51 页。
③ 新疆大学姚勇副教授以档案文献为依据，细致考察了 20 世纪五六十年代山东来疆女性的具体构成，"1952 年动员进疆的山东女性年龄较小，是以参军名义招收进新疆的，因此享有军籍；1954 年则主要在山东文登和莱阳两个专区，动员年龄相对较大甚至是寡妇进疆，这批山东女性是以'建设妇女'的名义进疆的，没有军籍"。参见姚勇《20 世纪 50 年代初西进新疆的山东女兵人数考证》，《山西档案》2015 年第 3 期。这说明兵团初创前后内地女性来疆的路径是多元化的，来疆后的身份也存在差异，我们在指称这一群体时，切忌做本质主义的描述。

为中心，对国民党"九二五起义"官兵等群体的关注较少。原因主要有以下三方面。

一是因为相对正式、较具规模的兵团屯垦口述史采录和研究工作开启得太晚，当年参加"九二五起义"的将士在年龄上普遍超过解放军进疆部队，新世纪之初，这个群体中的大部分老军垦或已作古，尚健在的老人也往往年事过高，考虑到身体因素不宜接受访谈，这可算作客观原因。

二是因为新疆和平解放以后，经过一系列艰苦卓绝的剿匪肃特、平息叛乱，新疆的政治局势基本上得到有效控制，历史的重心开始转向生产建设。为了尽快补充屯垦成边所需要的劳动力缺口，新疆军区和生产建设兵团先后联系内地省市，广开渠道，以优惠政策吸纳青壮年劳动力加入兵团职工队伍。中央领导人高度重视新中国成立初期西北地区的人口问题，1958年7月4日，陈云在一份题为《劳动力的调剂和组织》的讲话中明确提到新疆解放初期面临的人口问题，解决的办法就是鼓励从内地向新疆移民，"劳动力问题在西北的确是一个突出的问题。我觉得从长远来看，由别的地方移来一些人，开发西北是需要的，是肯定的。不过，我现在不能担保在第二个五年计划内调来五百万人。我以为应该分三种情况：一种情况是某些地区必须有外地或外省的帮助，像柴达木、克拉玛依戈壁滩和新疆大面积垦荒区，至于用什么方法动员人去是另外一回事"。[①] 在党中央的政策感召下，新疆开始了新中国成立以来的最大规模移民，这些移民对象来源广泛，既有怀着理想主义的"荒原情结"参加支援边疆建设的有志青年，也有饱受政治运动之殃被迫远走他乡的知识分子，还有历经三年困难时期选择到新疆投亲谋生的自流人员、劳改犯等。应当说，支边青年的身影同时存在于官方正史和口述史之中，尤其是"周总理在石河子总场接见上海支边青年"这一重要事件成为被经典化的屯垦史实。内地进疆女性以其"第一代戈壁母亲"的奉献者形象与男性屯垦将士并列史册，她们的传奇人生经历也在大众传媒有关"八千湘女上天山""齐鲁女兵西进新疆"的强势推动下声名远播，成为各类屯垦史书、口述史、妇女研究、屯垦题材影视剧中必不可少的重要素材。这样的题材比较容易触碰政治忌讳，许多特定的屯垦女性生命史并没有被完整地呈现出来，我们所能获得的各类文本样式

[①] 参见中共中央文献研究室、中共新疆生产建设兵团委员会编《新疆生产建设兵团工作文献选编》，中央文献出版社，2014，第62页。

很多都是经历过意识形态选择与再造之后的"二次文本"。但不管如何，这些女性的身影已然浮出历史地表，她们的声音成为我们透视新疆当代屯垦史的一扇重要窗口。

三是因为，尽管官方编纂的新疆屯垦史书中都会记载陶峙岳率部起义、新疆和平解放的英明义举，也有对新疆解放初期新生政权在天山南北歼灭土匪、镇压反革命运动的详细记录，但是鲜有关注国民党起义部队在生产建设年代的个体命运的记载。诚然，"九二五起义"官兵大多在解放前已经入伍，如今普遍享受离休待遇，每月退休金高出许多解放军战士及内地进疆女兵，他们安享晚年，却往往因为"文革"期间被打成"老九"的创伤经历，对政治话题始终避而远之，对慕名来访的口述史研究者也是三缄其口，很难再度开启尘封的记忆。因此有关"九二五起义"官兵这一群体的记忆，只能在为数不多的口述史著作中一窥踪迹。相比而言，劳改犯、逃荒自流进疆人员等群体则由于复杂的政治原因，充其量只能在官方史书里一笔带过，就连口述史在筛选、甄别访谈对象时也会有意无意滑过其中某些段落，只有在厚重的口述史著作里细心采撷零星的篇章，借以管窥这些特殊群体在不同历史阶段走过的心路历程，让边缘话语穿过主流意识形态设置的重重雾障，形成当代新疆屯垦文化地形图中的小片景致。此外，尽管新疆生产建设兵团是一个现代多民族国家内部的移民社区，以内地西迁的汉族为主，但新疆自古以来就是多民族聚居、多元文化交流互动的核心场域，因此，新疆兵团职工当中拥有比例不小的少数民族，许多师团还专门设置了民族连队，根据一份统计资料显示："到 1987 年末，兵团总人口为 218.01 万人，比 1982 年末的 219.66 万人减少 0.76%……在总人口中，汉族 194.44 万人，占 89.2%；少数民族 23.57 万元，占 10.8%。"[1] 鉴于上述因素，下文将集中讨论两类边缘话语在当代新疆屯垦口述史中的再现："九二五起义"官兵回忆和平起义的前前后后、解放初期的思想改造以及"文革"期间的遭遇；内地进疆女性视角下的新疆地域形象和少数民族形象。

首先，1949 年 9 月 25 日和 26 日，国民党新疆警备总司令陶峙岳在各派势力之间积极斡旋，通电和平起义，确保了新疆的平稳大局。陶峙岳将

---

[1]　新疆生产建设兵团史志编纂委员会：《新疆生产建设兵团发展史》，新疆生产建设兵团出版社，2011，第 315 页。

军的深明大义赢得中共中央高度赞赏，毛泽东主席在给陶峙岳、包尔汉发的电报中明确提出"建立新新疆"的美好愿景。随着解放军部队开赴新疆，边疆局势得到有效的控制，中央军委对起义官兵展开整编工作，从此国民党"九二五起义"官兵成为中国人民解放军的一部分，开始履行"生产建设、垦荒戍边"的崭新历史使命。客观上讲，国民党起义部队在年龄、入伍动机和渠道、作战经历尤其是思想政治教育等方面与解放军部队存在明显的差异，这就意味着部队整编以后面临着十分艰巨的对接工作。鉴于"九二五起义"官兵身份的特殊性，关于这一群体的口述记录主要有两种呈现方式。一是通过解放军部队战士和进疆女性的旁观视角讲述，从侧面反映出和平起义后部队的思想政治工作。当时的部队整编工作坚持"民族民主"和"思想改造"原则，党中央派遣一批经验丰富的政工干部到原起义部队从事思想政治工作，此类回忆侧重于思想教育和组织建设。内地进疆女性的讲述则提供了另一层面的信息，触及起义官兵在改编之后面临的婚恋困境。20世纪50年代，政治话语在中国的社会文化舞台上占据绝对主导地位，它深刻地影响着人们的价值观念和日常生活，家庭出身和政治面貌成为婚恋选择的重要标准，这种情况对于自然环境恶劣、性别比例严重失调的新疆兵团而言尤其突出。进疆女性无法摆脱历史的选择，也往往不能掌控个人婚恋的命运之舟。在那极其有限的"狭窄天空"里，她们从心理上更加倾向于解放军战士，我们不妨引用金茂芳的口述："大部分人都是跟解放军叔叔结婚。'九二五'起义官兵的年龄一般偏大些，相差比较悬殊，有的人在婚姻上确实痛苦了一辈子……"① 相比而论，起义官兵以"第一人称"的自我讲述则更加丰富细腻地展现了起义的前前后后，比方说有关参与起义的初衷，受访者任凤卓坦言："抗拒起义、叛逃出去是没有活路的。所以我主要就是出于生计考虑，并不是为了革命，因为当时对共产党并没有什么认识。"② 作为起义事件的亲历者，他们的讲述更加细致，在情感上具有更令人信服的力量，能够深刻触及国民党部队的官僚作风、起义队伍内部"走"与"不走"的拉锯战、起义以后部队内部的派系斗争以及在接受思想改造过程中的心理挣扎，这些讲述尽管无法完全摆脱讲述者的主观渲染甚至记忆再造，但是它为我们重返历史现场提供了可能的路径。受访

---

① 邹赞：《穿过历史的尘烟——新疆军垦第一代口述史》（一），第158页。

② 王小平主编《当代新疆屯垦口述史》，第36~37页。

人唐克英生活在甘肃的偏远山区，少年时被国民党部队抓了壮丁，他这样回顾国民党部队的恶劣习气："国民党手里啊，啥人都打，班长也打，排长也打……有时候两个人把人架住，一个人用条子抽。"① 有的起义官兵后来在"文革"中遭遇沉重打击，他们被打成"老九"，通信兵则被诬蔑成"特务"，成为那个荒谬年代的政治牺牲品。当然也有的"老九"因为积极接受思想改造，相对平稳地度过了这次政治浪潮，曾参与过生擒大土匪乌斯曼的战斗英雄刘继华就是一例，他说："我 1954 年加入中国共产党，入党的时候我把所有问题都交代清楚了。我们没有受到任何冲击。"②

其次，新疆自古以来就是地处丝路要冲的多元文化交汇之地，这里生活着维吾尔族、汉族、哈萨克族、回族、蒙古族、柯尔克孜族等 13 个世居民族。新疆和平解放以后，党和国家领导人特别重视民族团结工作，明确指出要尊重少数民族的文化习俗、大力培养少数民族干部、积极扶持民族连队建设。1965 年 7 月 5 日，周恩来总理到石河子垦区视察并发表重要讲话，他强调："你们这里少数民族还少了一点，要增加一些。一百多万人中，少数民族太少。你们可以用生产队的形式吸收一些少数民族，慢慢培养、帮助他们。"③ 由于语言和文化习俗方面的原因，内地人对于新疆的地域形象和少数民族形象的认知往往需要借助各种行旅记游文本，基本上都是内地人眼中的新疆形象，它虽然是一种携带"外来者"（outsider）主体立场和文化基因的"想象性建构"，很难作为严谨的史料加以参考，但在一定程度上提供了一条探析某个时期新疆和内地交往以及新疆各民族关系的重要线索。在进疆女性的口述实录中，她们在开赴新疆前对于新疆的想象主要有以下几类。一是内地女兵从"道听途说"和"谣传"获得信息，"有很多人谣传说，新疆都是野人，红黄头发，蓝眼珠，长得呲牙咧嘴，身上还长着长长的毛，用刀子割生肉吃"。④ "有人说新疆人是绿眼睛的'怪物'，红口白牙，能吃人。"⑤ "到新疆去？雪都堆得这么高！要冻死人的，不要叫她去。"⑥ 二是从新疆军区招聘团获得信息，"有一天上街买菜，我们看见解

① 王小平主编《当代新疆屯垦口述史》，第 202 页。
② 邹赞：《穿过历史的尘烟——新疆军垦第一代口述史》（一），第 220 页。
③ 中共中央文献研究室、中共新疆生产建设兵团委员会编《新疆生产建设兵团工作文献选编》，第 97 页。
④ 张吕、朱秋德：《西部女人事情——赴新疆女兵人生命运故事口述实录》，第 147 页。
⑤ 张吕、朱秋德：《西部女人事情——赴新疆女兵人生命运故事口述实录》，第 17～18 页。
⑥ 邹赞：《穿过历史的尘烟——新疆军垦第一代口述史》（一），第 4 页。

放军在体育馆前面贴了好多广告，广告上说新疆要招人，鼓励大家到祖国最需要的地方去"。① 三是一些在家乡接受过良好教育的女性怀着对边塞诗和王度庐小说的浪漫想象，尝试到塞北荒原寻梦。这几种情况大致勾勒出内地人对于边疆的刻板印象：古往今来，西域/新疆都是作为中原的异质性存在被各类文本反复书写，其间渗透着相当明显的中原汉文化中心主义，一种看与被看、表述与被表述、再现与被再现的权力关系显露无遗。这种权力关系在文本中表现为两种形象建构：或将边疆想象为蛮荒落后的异域"他者"，以之作为中原王朝"唯我独尊"的霸权心态的投射对象；抑或将边疆想象成奇谲瑰丽的乌托邦世界，以之作为文人墨客超越凡俗的理想寄托和饱受战乱之苦的中原民众对于彼岸世界的美好寄托。此外，内地进疆女性的口述实录还触及解放初期新疆少数民族的生产生活状况及民族关系。湘妹子文汇娟初到新疆就感受到了少数民族群众的热情，"把我们领入他们的毡房，请我们喝奶子，吃葡萄。她们还帮我们班里的女兵们扎小辫子，可惜那时我把头发剪了，只有羡慕的份"。② 受访人李桃香在回忆南疆岁月时，仍然清晰地记得几十年前初到喀什见到维吾尔族老乡的情景，"（他们）穿得奇怪，说话也听不懂，他们跳着舞欢迎我们，给我们撒沙枣枝子，让我们吃……"③ 这些口述材料鲜活生动地再现了半个多世纪以前新疆地区的民族关系。生活习俗和文化上的差异是客观存在的，但当时各民族都以推翻剥削阶级和旧政权为首要政治使命，观念和文化心理上的差异甚至误读都暂时性地被弥合。虽然有一小撮极端分裂分子丧心病狂，打着宗教的幌子，妄图颠覆新生的人民民主政权，但由于国家和新疆兵团各级政府采取了一系列有效的语言学习、宗教政策、法律法规教育措施，许多有可能导致民族关系恶化的事件被妥善解决，极端分裂主义成了强弩之末，新疆地区的民族关系出现了前所未有的良好状态。

最后，一些口述史著作秉着忠实历史和坦诚严谨的态度，将视角投向某些特殊群体，比方说刘小萌的《中国知青口述史》专辟"阿克苏事件始末"一节，对当年在阿克苏发生的上海知青回城事件的主要领导者欧阳琏进行访谈，这些口述史料的获得可谓弥足珍贵，它们浓缩了访谈人的主体

---

① 邹赞：《穿过历史的尘烟——新疆军垦第一代口述史》（一），第94页。
② 张吕、朱秋德：《西部女人事情——赴新疆女兵人生命运故事口述实录》，第4页。
③ 张吕、朱秋德：《西部女人事情——赴新疆女兵人生命运故事口述实录》，第134页。

立场和现实关怀，也为人们了解知青回城那段复杂的历史提供了亲历者的
声音。①

三

如前文所论，自 20 世纪 90 年代以来，兵团高度集中的计划管理模式与
市场体制形成急剧的张力，兵团自身的局限性日益显露出来，面临着"是
否转型"以及"如何转型"的急迫问题。与此同时，"兵团人"这一能指所
表达的意涵渐趋模糊，屯垦戍边文化认同遭遇代际断层。因此，如何有效
发掘屯垦历史记忆的文化资源价值，借助于现代文化生产和媒介再现，使
之成为重构兵团屯垦文化认同、缝合兵团代际文化断裂的重要力量，显得
尤为重要。

文化认同（cultural identity）是文化理论的关键词之一，其中"identi-
ty"具有"认同/身份"双重意涵。"认同/身份"指向个体在某一社会群体
中获得的指认和命名，通过族群、阶级、阶层、性别、性向、年龄、职业
等社会符码加以描绘限定，尝试碰触"我是谁""我们是谁""我们处在什
么样的位置""自我和他者之间的差异性如何"等深度命题。如果说，"身
份/认同"是一种生产性的、流动的指意实践，它依赖具体的历史情境和话
语协商；那么，"文化认同"则更加强调在文化属性上构建一种个体与群
体、自我与他者之间的关系场域。斯图亚特·霍尔（Stuart Hall）认为"文
化身份/认同"有两种定位：第一种定位强调"共有的历史经验"和"共同
文化"；第二种定位提倡既要看到延续性和连贯性，也不能忽视"断裂"和
非连续性，因为这些断裂和非连续性恰恰反映出历史情境的反差。"应该把
身份视做一种'生产'，它永不完结，永远处于过程之中，而且总是在内部
而非在外部构成的再现。"② 因此，我们在讨论某一群体的文化身份/认同问
题时，必须同时注意到"连续"和"断裂"两方面的参数，既要重视叙述
主体讲述的历史，也要密切参考叙述主体自身所处的历史语境。具体而论，
当下新疆兵团文化认同/身份的建构涉及以下几个层面。其一，返回历史深

---

① 刘小萌：《中国知青口述史》，中国社会科学出版社，2004，第 445～505 页。
② 〔英〕斯图亚特·霍尔：《文化身份与族裔散居》，罗钢、刘象愚主编《文化研究读本》，
中国社会科学出版社，2000，第 208 页。

处，从个体记忆中发掘有效的文化信息，通过文化再现机制，构建出"一种共有的历史经验""一套共享的文化符码"。其二，重视发掘、呈现差异性的边缘话语，尤其关注叙述主体的身份和立场，重估特殊群体在兵团发展史上的合理位置，"让他（她）们自己说话"，以口述史为文本对象，通过这些有别于官方说法的个体"陈述"，管窥兵团文化集移民文化、族群文化、性别文化、地域文化乃至形形色色的亚文化于一体的多元特色。其三，正视由于历史变迁所导致的兵团的代际文化隔阂，在一种兼及"延续性"与"断裂"的双重视野下考察兵团人文化身份的建构。

首先，历史情境的巨大反差无疑将导致个体在文化认知上的疏离甚至盲点，市场化改革一方面激活了社会生产诸要素，为大众的日常生活注入新鲜的动力，个体经验遭遇了突兀巨变；另一方面，市场化也在很大程度上挑战了传统价值观念的基本范式，一种张扬消费主义、娱乐至上的新型文化心理逐渐取代了前市场化时代对生产神话和劳动英雄的崇尚。在这样的语境下，文化文本的叙事伦理也日渐滑入消解崇高、解构宏大主题、张扬身体消费、创造奇观效应的窠臼。正如笔者在兵团农场采集口述史所获得的基本信息：尽管当年屯垦战士战天斗地的艰苦创业场面距离当下只有一甲子的光阴，但兵团新生代对屯垦戍边精神普遍缺乏应有的了解，他们在偶尔倾听兵团老战士回忆往事的时候，常常显得漫不经心，流露出某种茫然无知甚至抵触情绪："不要再讲你们的英雄事迹了"，"我们和你们的生活环境截然不同"，"你们当初的选择真是太傻了"……为了有效缩减乃至弥合兵团对于屯垦戍边历史和兵团精神认识上的代际裂隙，我们除了可从各种权威史料中汲取相关信息以外，还应当将视角投向这段历史亲历者的回忆，让个体记忆转化为有效的文化资源，通过不同路径的表述和再现，成为当下兵团年青一代了解屯垦戍边艰难历程的一面镜子，尝试把即将断裂的历史符码重新连接起来。

近年来，新疆兵团各级政府秉着弘扬屯垦戍边精神的根本宗旨，在党政机关、文教单位和社会团体广泛开展讲座，邀请胡友才、金茂芳等兵团老战士为年青一代普及屯垦历史文化知识，以丰富翔实的个体经验为素材，再现20世纪五六十年代兵团初创时期的生产生活风貌，为年青一代提供有关当代新疆屯垦戍边的鲜活小历史。"军垦第一连"老连长胡友才在访谈中专门提到兵团屯垦文化的传承保护问题，"现在农场包地，百分之八十来的都是内地民工，那些人干活只管赚钱，利益第一，哪会顾及什么军垦文化与兵团精神"。① 胡友才对兵团屯垦文化认同的现状感到忧心忡忡，他退休之后仍然"烈士暮年，壮心不已"，坚持义务为"军垦第一连"担任讲解员，义务为大中小学生普及兵团历史与屯垦文化。他将自己亲历的往事提炼升华，以快板、歌曲、互动问答的方式传递给不同年级的学生，这种注重艺术性、思想性和参与性的讲授模式深受欢迎。同学们不仅可以从讲座中了解到兵团老战士艰苦朴素、无私奉献的牺牲精神，还有助于形成对屯垦戍边历史的内在认同感，构建出诸如"我们兵团"之类的文化共享意识，培育并且激发一种兵团人的自豪感。

其次，就目前已公开出版的当代新疆屯垦口述史而言，叙述主体基本上聚焦于 20 世纪五六十年代进疆的兵团第一代，他（她）们以回忆视角讲述兵团发展历程中的风云事件与日常场景，尝试驻足当下，重绘兵团的历史文化地形。鉴于口述史的陈述和表演性质，过往经验在叙述主体的意识中经过筛选与屏蔽，转变为语言陈述——一种具有生产性的话语，它并非一种封闭的、戴着权威面具的纪录式再现，而是随着语境的变迁自觉启动记忆/遗忘机制，经历着一次次的"记忆再造"，以斑驳芜杂的面貌显影于当代文化生产之中。一方面，叙述主体有可能特别注重或有意遗忘某些历史事件或过往场景，这种文化心理在很大程度上关联着叙述主体的认同倾向，"因为个人的认同具有高度的情境性与变迁性，认同发生变化时，记忆或遗忘的社会机制，就对个人记忆构成决定性的影响"。② 此处不妨以几篇兵团女性口述史为例展开阐述。不论是《西部女人事情》《当代新疆屯垦口述史》，还是《穿过历史的尘烟》《我们成长在那个年代》，这些口述史著作的受访人都携带一个明显的共同特征：深情缅怀那个激情燃烧的年代，试图以 20 世纪五六十年代也即新疆兵团发展的"黄金时期"为理想参照，启发人们思考如何面对兵团在转型时期遭遇的困境。受访对象都会津津乐道回忆当年劳动的艰辛，比方说那些关于"与狼共舞"、被蚊虫叮咬、不畏伤病仍然勇争先进的难忘经历。尽管叙述主体遭遇了令常人难以想象的磨砺，但她们的叙述语气洋溢着掩饰不住的自豪，这兴许就是信仰的力量，有一种无比强大的信念将她们挽留在这亘古的荒原上。这种对兵团初创期屯垦戍边精神的追怀，无疑代表着兵团老战士内心深处对兵团文化的认同。这

---

① 邹赞：《穿过历史的尘烟——新疆军垦第一代口述史》（一），第 24 页。
② 黄克武：《语言、记忆与认同：口述记录与历史生产》，定宜庄、汪润主编《口述史读本》，北京大学出版社，2011，第 30 页。

里所说的"兵团文化认同",既有对新疆兵团在当前履行"固边稳疆"历史使命的高度认同,也有对半个多世纪以前屯垦戍边壮丽事业的深切缅怀,形成一种交织着过往与当下的流动交叉的情感认同。

与此同时,有的叙述主体在回忆个体经历时,"知觉到自己深深植根在一个世俗的、连续的时间之中,并且知觉到这虽然暗示了连续性,却也暗示了'遗忘'这个连续性的经验……这样的知觉,引发了对'认同'的叙述的需要"。① 基于现实政治因素或叙述主体的个人遭际等原因,这些口述史也相当明显地透露出遗忘或遮蔽策略。其中既有对历次政治运动的讳莫如深,也有对个人遭际的避而不谈。从表层看,诸如此类的遗忘/遮蔽是社会集体无意识投射于个体心态的结果;从深层看,它也关联着兵团老战士对屯垦戍边事业的真挚感情和诚恳用心,即便偶尔流露出幽怨和遗憾,但内心深处很少有后悔之意。批评甚或苛责,其根本宗旨都在于希望兵团屯垦事业历经社会转型之后仍然保持活力,能够承担历史赋予的重任。

最后,这些口述史的叙述主体既是兵团人口的重要组成部分,也是屯垦戍边精神最集中的体现者,他(她)们有关自身现状的讲述为我们理解兵团的历史轨迹与当下境遇提供了有益的参照。作为从内地移居新疆的"外来者",这些兵团老战士在不断适应新疆兵团社会情状的同时,也对故乡充满思念,尽管数十年的边疆生活阅历已经让绝大多数人将新疆兵团认同为"家乡",但人类与生俱来的"恋乡情结"又让他(她)们心系故园。因此在他(她)们的情感结构中,"家乡"和"故乡"形成了一种张力。这种张力状态在20世纪90年代以来表现得愈加明显。20世纪90年代是一个比较特殊的时间节点,整个社会经历了急剧的结构性转型,大多数当年西进新疆的屯垦战士步入退休年龄,他(她)们告别高强度的生产劳动,开始有足够的时间和精力组织"同乡聚会",主动确证自我群体在兵团发展史上应有的地位,澄清因各种原因形成的误读。一方面,有的叙述主体深刻感受到时代变化太快,人们的价值理念更新换代过于频繁,他(她)们那一代人的卓著贡献有目共睹,却在新的历史语境下被边缘化。受访人程元秀坦言:"我真不希望退休以后就成了'被遗忘的角落',以前在学校的时候,我还在各种会议上发言,给学生讲革命故事和'文革'中受迫害的

---

① 〔美〕本尼迪克特·安德森:《想象的共同体:民族主义的起源与散布》,吴叡人译,上海世纪出版集团,2005,第194页。

经历，进行革命传统思想教育，也有更多的人了解我苦难的一生。可现在，我连说话的机会都没有。"① 老人的焦虑心理反映了部分兵团老战士的生活现状。另一方面，在兵团老战士的奔走呼吁和大众传媒的广泛传播下，当年进疆的湘鲁女兵盼星星盼月亮，迎来了家乡人民的关怀。"1988 年 9 月，山东女兵终于盼来了家乡慰问团……十年之后，在新疆湖南女兵的千呼万唤中，由湖南省委宣传部组织的'新疆天山行'新闻采访团终于来到新疆。"② 对这些兵团老战士而言，他（她）们在新疆生活的时间远远超过自己的故乡，并且将青春、理想和热血都挥洒在这片神奇的土地。他（她）们的真正诉求，乃是希望故乡人民不要忘了自己的儿女曾经在祖国最需要的地方建功立业，而内心深处的情感认同，却时时刻刻牵系新疆生产建设兵团。

① 张旦、朱秋德：《西部女人事情——赴新疆女兵人生命运故事口述实录》，第 86 页。
② 姚勇：《湘鲁女兵在新疆》，光明日报出版社，2012，第 261 页。

虚拟现实技术与审美经验的变革

孟凡生[*]

摘要 新兴的媒介技术通过直接的或间接的手段对审美的基本要素施以影响，而这些影响最为强烈也最为深刻地体现在了美学的主要范畴即"审美经验"之上：媒介技术的革新——尤其是塑造虚拟环境的虚拟现实（VR）技术和增强现实（AR）技术——在丰富着人们的感知方式、审美对象以及体验方式的同时，还重构了由现代美学所确立的审美经验的基本内涵和基本范式，以"带入"、"浸蕴"和"交互性"为新特征的审美经验挑战了现代美学所尊崇的"无利害的"、"距离的"和"静观的"的审美范式及其在审美领域中的垄断性统治，从而促成了当下审美形态和审美活动的多元化，也为当代美学的发展提供了新契机。

关键词 虚拟现实 审美经验 感知体验

Abstract The emerging media technologies influence the essential elements of aesthetics through direct or indirect means. These effects are most strongly and profoundly reflected in the main category of aesthetics, that is the "aesthetic experience". The innovation of media technology, especially virtual reality technology and augmented reality technology which molds the virtual environment, enriches people's perception and aesthetic objects and experience ways. At the same time, it also establishes the basic connotation of the aesthetic experience and basic paradigm. The new features of aesthetic ex-

---

* 孟凡生，文学博士，曲阜师范大学文学院讲师，主要研究方向：西方文论与美学。

perience such as " bringing in ", " immersion " and " interactivity " has challenged the esthetic paradigm of "disinterest" "distance" and "contemplation" esteemed by the modern aesthetics, which used to monopolize the aesthetics field. This new kind of aesthetic experience enriches the present aesthetic form and the diversity of aesthetic activities and provides a new opportunity for the development of contemporary aesthetics.

Key words   virtual reality; aesthetic experience; perceptual experience

在当前社会中，媒介技术对社会所产生的影响日益显著，它逐渐渗透到社会、文化、经济和生活等领域的方方面面，并引起了人们持久且广泛的关注。媒介不仅成为界定社会的关键性尺度如电子媒介时代、网络媒介时代、数字媒介时代等，而且还在一定程度上重塑了整个社会环境以及人们的生产方式和生活方式。一直以来，媒介都被看作传播的介质或工具，因而人们更多地关注它所传播的内容而非媒介本身，"我们把重点全放在内容上，一点不重视媒介，因此我们失去了一切机会去觉察和影响新技术对人的冲击。因此在新媒介诱发的革命性的环境变化中，我们总是瞠目结舌、措手不及"，[①] 比如对于铁路的出现，人们更多地关注其运输的货物或内容，而忽略了其对人们的生活方式、工作和城市建设等方面所产生的影响。自从麦克卢汉将媒介作为主要动因并以一种异乎寻常的方式来解释历史以来，媒介在塑造历史和社会方面所发挥的隐蔽性力量才得以揭示。其实，不管何种媒介，其本身都会对人和社会施以难以抗拒的影响和力量而不论其传递的内容是什么。尤其是以互联网、数字技术为代表的新媒介技术出现之后，媒介自身的这一特性得到了最好的说明，人们再也不能像谈论火车那样谈论新媒介技术。因为它不仅仅停留在信息的传播与交流之上，从更深层面上来看，它重塑了人们的行为习惯、生产活动和社会文化乃至整个社会环境。

一　虚拟现实与审美新变

虚拟现实（Virtual Reality）这一概念最早由美国 VPL Research 公司创

---

① 〔加〕埃里克·麦克卢汉、弗兰克·秦格龙编《麦克卢汉精粹》，何道宽译，南京大学出版社，2000，第 374 页。

始人阿让·拉尼尔（Jaron Lanier）提出，国内最初翻译为"灵境"或"幻真"，现在一般都译为"虚拟现实"（简称 VR）。从概念本身来看，虚拟现实这一词中的"Virtual"指的是在本质上或功效上的相同而非事实上的等同；而"Reality"这个单词较为复杂，对于它的界定往往会导致哲学上的普遍争论，现实往往被理解为独立存在于思想之外的东西，它是一个真实的事物或真实的实体或真实的状态。如果从虚拟现实本身来看"现实"这一概念的话，它指的应该是一个具有现实存在性的且可以让我们感受、经历的地方，"当阿让·拉尼尔创造出'虚拟现实'这个词语的时候，他使用的是'现实'这个词，用来指代人类生活于其中的社会"。① 如果把这两个词的含义组合在一起的话，虚拟现实就是一种在效应上是真实的，而在事实上并非是真实的实体或事件，它可以给我们一种真实的感觉，或者是把任何"拟像"转变成某种看起来是真实的东西而事实上并非如此。简而言之，虚拟现实指的是一种人为的虚拟的环境，却能给人一种与现实一样的真实感觉，其本质是"一种高端人机接口，包括通过视觉、听觉、触觉、嗅觉和味觉等多种感觉通道的实时模拟和实时交互"。②

具体来说，虚拟现实是通过虚拟现实技术与仿真技术相结合而生成逼真的多感知一体化的虚拟环境，用户可以通过自然的方式与虚拟环境进行信息交互，从而产生一种身临其境的感受和体验。一般来说，它有三个极为突出的特点即"3'I'特征：Immersion（浸蕴）、Interaction（交互）、Imagination（构想）"。③"浸蕴"又称"临场感"，指的是用户在虚拟现实环境之中所体现出的全身心投入状态；"交互"指的是用户通过相关设备运用语言、手势、表情等自然方式与虚拟现实环境相互作用；而"构想"指的其不仅可以再现真实世界，还可以任意构想出客观世界不存在的物体、环境。近年来，虚拟现实技术得到了进一步的发展，在其基础上发展出了"增强现实"（Augmented Reality，简称 AR）技术。增强现实是虚拟现实的最新扩展，它"将计算机生成的虚拟环境与用户周围的环境融为一体，使用户从感官效果上确信虚拟环境是其周围真实环境的组成部分"，④ 其本质

---

① Jim Blascovich, Jeremy Bailenson, *Infinite Reality*：*Avatars*，*Eternal Life*，*New Worlds and the Dawn of the Virtual Revolution*，New York：Harper Collins Publishers，2012，p. 54.

② 〔美〕伯迪：《虚拟现实技术》，魏迎梅等译，电子工业出版社，2005，第 1 页。

③ 张菁、张天驰：《虚拟现实技术及应用》，清华大学出版社，2011，第 3 页。

④ 王涌天、陈靖、程德文：《增强现实技术导论》，科学出版社，2015，第 3 页。

是利用计算机所产生的附加信息对使用者所看到的真实世界景象进行增强
或扩张，从而将虚拟环境与用户周围的现实环境融为一体。这一特点也是
其与 VR 的差别之所在，在 VR 系统中用户完全浸入与现实环境相仿的一个
虚拟空间之中，它的前提是虚拟环境与现实环境之间的完全隔离；而 AR 系
统却强调虚拟环境与现实环境融为一体以及用户的现实存在感，从而增强
用户对现实环境、现实事物的感知、体验和理解。任何媒介都不外乎是人
的感觉和感官的扩展与延伸，它"不是发生在意见和观念的层面上，而是
要坚定不移、不可抗拒地改变人的感官比率和感知模式"，① 虚拟现实将重
新配置整个经验世界的框架，进而凸显人们的感官感知以及多感知之间的
配合，"所有先前的技术首先是关于客体一方的工具制造，虚拟实在技术却
首先与主体一方的经验构成有关"。②

随着 VR 技术和 AR 技术日趋成熟，虚拟现实被普遍应用到人们的社会
生活和日常生活之中，如医疗、工业、教育、娱乐以及文化、艺术等领域，
并直接影响了人们观察世界和理解世界的行为与方式。审美领域在这一技
术的影响下出现了诸多新的审美对象、审美现象和审美景观，尤其是文化、
艺术领域受到了极大的影响，如数字艺术、数字博物馆、数字艺术馆以及
VR 艺术等新兴的艺术形式和现象层出不穷。可以说，VR 技术和 AR 技术的
普及性应用为人类的审美活动和审美体验带来了新的元素，在此基础上建
构的虚拟环境以前所未有的方式扩展并丰富着我们的感知经验，主体的感
知方式也由于新媒介的介入而呈现出多样性、全方位和深度化的特性。在
这种全新的虚拟环境下所产生的感知方式、体验方式和经验内容也必然会
深刻地影响到以感知经验为基础的审美经验，同时它也给当代美学提出了
新的问题和新的挑战。因而，通过新媒介技术这一视角来重新考察审美经
验问题显得尤为重要也尤其必要。

二　虚拟现实与审美经验问题的再次凸显

在新媒介技术的影响和推动之下，审美和艺术领域呈现出一些新的特
征，尤其表现在其对感官感知的重视以及对感性经验的依赖等方面，审美

---

① 〔加〕马歇尔·麦克卢汉：《理解媒介：论人的延伸》，何道宽译，译林出版社，2011，第
30 页。
② 翟振明：《有无之间：虚拟实在的哲学探险》，孔红艳译，北京大学出版社，2007，第 1 页。

经验的"感性之维"得以重新恢复。

其实，感性经验本是审美经验的基础和美学的最终旨归，但在现代美学的发展过程中却逐渐被放逐，审美经验的感性基础也被随之掏空。美学（Aesthetics）更为确切的含义是"感性学"，鲍姆嘉通建立美学的初衷是研究那些与感官相关的认识和感性知识，后来又用来指涉感官所感知到的美和艺术美。然而，由康德所奠基的现代美学逐渐背离了美学的初衷，在黑格尔那里美学则摇身变成了艺术哲学，思辨性、理性成为美学的应有之义而感知、感性被赶出了审美的王国。在审美活动中，尽管审美主体的感知方式是保证其得以进行的基本条件，它是审美活动发生的初级阶段，但感官感知一直以来处于被压抑的或被拯救的地位。因为感官上的愉悦是与利害关系相连的，而现代美学所建构的审美经验内涵是"无利害的"和"静观的"，感官经验也就理所当然被排除在了审美经验之外。当代美学开始反思这一现状，身体美学对身体感知的重视体现了美学发展的当代诉求，把身体感知作为建构理论的发难点和基石，并为感性经验在审美经验中的合法性做出辩护，这些主张的确具有极强的针对性和号召力。不过，从美学的长远发展来看则显得有些狭隘，这种鼓动性极强的理论难免会给人一种"头疼医头、脚疼医脚"的感觉，身体感知之于美学固然重要但不能一味地强调，否则会矫枉过正。其实，当代美学应从当下的社会现实出发，并将美学中的感性问题置于更为广阔的视域中进行考察，从而为感性在审美中的合理性、合法性找寻更为有效的解释和更为有力的辩解。

在当代社会中，新媒介技术的发展与应用促使人们的审美观念和审美方式产生了巨大的变化，而这一变化根植于对感性经验的重视和依赖。因而，将美学中的"感性"问题置于新媒介视域中来重新审视的话，势必会呈现出另一番景象。在较早时期，电子媒介的出现使得视觉感知得到前所未有的突出呈现，在电影、电视的席卷之下，审美文化日益青睐于视觉、听觉上的享受和愉悦；当网络媒介出现后，这种片面的或部分性的感官功能的扩大得到了及时的修正，在网络文学中文字、图片、音频和视频在超链接技术的支持下得以完美的结合，文字的抽象性让位于外显的具象感知；而 VR 技术的迅猛发展和虚拟现实的普及性应用则为人们提供了一整套的多感知系统和真实可感的虚拟环境，比如"数字艺术"通过对全息投影、360度可触摸设备、数据手套、头盔显示器和大型环幕等高科技设备的综合运用，为人们提供了一个具有多感知体验的虚拟空间。主体的感知体验、积极参与以及人、机之间的互动成为数字艺术得以完成的重要因素，感官感知在审美活动中受到了前所未有的重视，感性经验也因此成为审美经验的题中之义。理想的虚拟现实系统应该具有人所具有的多种感知功能，不仅仅包括视觉、听觉和触觉，还包括力的感知、运动感知以及嗅觉、味觉感知。"一个虚拟世界的感知框架同自然世界的感知框架之间具有一种平行关系而非衍生关系。我们的生物学感知器官，就如同我们为浸蕴于虚拟实在（VR）之中而穿戴的眼罩和紧身服一样，不过起着信号传输器和信号转换器的作用。"① 也就是说，虚拟现实技术所提供的感知框架和自然的实体空间所给予的感知框架具有一种对等性，其包含着各种事物的信息等价物，从而使我们觉得我们好像正在直接与物理的或自然的实在打交道。因而，VR 技术是对整个感知系统进行重新整合和真实调动，这种全新的感知体验带来的不仅仅是单纯的感官体验，更是一种可感的场景，一种真实的存在感。

与一般性的技术不同，虚拟现实不再是一种与客体对象相联系的"工具性"技术，它主要与主体方面相联系，一旦进入虚拟现实之中，我们的整个感知系统甚至是认知因素都会被重新建构，"这样一个浸蕴状态，使得我们第一次能够在本体层次上直接重构我们自己的存在。仅当此后，我们才能在这一新创造的世界里将自己投身于这种制造和使用工具的令人心醉的方式中"。② 除了技术上的保证和强大支持之外，虚拟现实对现实性的揭示与呈现立足于它对人的整个感知系统的重构之上。也就是说，虚拟现实之所以会给我们一种身临其境的真实体验，首先在于它所提供的感知系统与现实世界中的感知系统是对等性的关系而非衍生关系，这一点对理解虚拟现实十分重要。

从虚拟现实技术本身来看，它依赖于感性，因而也就着眼于感性并作用于感性。迈克尔·海姆认为"虚拟实在的本质最终也许不在技术而在艺术，也许是最高层次的艺术。虚拟实在的最终承诺不是去控制或逃避或娱乐或通信，而是去改变去救赎我们对实在的知性"，③ 当其介入具体的审美活动中时，感性经验成为审美经验的前提和保障，美学的核心问题也就被

① 翟振明：《有无之间：虚拟实在的哲学探险》，孔红艳译，第 2 页。
② 翟振明：《有无之间：虚拟实在的哲学探险》，孔红艳译，第 1 页。
③ 〔美〕迈克尔·海姆：《从界面到网络空间——虚拟实在的形而上学》，金吾伦、刘钢译，上海科技教育出版社，2000，第 128 页。

还原到了感性之上。

既然新媒介技术对人们的社会、生活和文化产生了如此重要的影响，那么作为人类把握世界的特殊方式的审美活动也必然会在新媒介技术的影响下体现出新的特征或产生诸多新变。新媒介技术主要通过改变或丰富主体的感知方式、改善与审美活动相关的社会环境以及丰富艺术种类、审美形态等方式来对审美活动施以直接或间接的外在影响，而虚拟现实（VR）技术的发展和普及性应用则深刻地影响了审美活动和审美理论，尤其体现在审美经验之上。更为重要的是，以 VR 技术和 AR 技术为代表的新媒介技术还为人们的审美活动提供了一种全新的感知情境，而这一情境又催生了新型的审美形态和审美经验，从而为审美经验的变革提供了新契机。伴随着 VR 技术和 AR 技术的成熟和普及性应用，人们在现实生活中的感知方式、体验方式甚至是思维模式都受到了极大的影响，感知体验在审美活动中的作用和意义也就随之得以突出、显明，"临场性"的感知体验消弭了审美活动中的距离感，深度的卷入以及人、机之间的互动打破了无利害的审美静观。因而，在新媒介技术的推动下，审美经验的基本内涵受到了前所未有的挑战，现代美学所尊崇的无利害的审美静观范式在审美领域中的垄断性统治也受到了冲击，而且它还揭示出了感性经验的存在价值和美学意义，也就把审美经验问题再次推到美学发展的前景之中。

三　虚拟现实与审美经验的当代重构

新的审美现象、艺术形式以及审美对象伴随着互联网、数字技术等新媒介的发展而层出不穷，它们不断地扩展着人们的审美领域，这些都对审美观念和美学学科提出了新的挑战，该如何应对这一纷繁的美学图景成为当前美学理论亟待解决的问题。如果说这些新事物、新现象只是对美学的外延的挑战的话，那虚拟现实的出现和普及性应用则真正触及美学的内涵，这一挑战突出地表现在其对审美经验概念的影响之上。虚拟现实技术对审美活动的介入不仅促使感官感知和感性经验在当下的审美活动得到再度重视，而且还重新建构了审美经验的基本内涵。

（一）审美主体的介入性

康德通过对鉴赏判断的四个契机的论述确立了审美经验的基本内涵。

他对鉴赏判断的"无利害性"和"无目的的合目的性"的分析剔除了审美活动中的实用、功利等目的，从而使审美经验区分于日常经验、感官愉悦；鉴赏判断的"形式的合目的性"和"无概念的普遍性"则使审美经验演变为一种非物质的、抽象的形式上的愉悦，并逐渐削弱甚至抹去了审美感知本身所带有的物质性基础。因而，现代美学意义上的审美经验也就蕴含了"无利害""静观""形式""距离"等要素，此后这些要素也建构了现代美学的基本特征，并使其在审美领域中占据着毋庸置疑的绝对统治地位。从本质上来看，现代美学所建构的审美经验意在突出审美经验的独特性和区分性，而这种区分性是通过对感官感知、感性经验的压制或排斥体现出来的，因为感官感知和感性经验被看作日常经验等非审美经验的核心要素并且还具有诸多弊端。因而，"距离"、"无利害"和"形式"等内涵也就成为审美经验远离感官感知的必然要求。既然外在的感官感知和感性经验被排除在了审美之外，那么主体该如何来获得审美经验呢？于是，主体的内在能力如想象、联想等成为审美的独特性所在，主体的"静观""沉思"也就成为审美经验的基本内涵。

如果从媒介角度来看，审美经验的这些特性还与文字媒介的抽象性密不可分。媒介在很大程度上塑造了人们的观察方式、感知方式以及思维模式，虽然文字媒介突出了视觉在感知上的优先性，但在审美活动中文字本身的抽象性不得不诉诸主体自身的理解、想象等理性能力。因而，主体的审美感知活动的发生是基于视觉感知上的联想、想象等内在能力的综合体现，它关注的不再是对象的具体内容而是形式上的因素。而在新媒介出现之后，各种感官之间的平衡状态得以逐渐恢复，以手机、iPad 等为代表的新媒介正在改变着人们的感知方式和生活体验，尤其是虚拟现实的出现和普及性应用，它以前所未有的方式扩展着人们的感知体验和想象空间。

在虚拟现实系统中，视觉的优先性让位于多感知性，文字的抽象性让位于形象直观的画面，图片的平面性让位于真实可感的场景。比如，当欣赏一座建筑物时，我们只是从某一个视角、角度来观察，但 VR 系统中运用的 360 度全视角显示系统可以同时显示物体的 24 个面的图像，当然这些显现的图像的相加并不是对象本身，但我们可以在这些显像之中并通过这些显像来获得对象的同一性。在欣赏建筑物时我们可以想象自己置身于其中，从而自由地享受审美的愉悦。而 VR 技术还能够提供一个虚拟的建筑物空间，通过头盔显示器、数据衣、数据手套等外接设备进而使我们产生置身于建筑物之中的真实感觉，可以真实地体验到触摸墙壁时所感受到的石头的坚硬和冰凉，还可以切身地感受到建筑物的雄伟和庄严等，从而将主体的审美想象显现为高度仿真的直观形象和真实体验。增强现实（AR）技术的发展则更加突出了这一点，它将虚拟场景叠加在真实场景之上进而为主体显示出一个融合的、完整的场景，如对圆明园遗址的数字重建，将虚拟环境叠加在遗址之上从而复原出一个虚实融合的圆明园的原貌场景。AR 技术对现实的增补和再建构在给予主体感官效果上的真实性和逼真性的同时，还增强了主体对真实世界的感知和体验。

由此可见，虚拟现实的普遍性应用深刻地影响了当下的审美、艺术活动。以数字艺术为例，作为 VR 技术和 AR 技术在审美、艺术领域中的具体体现和实际应用，它打破了时空的限制并建构了一个高度仿真的感知世界，这种具有"临场性"的审美体验消弭了审美活动中的距离感，主体不仅把自己"代入"并浸蕴在这一场景之中，还通过多感官的积极参与以及人、机间的实时交互从而产生真实的审美感受。因而，审美活动更多地体现出依赖感官感知、感性经验以及主体的积极参与等新特征，这些特征为审美经验的现代内涵增添了新的要素和活力。

（二）浸蕴感：从界面到虚拟现实

在虚拟现实中，稳定性和连续性的感知系统为我们获得真实可感的体验提供了保证，从而让我们的虚拟体验变得更加"浸蕴"，这种浸蕴感（Immersion）反过来又支持了虚拟现实的感知系统在本体上的对等性。一般来说，浸蕴感指的是排除了一切外在的干扰并选择性地聚焦于想要做的事情之上，我们在阅读小说时往往会浸蕴在小说所描述的世界里，当我们玩电脑游戏时也往往会浸蕴在电脑游戏的世界里，似乎浸蕴感是我们早已熟知的一种体验了。然而，虚拟现实所带来的浸蕴感则不仅仅是用户在虚拟现实环境中所表现出来的一种全身心投入的状态，它在提供包裹性的和整一性的感知信息的基础上，还让人产生了一种身临其境的感觉，进而让用户感觉自己就身处在虚拟现实之中。

让我们先来对比这两种情境：其一，当我们在阅读小说时，往往会被其中的人物遭遇或故事情节所打动，并暂时从现实世界中解放出来，浸蕴在小说的世界里而浑然不知；其二，玩过电脑游戏的人都知道，我们很容易浸蕴在游戏的世界中，从而完全忘掉周围的现实世界，除非有外在性的干扰力量直接介入进来。表面上看，我们在这两种情境中表现的都是一种全身心的投入状态，或许后一种情境中的投入更容易获得，也表现得更为持久、更为强烈，但它们两者之间还是存在着根本上的区别的。在阅读小说时，不管我们是出于何种原因（被故事情节所吸引或对人物遭遇的同情或对人物形象的认可等）浸蕴于小说世界中，它只是表现为一种单纯的看与被看的关系或是读者的想象，我们的浸蕴感也完全是一种全身心的投入；虽然玩家浸蕴于游戏的世界也是一种全身心的投入状态，但它的浸蕴感表现得更为强烈和持久。因为玩家在游戏中的浸蕴体验不再只是一种单纯的看或想象，而是包含了更多的因素和维度。我们通过电脑界面与游戏进行互动，"我"操控了游戏中的人物的一举一动，游戏中的角色被赋予了"我"的色彩，由此玩家便会产生一种强烈的"代入感"。这种由人机间的互动所带来的代入体验让我们深深地浸蕴在游戏的世界之中，正是这种互动以及代入体验增加了游戏体验中的认同感和浸蕴感。

现在看一下虚拟现实中的情境，我们以"虚拟坑"实验①为例。被测试者在实验中所表现的浸蕴感完全不同于以上两种情境，他们所表现出的惊恐之情、小心翼翼的行走乃至更为强烈的尖叫都很好地说明了这一点。在虚拟现实中所展现出来的浸蕴体验不能再用全身心的投入来解释了，它完全是一种浸蕴于其中的真实体验，我们可以将其称为"临场感"。与情境二中的电脑游戏体验不同，虚拟现实超越了电脑界面的限制。首先它提供的不再是一种鸟瞰式的视角，它所提供的视角完全与我们在现实世界中的视角相符合，我们可以像在真实世界中一样移动或盯住某一物体。其次，电脑游戏中的人—机互动比较单一或程序化，它只有通过键盘或鼠标等外在设备才能实现对角色的控制；而在虚拟现实中的互动性则采取更为自然的方式，尽管它也需要外在设备如手套、紧身服等的监控，但玩家可以摆脱操作要求的限制而进行自由的运动，正如在现实世界中那样通过头部的转动、胳膊的伸展以及身体的运动来实现与虚拟世界的互动。再次，电脑游戏中的人—机互动是一种二维（水平或垂直方向）的呈现，而虚拟现实中的互动体验则是三维的、立体化的，加之用户可以像在现实世界中一样自由地行动，这种浸蕴性的体验远远超越了前两种情境。

---

① "虚拟抗"实验是美国加利福尼亚大学心理学教授杰克·卢米斯（Jack Loomis）在 20 世纪 90 年代设计的一个虚拟现实实验。被实验者通过穿戴虚拟设备，虽身处实验室的平坦地面却能够体验到一种身临深坑的真实感受。

虚拟现实所带来的这种"临场感"和现实世界中的体验一样。当我们浸蕴在虚拟现实之中时,我们可能会逐渐意识到存在其他感知系统的可能性,它们不仅可以像我们原有的感知系统一样起作用,甚至还会比我们原有的更好。更进一步,如果我们在现实世界中将现实世界看作真实的,而将虚拟现实看作虚幻的,那么当我们浸蕴在虚拟现实中的时候我们也会将现实世界看作虚幻的,而将虚拟世界看作真实的。虚拟现实中的浸蕴感超越了全身心的投入之层面,它是相对于现实世界来说的,这种浸蕴所指的范围更为广泛即我们浸蕴于虚拟环境之中而不自知,正如我们身处现实环境之中而浑然不觉一样;同时,这种浸蕴也更为真实、更为稳定。

(三) 审美经验的浸蕴性

以 VR 技术和 AR 技术为代表的新媒介技术对审美活动和艺术活动的介入使得审美经验展现出一些新的特征如多感官性、代入性、临场性和交互性等,这与现代美学所尊崇的无利害、形式和距离等基本内涵大相径庭甚至截然相反。然而,正是这些新特性建构了审美经验的新范式即"浸蕴"式的审美体验,从而使其有别于现代美学的基本范式即"审美无利害"或"审美静观"模式。当下的 VR 艺术展览很好地体现了这一特性,欣赏者在辅助设备的帮助下深深地浸蕴在 VR 艺术所建构的虚拟的艺术世界中,更为重要的是,欣赏者的角色和功能不仅仅停留在被动的观赏之上,而是被赋予了一定的主动权和操控权,他集创作、欣赏与交流于一身,可以通过自己的行为、动作来与艺术作品进行交互活动,从而按照自己的意愿推动艺术活动的发展和进程,而这种交互行为和艺术的实时回应则让欣赏者的浸蕴感更深,他由此获得的是一种多感知性、深度浸蕴性和临场性的艺术体验,这种艺术活动不仅挑战了传统的艺术创作、展示和交流活动,而且挑战了现代审美的基本内涵和固有范式。

虚拟现实带来的这种"浸蕴"感指的是审美主体的全部感知都浸蕴在这种虚拟环境(同原先世界平行的另一个感知世界)之中,主体不但不会产生丝毫的虚假之感,反而会将自己代入其中并在实时交互之中体验着一种"身临其境"的真实感受。这种浸蕴感不仅仅来自感官上的浸蕴,它还通过时空感、质感和体积感的给予来达到一种全身心投入状态,而浸蕴感的根本保障则是人、机间的实时交互性,正是"参与—回应"的模式让主体得以自我确认并达到了真正的浸蕴。在这样的浸蕴状态中,我们不仅消除了把技术当成一种工具的平常感觉反而将自己投身于其中，甚至还能产生一种能够在本体层次上直接重构我们自己的存在的真实感觉。值得一提的是，现代美学所尊崇的审美静观模式也会让审美主体产生一种浸蕴感，但这种浸蕴体验与虚拟现实所带来的浸蕴体验有着本质上的区别。首先，从审美的发生来看，审美静观强调的是主体自身的无功利性及其与对象之间的无利害关系，浸蕴感产生的必要前提是审美主体对外在感知、功利目的的悬搁；而虚拟现实的浸蕴感则是审美主体的主动"代入"所产生的，它并不排除外在感知反而更依赖外在感知，全部感知的共同参与、协作是必然的要求。其次，从审美的过程来看，虽然二者都强调主体在审美中的作用，但侧重点极为不同。审美静观强调的是主体对感官知觉及功利性的排除以及在此基础上的情感投入和审美想象，情感和想象是审美经验产生的关键性因素；而虚拟现实所带来的浸蕴感则强调主体的主动"代入"和积极互动，审美经验是在外在技术所提供的客观情境与主体之间的交互之中不断涌现的。再次，从最终的诉求来看，审美静观体现了形而上的特质，它追求的是一种审美的二分性和审美的纯粹性；而虚拟现实强调的则是主体的深度参与和积极互动，因而追求的是一种回归具体感知和真实体验的审美多元性。

总之，作为美学的主要范畴的审美经验在新媒介技术的影响之下发生了诸多新变，由于媒介因素对审美活动的直接或间接的介入，美学越来越重视以感知为主要形式的感性。尤其是虚拟现实技术的迅速发展及其普遍应用在丰富人们感知方式和感知体验的同时，挑战了由现代美学所建构起来的审美经验的基本内涵和范式在审美领域中的统治性地位。新媒介视域中的审美经验呈现出"带入"、"浸蕴"和"交互性"等美学新特质，这种新变丰富了当下的审美形态和审美活动的多样性。虚拟现实所塑造的审美经验范式与现代意义上的审美经验范式极为不同，但这并不意味着二者之间是相互对立的或非此即彼的。审美无利害或审美静观对审美领域的统治由来已久，其中自然有其合理性和难以替代的作用，只是它的排他性和二分性终究会限制美学自身的发展，尤其是在面对新媒介的挑战时，美学需要做出积极的回应而不是盲目的批判或否定。审美经验范式的变更并不是否定现代意义上的审美经验模式，也不是取消审美无利害或审美静观的合理性，而是在新的视域即新媒介时代下对美学的重新审视和推进，同时也是作为一种新型的审美观念、审美模式丰富着美学的审美形态和当代美学的多元化发展。

图书在版编目（CIP）数据

文化研究. 第 29 辑, 2017 年. 夏 / 周宪, 陶东风主
编. -- 北京：社会科学文献出版社, 2017.7
ISBN 978 - 7 - 5201 - 1073 - 0

Ⅰ.①文… Ⅱ.①周… ②陶… Ⅲ.①文化研究 - 丛
刊 Ⅳ.①G0 - 55

中国版本图书馆 CIP 数据核字（2017）第 163874 号

文化研究（第 29 辑）（2017 年·夏）

主　　编／周　宪（执行）　陶东风
副 主 编／周计武　胡疆锋

出 版 人／谢寿光
项目统筹／宋月华　吴　超
责任编辑／吴　超　郭锡超

出　　版／社会科学文献出版社·人文分社（010）59367215
　　　　　地址：北京市北三环中路甲 29 号院华龙大厦　邮编：100029
　　　　　网址：www. ssap. com. cn
发　　行／市场营销中心（010）59367081　59367018
印　　装／北京季蜂印刷有限公司

规　　格／开　本：787mm × 1092mm　1/16
　　　　　印　张：16.5　字　数：269 千字
版　　次／2017 年 7 月第 1 版　2017 年 7 月第 1 次印刷
书　　号／ISBN 978 - 7 - 5201 - 1073 - 0
定　　价／79.00 元

本书如有印装质量问题，请与读者服务中心（010 - 59367028）联系